本辑刊的编辑出版受以下项目资助：

- 科技创新服务能力建设—基本科研业务费（科研类）

全球史评论

第十七辑

（2019 No. 2）

Global History Review Vol.17

刘新成◎主　编
刘文明◎副主编

本辑主题：世界历史中的中国

中国社会科学出版社

图书在版编目(CIP)数据

全球史评论. 第17辑 / 刘新成主编. —北京：中国社会科学出版社，2019. 12
ISBN 978 - 7 - 5203 - 5691 - 6

Ⅰ. ①全… Ⅱ. ①刘… Ⅲ. ①世界史—研究 Ⅳ. ①K107

中国版本图书馆 CIP 数据核字(2019)第 271637 号

出 版 人 赵剑英
责任编辑 安 芳
责任校对 张爱华
责任印制 李寡寡

出　　版 中国社会科学出版社
社　　址 北京鼓楼西大街甲 158 号
邮　　编 100720
网　　址 http://www.csspw.cn
发 行 部 010 - 84083685
门 市 部 010 - 84029450
经　　销 新华书店及其他书店

印　　刷 北京明恒达印务有限公司
装　　订 廊坊市广阳区广增装订厂
版　　次 2019 年 12 月第 1 版
印　　次 2019 年 12 月第 1 次印刷

开　　本 710 × 1000 1/16
印　　张 17
字　　数 280 千字
定　　价 78.00 元

全球史评论

GLOBAL HISTORY REVIEW

目　　录

论　　文

评　　论

书　评

Thematic Papers

论文

有界与无边：马光明案与清代乾隆时期天下观念之再探讨*

刘文鹏　王　珏

摘要　本文从乾隆八年（1743）至乾隆十三年（1748）间涉及苏禄贡使马光明的三件案子入手，考察了清代前期的民人出入国政策与清朝外交文书的书写特征。通过对此二者的研究，发现清朝前期的疆域观中存在着“有界”与“无边”的矛盾。“有界”是指清朝的海疆统治奉行内外有别的管理原则，“突出内治”“拒绝外请”是清朝在东南海疆的统驭特点。“无边”指的是清朝的外交文书中隐含着以“无外”为特征的天下观意识。“怀柔远人”，“天下一家”是清廷在处理外交事件中最经常强调的政治原则，朝贡体系是此原则实践的绝佳场域。这种矛盾而复杂的疆域观表明，中国在清代前期已经出现了向“民族国家”转化的前兆。就此而言，晚清以来，社会价值体系的重塑是迫于西方列强武力入侵的结果，也是中国人不断追问自我身份、追问国家性质的必然选择。

关键词　马光明案　海疆　身份认同　朝贡体系　国家

乾隆八年至十三年（1743—1748）间，苏禄贡使马光明牵涉于三起案件之中。此三起案件分别是马光明控告浙江民人邵士奇诓骗苏禄国王贡品案、马光明诘告黄佑搬抢贡物案、马光明诱导苏禄国王诘告黄佑系内地民

---

* 本文以王珏硕士学位论文《有界与无边：从乾隆年间马光明案看清朝的疆域观》为基础修改而成。

人充任番目案。尽管在此三起案件中，马光明的涉案身份有所不同，但三起案件均由此而起，且三起案件前后相关，因此本文将此三个案件统称为马光明案。

学术界对这个案子的关注，主要有吕俊昌所撰《清代朝贡贸易中的贡使身份问题探析：以18世纪初苏禄国贡使案为例》一文。该文详述了马光明案的经过，探讨了清朝对马光明等人身份的认定，也关注到清朝政策的“内外有别”，“在现代民族国家建立之前，边界模糊，人员往来频繁，以苏禄为代表的所谓朝贡国实际与清廷又仅保持着较为松散的联系”①。但这样的结论显然并不足以说明清朝的“内”“外”之别到底是什么，也未能利用此案去探清朝政治意识形态中的“疆域”问题。冯建勇注意到从清代中国到近代中国有一个从“无边天下”到“有限国家”的、近代民族国家的构建过程，与之相伴的是历史上中国与周边国家之间条块状的边境地带开始逐渐缩小，最终通过界约和勘界的形式，变成了线性的近代国家边界。② 但冯氏将中国疆域形成视为一个中国向近代民族国家转变的结果，所论与海疆史研究者的观点并不一致。

自20世纪八九十年代始，海疆史作为相对独立的研究专题被提出，其研究内容包括中国历代治理海疆思想、政策研究、历代海疆问题专题研究等方面。何瑜的博士论文论述了鸦片战争前清代海疆政策的演变，比较分析了清代海疆政策的目标与基本内容，阐释了清代海疆政策产生的思想根源。该论文从事实层面到意识形态领域的全方位研究，是国内对清代海疆政策系统研究的较早著作。③ 此外，吕一燃④、王日根⑤、张炜、方堃⑥等也不遑多让。尽管他们的研究或多关注中国海疆政策的历史沿革，清代海疆政策只作为其中论述的一章，或站在朝代对比的角度，总结归纳了清代

---

① 吕俊昌：《清代朝贡贸易中的贡使身份问题探析：以18世纪初苏禄国贡使案为例》，《中国海洋大学学报》（社会科学版）2015年第6期。

② 冯建勇：《从“无边天下”到“有限疆界”：近代中国疆域形态衍变与边疆知识体系生成》，《北方民族大学学报》（哲学社会科学版）2018年第6期。

③ 何瑜：《清代海疆政策研究》，中国人民大学，博士论文，1996年。

④ 吕一燃：《中国海疆历史与现状研究》，黑龙江教育出版社1997年版。

⑤ 王日根：《明清海疆政策与中国社会发展》，福建人民出版社2006年版。

⑥ 张炜、方堃：《中国海疆通史》（中国边疆通史丛书，共7册），中州古籍出版社2003年版。

海疆管理的特点，但他们的论述仍然为我们认识清代的海疆统治提供了宝贵的参考。立足于海疆政策的海防研究，在学界虽不算热门，也有学者悉心耕耘。① 在海疆史的研究中，众学者虽然对清代海疆统治的特点总结不一，却取得了如下共识：清代海疆管理政策的核心是管辖民众和陆上疆土，具有明显的重人轻海、重陆轻岛的倾向。在发展海疆经济方面，海上贸易是纳入朝贡体系的礼仪交往之中运行的。与立足于华侨研究的清代海外政策演变相类似，海疆史研究也默认了这样一个前提：清代前期，并非近代以后，已经存在着明确的疆域观念。

在学界对清朝海禁问题与民人出入国政策的讨论中，庄国土的《清初中国与南洋关系》②《清代中期的华侨出入国政策》③《顺治、康熙年间清朝对待南洋华侨出入国的政策》④《鸦片战争前清朝对西南边境华侨出入国的政策》⑤ 等论述自成体系。此外，郭成康⑥、李伟敏⑦等人对此问题也有涉及。这些研究多认为清代严厉的海禁政策与民人出入国政策出于维护满洲贵族统治的狭隘目的，是清朝统治者对汉人的防范、猜忌心理的产物，是对汉人与海外势力的交往保持高度戒备的最好证明。另外，学界关于红溪惨案的讨论涉及这个问题。⑧ 尽管学界对惨案的细节颇有争执，但是在“清朝对海外华人的态度”问题上却形成了基本的共识：在清前中期，海外华人被视为“国之弃民”，清朝华侨政策并非出于保护华侨的目的。无论是对“海禁政策”“出入国政策”的研究，还是“弃民之说”的提出，

---

① 关于海防研究的论述主要有：驻闽海军军事编纂室《福建海防史》（厦门大学出版社 1989 年版）；黄鸣奋《厦门海防文化》（鹭江出版社 1996 年版）；王宏斌《清代前期海防：思想与制度》（社会科学文献出版社 2002 年版）；姜鸣《龙旗飘扬的舰队——中国近代海军兴衰史》（上海交通大学出版社 1991 年版）等。

② 庄国土：《清初中国与南洋关系》，《台湾研究集刊》1983 年第 2 期。

③ 庄国土：《清朝中期的华侨出入国政策》，《南洋问题》1982 年第 2 期。

④ 庄国土：《顺治、康熙年间清朝对待南洋华侨出入国的政策》，《南洋问题》1983 年第 1 期。

⑤ 庄国土：《鸦片战争前清朝对西南边境华侨出入国的政策》，《八桂侨史》1992 年第 1 期。

⑥ 郭成康：《康乾之际禁南洋案探析——兼论地方利益对中央决策的影响》，《中国社会科学》1997 年第 1 期。

⑦ 李伟敏：《康乾之际的民人出洋及回籍政策考察》，《兰州学刊》2008 年第 5 期。

⑧ 红溪惨案作为相对独立的历史事件，学界的研究成果不可谓不多。据读秀知识库的数据，涉及该案的论著有 25 种，期刊网标题含“红溪惨案”的论文有 6 篇，学位论文 2 篇，分别是山东大学的硕士论文《红溪惨案与清朝对于南洋华侨政策研究》和台湾成功大学的硕士论文《荷属时期爪哇华人甲必丹与华人经济研究》。

均隐含着将海外番国无论朝贡与否，均视为外国的论述前提。

然而，研究海疆史必须要面对的另外一个问题是，中国在明清时期极为发达的“朝贡体系”所表达出来的“无外”的思想。像苏禄这些朝贡国到底应该在清朝的疆域之内还是疆域之外？清朝到底有无明确的疆域意识？这些问题之间的内在矛盾还没有得到合理而深刻的解释。

马光明案及清朝处理一系列苏禄贡使与南洋问题的案子，给我们重新思考有关清朝意识形态的这些重要问题提供了非常鲜活的实例。

一　朝贡使臣还是滋事分子？

乾隆七年（1742）五月，宁波府慈谿县民人邵士奇携番人万达山，自苏禄回籍。万达山的异族外貌引起了当地官员的注意，连累邵士奇被宁波府官员频频质讯。跟讯持续一年多，邵士奇始终无法使宁波府官员相信，携带回籍的番人是其在苏禄娶妻所生之子。

乾隆八年（1743）八月，以马光明为贡使的苏禄国朝贡使团进贡事竣，南还途经浙江。为了明确邵士奇和万达山的身份，宁波府欲借苏禄国贡使过境之机，让双方“质对虚实”。邵士奇于是被押解赴省。八月十六日，未及质对，苏禄国朝贡使团率先告发：“邵士奇飘依彼国已久，彼国主授以甲必丹之职，因有请贡之举，交付邵士奇燕窝、珍珠等货，共计银3730两，令先赴苏杭货卖，邵士奇竟将各货变银卷逃回籍，恳求讯究。”接到苏禄朝贡使团的呈告后，浙江巡抚常安极其重视，迅速审理了此案。对邵士奇的自白坚持“一面之词难以凭信”的浙江官员凭借苏禄朝贡使团的一面之词迅速裁定此案。经布、按两司确审，邵士奇以“窃”定罪。清廷勒令其赔补苏禄朝贡使团。①

现存奏折、实录对苏禄贡使状告浙江民人邵士奇诓骗苏禄国王贡品一案的记载虽然简略，但脉络清晰，并无奇异之处。令人稍感意外的是浙江巡抚常安的善后处理。文献显示，由于邵士奇无法拿出足够的银两，常安动用了国库银两替其垫补：

---

① 《浙江巡抚常安奏为饬地方官严行追究民人邵士奇等拐骗损骗苏禄国王贡品事折》，《宫中档乾隆朝奏折》。

> 看得邵士奇浙省人民久居苏禄，今乃拐骗脱逃，审讯既实，自应追出原银交与贡使带回，始为柔远之道。但据讯邵士奇卖货银两多已花费，一时实难追还。臣愚伏思我皇上恩德覃敷，是以外洋小国竭诚修贡，今苏禄国因进贡而被诓骗，仰体皇上圣心必深轸念，况一路供给、驿送及赏给银缎等物，恩赉甚多，应不在此三四千两银数，谨与两司酌议，将司库程费银动支三千七百三十两，交明正贡使马光明、副贡使捞独喊敏等所有番人。[①]

且不论银两钱数的多寡，以国帑垫补民人诓骗的欠资行为多少存在政治风险。然而，常安在奏折中以怀柔远人为理由，显得无所顾忌："以皇上恩德，体恤外邦，无异内地，所以臣下敢以国帑给还，用昭天朝无外之治。贡使等悉皆激望阙叩谢，臣仍备文将圣恩宣扬咨明该国王在案。"对于常安的行为与说辞，乾隆极为赞赏。文献未见清廷复查以国帑代赔的记载，似乎三千余两的垫补数额皆不在清朝统治者的考虑范围之中。常安招来贡使，极尽宣扬圣恩之能事，反复重申清朝作为"天朝"，以"无外之治"统驭天下的做法，却得到了乾隆御批"此事汝所办甚属可嘉"的褒奖。[②]

从常安奏折中可以看出，对邵士奇提出呈告的是副贡使朥独喊敏，但此时苏禄使团的正使是马光明。换句话说，马光明很可能是该案的幕后主使。即便没有直接授意，马光明也难逃领导责任。邵士奇携带万达山回籍，万达山的异族身份便受到地方官员的关注，跟讯一年多毫无结果。苏禄贡使的指控仿佛催化剂一般，加速了这个可轻可重的案件的判决。不好说是苏禄贡使为讨好浙江官员，为这个已跟讯了一年多的案件找到了有力的审判依据，还是苏禄使团利用浙江官员对邵士奇的怀疑从中牟利，总之，苏禄贡使与清朝政府各取所需，皆从该案的审判中获得了好处。乾隆十三年（1748）五月，闽浙总督喀尔吉善所奏《查马光明借充贡使欺诈乡

---

① 《浙江巡抚常安奏为饬地方官严行追究民人邵士奇等拐骗损骗苏禄国王贡品事折》，《宫中档乾隆朝奏折》，台北故宫博物院1982年版。

② 同上。

里事折》中有这样一段口供，可以作为上述结论的辅证：

> 就如马光明同番使进贡之年，过浙江，在巡抚那里，告了浙江宁波人邵士奇欠番国三千多两银子，就立时追给他了。马光明等在同乡人面前时常夸耀，总是他仗着贡使，天朝自然加恩于他。①

这段口供是喀尔吉善就他案对福建省同安县黄氏宗族的大规模审查时获得的。由此可见，马光明以贡使身份呈告获利，既获得了显而易见的经济利益，又获得了隐形的政治资本，使之得以欺压同乡。邵士奇案发生在浙江，其影响至少波及福建等其他东南沿海地区。

另一方面，马光明呈告邵士奇诓骗朝贡货资获赔，则成为朝廷标榜“无外之治”的最好注释。清廷优待贡使是马光明提出呈告得以成功的根本保证。为更好地宣扬清廷怀柔远人的政策，浙江巡抚常安急需一个台阶，以完成驱赶外族的初衷，结束这场无中生有的审判。

《清实录》对该案有简要记载，记录的重点在于常安动用国帑赔补苏禄贡使的行为：

> 浙江巡抚常安奏，慈谿县民邵士奇飘依苏禄国已久，彼国主授以甲必丹之职，因有请贡之举，交付邵士奇燕窝珍珠等货，共计银三千七百余两，令先赴苏杭货卖，邵士奇竟将各货变银，卷逃回籍，贡使恳求究追。现在审讯邵士奇，银两多已花费，臣即将司库税费银两动支，照数交明正使马光明等携回。并将圣恩宣扬，咨明该国王。至邵士奇货银，容陆续追出还项，得旨：此事汝所办甚属可嘉。知道了。②

可以这么认为，实录代表了清廷官方对事件的定性，详略记载的区别则显示了朝廷对事件关注的重心所在。实录未记录对邵士奇的判决结果，却花费重多笔墨在常安借由该案大肆宣扬天朝声威的举动。邵士奇诓骗苏禄国王货款的行为，甚至被作为常安以国帑赔补苏禄贡使行为的背景与原

---

① 《闽浙总督喀尔吉善奏为查马光明借充贡使欺诈乡里事折》，《宫中档隆朝奏折》。

② 《清高宗实录》，卷199，乾隆八年八月。

因。清廷记载该案的旨趣立见。在实录的叙述中，马光明控告邵士奇案与其说是一起诳骗案，不如说是清廷宣扬“无外之治”的做秀场。马光明有力地配合了清朝官员，满足了清帝宣扬“无外之治”的需要，自然能够轻而易举地获得不菲收益。

马光明一行于乾隆八年（1743）八月二十六日自浙江起程赴闽。乾隆九年（1744）二月十五日，福建巡抚周学健饬令其搭乘内地民人马金成商船由厦门出口回国。两项行程皆由督抚大员题报在案。[①] 同年七月，苏禄国王派遣番丁叚冉未等赴搭商船来厦，探问贡使事竣未归缘由。福建巡抚周学健饬令厦门同知梁须楩遍询在洋回棹商船，并移咨沿海各省分通查马金成船踪迹。不久，梁须楩呈报，马金成船在海遭风飘至邦仔丝兰整修，“并查明邦仔丝兰系吕宋所属地方，距苏禄国不远”[②]。

乾隆十一年（1746）八月十三日，水师提臣张天骏接到了由苏禄番官武厨安力和前贡使马光明等共同带来的谢恩表文，表文内详述了马光明飘入邦仔丝兰后的遭遇：

> 因乾隆九年贡使马光明等事竣回国，船只在洋遭风，飘入邦仔丝兰。该处系吕宋所辖，被吕宋夷人将马光明等拘禁不放，船内所有诏书并钦赐彩缎与货物银钱，尽行拘留。后经该国王遣番目至吕宋取回查看，诏书已经拆毁，彩缎亦皆侵换，银货十无一二。侵吞货物，事属细故，毁碎诏书，不敢隐讳，咨请裁夺遣来。[③]

与通常以华丽骈文宣称天朝圣德的谢恩表文不同，马光明呈递的此份表文语言通俗，并陈二事：贡使马光明等被吕宋人拘禁不放；诏书被拆毁、赏赐银货被侵吞。咨文中，苏禄国王语气恭顺，因诏书毁碎而颇感不安，故咨请裁夺，愈凸显了吕宋拆毁诏书，亵渎天威的罪行。

但不久马光明的身份遭到了怀疑，案件审查旋即出现重要转折。乾隆

---

① 《浙江巡抚常安奏为饬地方官严行追究民人邵士奇等拐骗损骗苏禄国王贡品事折》和《福建巡抚周学健查询苏禄国进贡使臣马光明等未回该国事折》，俱见《宫中档乾隆朝奏折》。

② 《福建巡抚周学建为查明苏禄国贡使马光明等所乘之船遭风飘至邦仔丝兰地方修整俟风回国事折》，《宫中档乾隆朝奏折》。

③ 《福建巡抚周学健奏为苏禄国王遣番官赍谢恩表文到厦事折》，《宫中档乾隆朝奏折》。

十一年（1746）十二月，马光明内地民人的身份暴露。次年（1747）二月，经由苏禄国王赍送的谢恩折再次确认，马光明原系内地船户水手的身份最终确认。自此，马光明由朝贡使臣沦为了滋事分子，其内地水手经历遭到更为严厉的审查。乾隆不但下旨质疑其违背民人出入国政策，甚至认为"以内地民人为外番充作贡使，尤有关于国体"，应罪加一等，"当重处以示儆"①。与此同时，被告黄佔却因朝廷依旧坚持"事在外洋，不予干涉"的原则，未被追究搬抢一事的责任。② 在查出马光明累累索诈事实后，乾隆十二年（1747）五月，清朝对马光明案等作出如下裁决：

> 查马光明、陈梧、陈朝盛俱系闽省民人，乃敢私越外番，献媚结纳，营充贡使、通事，往来苏禄、吕宋两国，借端搆衅，且先后回至内地，假借番国名目，三人狼狈为奸，择殷而噬，诈骗商民，诘讼扰累，动以国王咨奏恐吓。凡闻其名者，无不震惧。子弟、仆从横行乡曲，种种不法，诚属奸徒之尤，实难轻纵。查例载：交结外国，互相买卖，借贷诓骗，引惹边衅，贻患地方者，问发边远充军等语。马光明、陈梧俱应照例边远充军，各佥妻发遣。陈朝盛附和为从，照例减一等，杖一百，徒三年。洵不为枉。各名下所欠洋行、番人银两，著追给主。③

从判语与结果可见，马光明固然有种种诓骗索诈之恶劣行径，但其被处以重罚的原因却是以内地民人充任贡使，勾结外番，引惹边衅等莫须有的理由。纵使马光明以诓骗索诈之累累罪行获判军徒也算罪有应得，却未曾料到其获罪的关键是其以内地民人身份充任贡使触怒了清帝的敏感神经。

二　外番岛夷还是内地民人？

前文已经提到，清朝介入调查马光明控告黄佔一案的原因在于该案涉

① 《福建巡抚陈大受奏为遴选通事伴送苏禄使臣回国事折》，《宫中档乾隆朝奏折》。

② 《福建巡抚留任陈大受奏为苏禄贡船遭劫原委事折》，《宫中档乾隆朝奏折》。

③ 《福建巡抚留任陈大受奏为遵旨查审原充苏禄贡使马光明等内地奸民伏罪发配事折》，《宫中档乾隆朝奏折》。

及内地民人。福建巡抚陈大受接手此案时，深究的首个问题也是“黄令、黄罕曾否在场?”黄氏兄弟以其从未去过吕宋的说辞成功地进行了自辩：

> 伊父黄紫在吕宋生伊兄黄佔，在内地生伊兄弟。黄佔在番生长，从未回家。黄令只往天津贸易，从未到吕宋。黄罕并不出外生理……陈朝盛托郑赞、陈梧邀伊至船，告以黄佔搬抢事，索诈不遂，故加仇害。①

此段自白揭露了马光明企图借此事件向其索诈的真相，促使陈大受彻查马光明的真实身份，成为马光明案的重要转折点。朝廷也因其陈述，认定“黄佔生长番邦，现充番目，即属岛夷”。以“事隔外洋，无凭提质”为由，对黄佔搬抢贡物一事不予追究。这段供词使黄氏兄弟暂时摆脱了马光明的控告，却也为日后黄氏一族获罪埋下了伏笔。

乾隆十二年（1747）五月，马光明被以“交结外国，互相买卖，借贷诓骗，引惹边衅，贻患地方”例，发边远充军。同年八月，清朝收到了苏禄国王的咨文，内称：

> 前贡使媵独喊敏在吕宋之时，探知甲黎司耶黄佔，系漳州府龙溪县石尾乡居住，见有妻子、胞叔黄照，前经任吕宋甲必丹，胞弟黄令、黄罕彼时亦在吕宋营商，今三人俱已回家。前咨敢请宪台裁夺。倘不得为故国申究，敝国焉敢屡渎贵辕。候明年进贡之日，恳奏天听。②

苏禄国王再次请求裁夺的咨文，无疑是对清廷权威的公然质疑。对此，清廷方面难掩尴尬。闽浙总督喀尔吉善直斥其荒谬：“讫查黄令黄罕系吕宋番目黄佔同父异母之弟，往居内地，并未前往番国。今岁二月间，曾提赴省番问。今该国乃称，尚在吕宋，是其咨文虚诈。”③ 尽管如此，清朝仍然不愿将此等民人纠纷上升为国家矛盾。为顾及清廷天朝上国的颜面和权

---

① 《福建巡抚留任陈大受奏为苏禄贡船遭劫原委事折》，《宫中档乾隆朝奏折》。

② 《福州将军新柱奏为苏禄国番船来厦及免税事折》，《宫中档乾隆朝奏折》。

③ 《闽浙总督喀尔吉善等奏为苏禄国王慎选贡使以杜奸民煽惑滋事折》，《宫中档乾隆朝奏折》。

威，喀尔吉善以苏禄国王易受汉民愚弄为由，向乾隆解释了苏禄国再次请求裁夺的行为：

> 兹查苏禄番人言语不通，性情蠢拙，最易为汉民愚弄。而内地奸徒嗜利，藐法潜往煽诱，每致咨衅生端，若不明白晓示，该国则彼处邻国之嫌隙，贸易之借欠，势所恒有内地远莫能制，事无可惩。①

同时喀尔吉善点明了马光明属“朋比为奸，通信该国，另生枝节，冀图拖累”的奸尤之徒，② 暗示苏禄国王受到马光明的煽动。为了维护天朝秩序，他建议清朝动用天朝权威，向苏禄国重申不干涉岛夷事务的原则，并且要求苏禄国慎选入贡夷官，以杜绝类似马光明案的事件再次发生：

> 该国已为其所愚弄，此事端该国应自行觉察，就近清理。平时不得遣使移咨往来，致违禁令。至于每届贡期，该国当慎选夷官，竭诚将事，庶可仰邀，圣恩优礼遣答。如以琐事附入表章，即不便代为转奏。③

乾隆御批“交军机大臣议奏”，同年十月发布上谕，“嗣后如遇此等事件，惟有晓以大义，俾知中国体制，不敢分外干求”④。可以看出清朝仍然以较为温和的态度，维持着不干涉外藩事务的基本立场。

然而，苏禄国王的咨文激发了乾隆彻查此事的决心。为此，他两次下谕旨，要求查明黄佔的出生地问题，明确其真实身份，以便判断是否应对其进行惩处。⑤ 对于皇帝的质询，喀尔吉善等人不敢怠慢。经过大半年的调查，于乾隆十三年（1748）四月呈上了初步的调查结果：

---

① 《闽浙总督喀尔吉善等奏为苏禄国王慎选贡使以杜奸民煽惑滋事折》，《宫中档乾隆朝奏折》。

② 《闽浙总督喀尔吉善奏报议附稽察黄佔在吕宋哄抢贡物事折》，《宫中档乾隆朝奏折》。

③ 《闽浙总督喀尔吉善等奏为苏禄国王慎选贡使以杜奸民煽惑滋事折》，《宫中档乾隆朝奏折》。

④ 《闽浙总督喀尔吉善覆奏办理苏禄国番使一案前后情节事折》，《宫中档乾隆朝奏折》。

⑤ 《闽浙总督喀尔吉善奏报议附稽察黄佔在吕宋哄抢贡物事折》，《宫中档乾隆朝奏折》。

> 查明黄佔系已故黄紫继妻郑氏内地所生之子，与黄令、黄罕同胞兄弟。康熙五十八年，黄紫带往吕宋。雍正四年，由广东回家，娶妻王氏，次年复往吕宋，至今二十余年未回内地。伊妻王氏抱养儿子，一名黄妍，一名黄转。其黄照系黄佔族叔，并非胞叔，康熙五十六年曾往吕宋，六十年轮当吕宋甲必丹，雍正五年回家至今，二十余年并未再往吕宋等情。[①]

为了消除乾隆对审讯结果前后大相径庭的疑问，喀尔吉善详细描述了此次审查的过程与方法：首先由龙溪县知县袁本源对该县黄氏宗族进行排查，根据排查结果，复查前知县章璠取具里邻族长的供结与黄令等人供词。发现出入后，檄饬布、政两司，委令厦防同知胡格会同现任龙溪县知县严审实情。最后由新任福建巡抚潘思榘主持，署布政使永宁、按察使雅尔哈善饬讯明白，确认实情。在解释供词前后矛盾时，喀尔吉善未加思索地转述了黄氏兄弟的原话："上年在省审讯时，因马光明、陈梧等倚借苏禄国王声势，百端吓诈，畏其拖累，不敢直供。"[②] 为追究黄氏兄弟作伪证的责任，喀尔吉善对黄氏兄弟及黄氏宗族进行了处罚：除族长黄斯献年逾七十，照律宽免外，黄令、黄罕均发学戒责，乡保邻佑均照律杖责。

经过长达半年的审讯，黄佔在缺席的情况下，被确认了内地民人的身份。尽管清廷对身在吕宋的黄佔无能为力，却强调"如黄佔回至内地，即据实报明，不许复令往番，咨衅所有"[③]。

黄佔为吕宋现任甲必丹，在吕宋权势颇大，已20余年未归家，如今惹上马光明的案子，自然更不可能回家。朝廷的饬令仿佛对空鸣枪，警示意味大于现实。通过对黄佔出生地的确认，清朝明确了黄佔内地民人的身份，从而确认了朝廷对其的统治权力。如若从清廷对黄佔的判决缺乏实际作用的角度出发，清朝此番大规模的审查可谓劳师动众。然而，就清朝统治的意义而言，严格区分外番岛夷与内地民人的真实身份，并据此采取不同的统治措施则显得十分必要，此番大规模审查背后的象征意义可谓深

---

① 《闽浙总督喀尔吉善奏报议附稽察黄佔在吕宋哄抢贡物事折》，《宫中档乾隆朝奏折》。
② 《闽浙总督喀尔吉善奏报议附稽察黄佔在吕宋哄抢贡物事折》，《宫中档乾隆朝奏折》。
③ 《闽浙总督喀尔吉善奏报议附稽察黄佔在吕宋哄抢贡物事折》，《宫中档乾隆朝奏折》。

远。从乾隆的持续追究中可见一斑。

对于福建全省官员辛苦大半年的审查结果，乾隆以“知道了”回应。“知道了”一词常见于清朝皇帝的御批之中，既有准行之意，有时又意味着否定，大多数情况则显示了模棱两可的态度，彰显皇帝统治的高深莫测。① 乾隆对喀尔吉善的奏折不说满意，也未见斥责，而是耐人寻味地提出疑问，要喀尔吉善继续审查：

> 供内所称上年在省审讯，因马光明、陈梧等依借苏禄国王声势，百端吓诈，畏其拖累，不敢直供等语，看来尚未明确。滨海省份与外洋岛夷接壤，内地民人私越勾结，往往借中国声威以欺慑番民，岂有身在内地，转云倚借苏禄国王声势，畏其拖累之理？

乾隆提醒喀尔吉善，“此案事涉外夷，有关国体，应悉心查明，据实奏闻”。显然，乾隆对喀尔吉善四月份奏章所得结论基本认可，但对其不加修饰的转述颇不满意。借反复追究“畏何声势”一问，乾隆努力向喀尔吉善表明，此案审理的关键在于弘扬清朝天朝上国的权威。②

喀尔吉善立即明白了自己的失误，为弥补直言之过，他先后两次上奏，向乾隆解释了“畏何声势”的质疑：

> 以苏禄国王不过一外番夷长，有何可畏？……苏禄国乃是本朝属国，原无声势可畏。……从前所供，畏其声势，希免拖累，原是畏中国法度，番王声势，有何可畏等语。再四鞫讯，实无别情。……臣等查苏禄国王，蕞尔岛夷，勤修职贡，有何声势足为内地民人所畏？诚如圣谕内地民人借中国声威，欺慑番民，岂有转畏苏禄国王声势之理？……伊等是以畏其拖累，是马光明平素借天朝加惠远人之恩意，即为欺诈乡里之左券揆之奸徒谲诈情形，事所或有黄令等前次所供倚借苏禄国王声势，正是畏我中国法度，实无别项情节。③

---

① 参见庄吉发《“知道了”——奏折朱批谕旨常见的词彙》，《清史论集》第十二册，台北文史哲出版社 2004 年版。

② 《闽浙总督喀尔吉善奏为查马光明借充贡使欺诈乡里事折》，《宫中档乾隆朝奏折》。

③ 《闽浙总督喀尔吉善奏为查马光明借充贡使欺诈乡里事折》，《宫中档乾隆朝奏折》。

奏章中，喀尔吉善反复强调“畏我中国法度”，除反映出慑于乾隆追究其措辞不当的紧张与尴尬外，见之纸面的还有其为维护清廷权威的补救之意。

马光明鼓动苏禄国王以咨文形式状告吕宋番目实为内地民人的案件，在整个马光明案中，已近尾声，却胜似高潮。身份确认的问题被乾隆明确地上升到了政治高度。马光明案由此不似单纯的事涉外夷的民人经济纠纷，而成为事关清廷天朝上国权威的政治事件。

此一重点从《清实录》中对马光明诘告黄佔一案的记载可见。“乾隆十一年十二月庚寅”“乾隆十二年正月庚子”“乾隆十三年四月辛酉”“乾隆十三年八月戊寅”四条，分别对马光明案件进行记载。前两条记载了马光明案的审理过程，强调了马光明以民人充当贡使，有违国体，当重处以示警。后两条则详细记载了喀尔吉善就黄佔出生地一事前后两次不同的解释。乾隆对“畏何声势”的追究，是《清实录》记载此事的要旨。

三　马光明案的余波与影响

乾隆十四年（1749）正月，闽浙总督喀尔吉善奉谕令，对沿海守口进行大规模的盘查。此次大规模盘查的起因是乾隆透过马光明案认定清朝海防不够严密。盘查的目的在于严防内地民人偷渡外洋。遵照乾隆“不得一任属员虚应故事”① 的旨意，此次盘查将重点放在了沿海守口文武官员行为规范之上。此番盘查也促成了闽省海防情形定例的细化。新定例中加入了三条规范：

> 第一、内地查禁民人透越出洋，应责成有司及保甲、房族，以清起源也。第二，贩洋船户、客商人等，应分别责成稽查验放，以杜顶替也。第三，沿海荒僻口岸，应令汛弁及时巡查，以杜偷越也。②

① 《闽浙总督喀尔吉善覆奏为办理苏禄国番使一案前后情节事折》，《宫中档乾隆朝奏折》。

② 《闽浙总督留任喀尔吉善等奏为严查贩洋船只以重海疆事折》，《宫中档乾隆朝奏折》。

此三条新例构成的官民联网进一步加强了清朝对沿海的控制力。清朝对内地民人出海贸易的审核与强化，表现在对守口文武在预防、执行与稽查各环节的规范要求之上。

喀尔吉善对沿海各口的大规模盘查行动，与细化闽省海防定例的行为，均是由马光明案所引发的清廷统治者对沿海地区管理懈怠的补救性举措。一方面反映了清廷对民人出入国政策执行力低下的反思与焦虑；另一方面也折射出清廷对其统治范围内的准确把握。文献中并无记载此次盘查行动是否抓获了违法分子，唯一的成果似乎只有依据此次盘查行动修订的新例。即便此次盘查行动只是应付乾隆旨意的象征行动，那么条约的制定则充分说明清廷对沿海控制力的强化。这种强化最直接的影响是清朝实施了更为严苛的民人出入国政策。

尽管新例对民人出入国审核的各环节规定得更加细致，但这只是对原有制度的进一步完善，或者说是对守口文武官员的执行力做更严厉的要求。马光明案引发的后续效应不止于此。更为严重的后续影响表现在清廷将身份确认作为民人出入国是否违法的唯一判决标准。具体而言，清朝对从海外归来的内地民人的审查除了追究其外出的时间年限外，身份认定也是核查的主要内容，一旦内地民人被发现充任贡使、番目，或为外番效力者，即便没有违法行为（如马光明似的诓骗索诈一类的行为），也难逃军徒之刑。

乾隆十四年（1749）八月，福建龙溪县县民陈怡老携番妇、子女及大批银货，由噶喇叭衣锦还乡，刚上岸便遭缉获审查。其在噶喇叭充当甲必丹的身份曝光。经福建巡抚潘思榘和闽浙总督喀尔吉善的奏报，乾隆下旨“彻底清查，按例办理”，并表示会持续关注此案。

乾隆十五年（1750）三月，乾隆颁布上谕，严厉质问潘思榘为何还不将审讯结果上报。如果不是潘思榘办案能力有限，那么这个备受皇帝关注的案子拖了七个月仍未见结果的原因，大概只能归结为陈怡老并无可以追咎之处。显然，后者的可能性更大。对此，乾隆似乎也明白，否则便不会在上谕中明确“指点”福建的地方官员：

此等匪民私往番邦，即干禁例，况潜住多年，其或借端恐吓番夷，虚张声势，更或泄漏内地情形，别滋事衅，均未可知。该抚接到谕旨，即当彻底清查，按律定案，何以迟久不结？著传谕该督抚等，即将此案速行审结，并将如何办理之处，具奏以闻。①

陈怡老案充满了莫须有的指控，充分反映了乾隆对内地民人与外番勾结滋事的担心。有了皇帝的明令，福建地方官员的办案效力显著提高。不出两个月，刑部议准了喀尔吉善对此案的审讯结果。陈怡老以“交结外国，互相买卖借贷诓骗财物引惹边衅”例，发边远充军，番妾子女佥遣，银货追入官。《清实录》对陈怡老的判罚依律记载明确，其获罪的缘由却语焉不详：

龙溪县民陈怡老于乾隆元年，潜往外番噶喇吧贸易，并买番女为妾，生有子女，复谋充甲必丹，管汉番货物及房税等项，于乾隆十四年辞退甲必丹，携番妾子女并番银番货搭谢冬发船回籍，行至厦门盘获。陈怡老应照交结外国，互相买卖，借贷诓骗财物，引惹边衅例，发边远充军，番妾子女佥遣，银货追入官。②

就《清实录》的描述，陈怡老获罪的原因似乎仅仅只是在噶喇叭娶番女为妾，生有子女，并谋充甲必丹职务，为番人效力。然而，并无其他诓骗索诈之举的陈怡老获罪的罪名与马光明一样，均为“交结外国，互相买卖，借贷诓骗财物，引惹边衅”。

《清实录》中明确载有马光明各项违法犯罪事实，显然，《清实录》的作者并不认为记载这些违法犯罪事实过于琐屑，与大局无关。那么，两相对比，陈怡老案的记录传递给我们如下的信息：记载陈怡老案的目的在于彰显清朝对民人回国政策新的执行法则——为外番效力者即判军徒。换句话说，如果说马光明被判军徒是罪有应得，陈怡老则是清朝新政的首个祭旗者。

考虑到清廷在审讯马光明案时常常显现出对身份的强调和追究，考虑到马光明在清朝与苏禄的关系中埋下的种种恶劣影响，考虑到清廷在审判

---

① 《清高宗实录》卷361，乾隆十五年三月庚午。
② 《清高宗实录》卷364，乾隆十五年五月上乙巳。

马光明案时对其因内地民人充任贡使的行为溢于言表的厌恶之情，考虑到此案延续六年，引起了皇帝高度关注，福建全省官员为之倾力审查的耗时耗力，我们不难得出结论：马光明案是清廷这一新的执行法则的颁布起因。

陈怡老是首个祭旗者，却不是唯一的牺牲品。乾隆十九年（1754）二月，被苏禄国王列为朝贡副使的杨大成因同样的原因、以同样的律例发配黑龙江。对杨大成的判罚引起了争论，但争论的结果是清朝以行文的方式咨照苏禄国王，以天朝上国的姿态对其强调："凡内地在洋贸易之人，不得令承充正副使。"①

此一提议可被视为乾隆十三年（1748）喀尔吉善提议的重申。当时乾隆批示交军机大臣议奏，而此次由陈宏谋再次提出，终于获得皇帝首肯。可见，清朝统治者对于层出不穷的内地民人充任贡使或为番人效力的情况颇为头疼。除运用国家强制手段对查出充任贡使、为番效力者予以严惩外，还以行文形式，告诫外番国王，以期共同防范。实录记载如下：

> 兹该国王遣使嘮独万喳喇等、赍捧表文方物来闽。应如所请、给夫马勘合，委员伴送来京。所带土产货物，听该夷照例贸易，免征关税。惟查该国以杨大成列为副使。杨大成即武举杨廷魁，缘事被斥，复借出洋贸易，冒充该国副使。若不严加惩儆，恐内地民人，习以为常，出洋滋事。不应如该抚所题，仅交原籍管束。请照例改发黑龙江充当苦差。并行文该督抚，知照该国王。②

实录对杨大成案的记载重点在于，再次强调严禁内地民人充任贡使，为番效力，对任何心存侥幸者严加杜绝。对该史料的解读，可从正反两个方面进行：内地民人出海贸易，被外番国王聘为贡使，或在外番充任甲必丹，为其效力，应属平常之举，至少在出海贸易的民人看来习以为常。然而，朝廷则对天朝子民供职番国的行为却极为反感。在清朝统治者看来，内地民人充任贡使，为番效力，既混淆清朝统治的内外之别，又犯了以上事下的大忌，最严重的是模糊了天朝上国的统驭秩序。

---

① 《清高宗实录》卷457，乾隆十九年二月戊戌。

② 《清高宗实录》卷457，乾隆十九年二月戊戌。

此二案之后，《清实录》中再难见到类似案例。这是否预示着清朝以国家强制力杜绝了出海贸易的内地民人借贡使身份牟取暴利的行为呢？事实上，自陈怡老案之后，“贸易商民稽留在番者，各怀疑畏，不敢回籍”①。据此，与其说是清朝行政措施的成功，不如说是出海贸易的民人在两相权衡之下，被迫作出的选择。

结语　身份确认与内外有别

乾隆十三年（1748）四月，清廷对马光明案的审理已接近尾声。此时，马光明从朝贡使臣沦为滋事分子，招认了所有的犯罪事实，交部收押。不料，本该告一段落的案件却在乾隆审阅了喀尔吉善的例行奏报后，再掀波折：

> 喀尔吉善等覆奏马光明讦告黄佔一案，从前黄佔审系黄紫在番所生之子，后又讯系内地所生，情节大相径庭。今虽据奏问明，黄佔乃黄紫继妻郑氏所生，实在内地。但供内所称，上年在省审讯，因马光明、陈梧等倚借苏禄国王声势，百般吓诈，畏其拖累，不敢直供等语，看来尚未明确。濒海省分，与外洋岛夷接壤，内地民人，私越勾结，往往借中国声威，以欺慑番民。岂有身在内地，转云倚借苏禄国王声势，畏其拖累之理？可传谕喀尔吉善等，此案事涉外夷，有关国体，应悉心查明，据实奏闻。②

透过此份上谕，管中窥豹，可见乾隆在处理涉外案件时自由穿梭于两套不同的评价体系间的高超技巧。在整个案件的审理过程中，清廷上下无不显示出对身份确认的执着追求，这个追求背后矛盾地包含了清晰有界的内外观念与含糊不清的天下意识，共同构成了清朝的疆域观。

那么，清朝有明确的疆界意识吗？

---

① 《清高宗实录》卷457，乾隆十九年二月戊戌。

② 《清高宗实录》卷313，乾隆十三年四月丁丑。

在西川长夫的界定中，明确的国境线是“帝国”与国家的首要区别。[①] 换句话说，在“帝国”的概念中，疆界是开放而无限的；在“国家”的范畴里，疆界则是清晰明确的，并且“有界”的意识是国家存在的重要特征。显然，这种概念上的截然划分在清朝是不适用的，古人留下的史实与近人的相关专著都显示清帝对其疆域有着清晰的界定。这种“清晰”既体现在现代意义上精细的划界行为，更表现在清帝对某块区域是否属于清朝统辖范围的明确认知。

就前者言，明确的例证以康熙二十八年（1689）签订的《尼布楚条约》和雍正六年（1728）签订的《恰克图条约》为代表，中俄双方进行了两次目的明确的划界行动。更为广泛的例证则散布于官方或私家史书中《疆域志》（或《地理志》）对疆域范围的详细记录。近人著作中，清史大家萧一山便有此雄心：以详细的清朝疆域版图唤醒国人的民族觉醒。[②] 当代学者葛剑雄明确指出：“清帝国时期的疆域是指现代的中国加上巴尔喀什湖以东以南，帕米尔高原以东，蒙古高原和外兴安岭以南的广大地区。”[③] 可见，明确的清朝疆域范围自古至今便存在。

就后者言，郭成康在《清朝皇帝的中国观》中有详细地论证，他一方面论证清帝在准噶尔内属问题、厄鲁特蒙古内属问题的坚定态度；另一方面也讨论了清帝拒绝左部哈萨克、东西布鲁特、巴达克山、爱乌罕的内属请求的自我约束。对此，张双智在《清代的朝觐制度研究》中也有相关阐释。[④] 汪晖笔下，龚自珍、魏源等人的舆地学实践“既不需要论证清朝帝国的合法性，也不需要为自己在帝国内部的行动提供合法性”[⑤]，此一理所当然的行为，也可视为清朝的内外观明晰的佐证，至少能说明在知识分子群体中，清帝对疆界的认知获得了认可与呼应。

从上述专著中所共同注意到的几个例证来看，清帝内外有别的疆域

① 转引至葛兆光《重建关于“中国”的历史论述：从民族国家中拯救历史，还是在历史中理解民族国家?》，见刘凤云、刘文鹏等编《清朝的国家认同：“新清史”研究与争鸣》，中国人民大学出版社 2010 年版，第 262 页。

② 萧一山：《清代通史》，华东师范大学出版社 2010 年版，第 132—134 页。

③ 葛剑雄：《中国历代疆域的变迁》，中共中央党校 1997 年版，引言。

④ 参见张双智《清代的朝觐制度研究》第五章，学苑出版社 2010 年版。

⑤ 汪晖：《现代中国思想的兴起·帝国与国家》，生活·读书·新知三联书店 2004 年版，第 289—290 页。

观确实存在。但是，同时存在着的大量关于“天下观”无外特点的史籍记载，却混淆着我们的认识。杜文忠在《边疆的法律：对清代治边法制的历史考察》中，认为清朝“作为一个国家，在它的四周有一个极富弹性的疆域，而没有严格的国家领土主权观念”①。他以“既清晰又模糊”形容清朝统治者的疆域观，认为这是中国的文化疆界的强势扩张与广阔而稳定的地理条件共同导致的结果。此一提法涉及了本文的问题意识，却没有给出清晰的解答。事实上，杜文忠所谈的清朝疆域观表现出的“既清晰又模糊”的特征，可被归结为前文提到的两个追问。如何解释此一矛盾产生的原因，则是本文关注的重点。

可以发现，就朝贡体系而言，内藩与清朝的关系较为明确，涉及外藩的领属问题时，学者的论证便模棱两可。此外，清帝有着明确疆域观的结论，主要依靠来自西北边疆的例证。东南沿海方面的论证相对较少。这与学界长期将边疆区域的研究重点置于蒙古、新疆、西藏和东北等陆疆地区，对海疆的研究深度稍显不足有关。②

本文详细剖析马光明案，提出“身份确认”的概念，旨在追问以下两个问题：第一，天下体系的“无边”与疆域意识的“有界”为何能够矛盾地同时存在？第二，若“有界”与“无边”的共存不是无意形成的客观结果，那么严格区分内外的统治为何要辅以“无外”为特征的“天下观”的意识形态进行阐释？换句话说，此一相对矛盾的存在背后有着清朝统治者怎样的政治考量？

在马光明案的审理过程中，身份确认是重要的特征之一。事实上，清廷经由对涉案人身份的严格追究，明确了其对内地民人与外番岛夷不同的审判态度，一方面强调清朝对内地民人拥有绝对的统治权力；一方面也重申了清朝对外番岛夷不加干预的涉外原则。马光明案后，清朝严禁内地民人充任贡使，为番效力。从陈怡老案和杨大成案的判决，与清廷对苏禄国王的禁令中，均可见清朝严禁身份混淆的明确态度。内外分明的身份确认

① 杜文忠：《边疆的法律：对清代治边法制的历史考察》，人民出版社 2004 年版，第 19 页。

② 张双智对于清代的朝贡制度与朝觐制度的差别做了一番归纳，但他也指出，在清朝许多官方文献中，“朝觐”与“朝贡”一词经常混用。可参见张双智《清代的朝觐制度研究》，学苑出版社 2010 年版，第 256 页。

与审判态度是清朝明晰的领属意识的重要表现。“有界”是指清朝的海疆统治奉行内外有别的管理原则，“突出内治”“拒绝外请”是清朝在东南海疆的统驭特点。“无边”指的是清朝的外交文书中隐含着以“无外”为特征的天下观意识。

与清廷上下对内地民人身份不厌其烦的确认相比，清廷自身对“天朝上国”身份的强调，亦有过之而无不及。浙江巡抚常安以皇上体恤外邦、无异内地为由，挪用国帑垫补邵士奇所欠之款的做法，是清廷在优抚朝贡国时极尽作秀式的表现。马光明诘告黄佔案中，清朝官员三番五次地表明“天朝体统尊严和怀柔远人之意”。介入此案是为了“服远人之心”，不干涉外夷纠纷则是为了维护“天朝体统之尊严”。无论案情怎样发展，清朝均以“天朝上国”自居，将苏禄国描述为“慕义向化”的表率。此种以天下观为核心的书写特征揭示了清朝对天朝上国身份的自我确认。

明晰的内外观与模糊的天下观混合，构成了清廷独特的疆域观。这在马光明案的审理过程中，表现得淋漓尽致，却也扑朔迷离。只要事涉岛夷，清廷便始终坚持不加干涉的原则，以维持稳定作为清朝海疆统治的根本宗旨。严格遵照朝贡体系与传统天下观所描述的统治秩序，似乎仅存在于“帝国”书写的笔端。清朝更倾向于通过诉诸文字的方式，描绘其疆域坐拥天下的无限想象。

乔治·拉伦在《文化身份、全球化与历史》中认为，文化身份的构建可能遮蔽部分文化差异。[①] 马光明案中，清廷反映出的两种身份确认恰恰能够说明此种特性。对内地民人的身份强调与对外番岛夷的差别对待，是清廷以外部异质性凸显内部同质性的做法。天朝上国的自我认定，反映了清帝对汉家天下观的调适与改善，希望借由身份的确认，实现内部的凝聚与统一。

（刘文鹏，中国人民大学清史研究所教授；王珏，中国人民大学清史研究所2011届硕士研究生）

---

① 乔治·拉伦：《文化身份、全球化与历史》，见曾军《文化批评教程》，上海大学出版社2008年版，第296页。

中西税制比较视角下的皇室与商人关系

——以近代早期的中国与英国为中心*

冯　佳

摘要　本文以近代早期中西皇室与商人关系的表面相似为切入点，探讨近代早期中国与西欧在政治和税收结构上若干重要差异。清代的皇室与商人关系与英国相比，是一种截然不同的政治和税收结构。这些不同主要体现在：首先，与17世纪早期伦敦特许商人愤慨于王室未经议会批准的税收而与王室走向公开对抗的事实相反，18世纪中叶分享了相似崛起轨迹并一度享有更多财富的清代皇商，却在皇室的无度需索下渐渐走到了破产的边缘。专制主义中央集权政治统治的格局下，商业的发展无从遵循市场和经济的规律，而是极大程度上受到政治的左右。其次，与长期深陷债务的西欧王室不同，帝制时期的中国君主早在秦代便集中掌控了对于土地税的征收。与西欧君主从自己的收入中支付军费相对，帝制时期的中国军费主要由户部奏销。清代君主对征税权的控制使得皇商在皇室财政上的作用只处于补充地位。尽管与近代早期的西欧在皇室与商人的关系上分享了诸多近似的特征，支撑并影响清代中国皇室与商人关系的制度结构却与西方存在着本质的不同。本文挑战了通过在中国近代早期历史中寻找与西欧的相近性以界定中国“早期现代性”的研究方法。

关键词　近代早期　中国　英国　皇室　商人

---

* 基金项目：本文得到山东大学基本科研业务费专项资金资助（项目号：2018TB027）；本文系山东省社科规划项目—优势学科项目“清代皇室财政于政府财政分开的制度史研究”（项目号：19BYSJ56）阶段性成果。

前　言

在16、17世纪的英国，商业的扩张在很大程度上得益于商人与王室结成的特殊利益联盟。一方面，商人从王室那里得到海外扩张所急需的贸易特权以降低成本、减少竞争；另一方面，商人与王室分享贸易获利、为王室提供政治支持以作为回报。这种以新旧势力相结合为特征的皇室与商人的利益联盟，在一定历史时期，对英国近代早期国家的形成和资本主义的发展起到了关键的作用。① 几乎与英国这一政治特权推动下的商业发展同时，17、18世纪的中国也衍生出了相近的政治商业结构。早在明代，官府便利用国家对盐的专卖制度，尝试让商人把粮草交到指定的边仓，再由各边仓发给商人仓钞，即收到粮草的证明。商人持此仓钞，便可到指定的都转运盐使司或盐课提举司换取盐引。② 此一名为"开中法"的粮盐边镇粮饷制度到了清代逐渐向着盐引占有更加集中的方向发展。为数不多的总商垄断了售盐的特权。③ 清代的销盐纲引制度使分发销盐特许的皇家与垄断盐业市场的盐商贵族结成了利益联盟。清代中期，一方面，皇家特许盐引的恩惠使盐商大获其利，促进了商业的繁荣；另一方面，商人以"报效"的形式向皇室输送金钱和贡品，为皇权的加强提供了重要的经济保障。

以中英皇室与商人关系的表面相似为切入点，本文将探讨近代早期中国与英国在政治和税收结构上若干重要差异，并着重探讨近代早期中国、英国通过获得王室贸易特许权而崛起的特权商人集团。笔者认为，尽管与近乎同时期的西欧存在着诸多形式上的相似，但是支撑清代皇室与商人关系却是一种截然不同的政治和税收结构。这些不同主要体现在以下两点。首先，17世纪早期伦敦特许商人不满于王室未经议会批准的税收而与王室

---

① 关于世袭制皇室对16、17世纪荷兰现代经济崛起和国家建构的促进作用，参见 Julia Adams, "Trading States, Trading Places: The Role of Patrimonialism in Early Modern Dutch Development," *Comparative Studies in Society and History*, vol. 36, no. 2, April 1994, pp. 319 - 355; Julia Adams, "The Familial State: Elite Family Practices and State-Making in the Early Modern Netherlands," *Theory & Society*, vol. 23, no. 4, August 1994, pp. 505 - 539。

② 寺田隆信：《山西商人研究》，张正明等译，山西人民出版社1986年版，第77页。

③ Ping-ti Ho, "The Salt Merchants of Yang-Chou: A Study of Commercial Capitalism in Eighteenth-Century China," *Harvard Journal of Asiatic Studies*, vol. 17, no. ½, June 1954, p. 138.

走向公开对抗，18 世纪中叶一度享有大量财富的清代皇商却在皇室的无度需索下逐渐走到了破产的边缘。专制主义中央集权政治统治的格局下，皇商无力钳制皇室等政治权威的经济压榨和超经济控制。在此框架下，商业的发展无从遵循市场和经济的规律，而是在极大程度上受到政治的左右。皇商服务于皇室的政治需要的自我导向也极大地限制了其商业活动的范围。时时为满足政治需求而开展贸易的商人既不能自由地追逐利益，也没有自主支配商业利润的自由。其次，与长期深陷债务的西欧王室不同，帝制时期的中国君主早在秦代便集中掌控了对于土地税的征收。因此，与西欧中世纪以来“国王靠自己过活”的财政原则相对，帝制时期中国君主的征税权不受法律或惯习的限制。中西方王室征税权力的差异集中体现在军费的筹措上：与西欧君主从自己的收入中支付军费相对，帝制时期的中国军费主要由中央财政官僚机构奏销。清朝皇帝对征税权的控制使得皇商在皇室财政中只处于补充地位。与皇商过于依赖皇室所赐予的特权相对，皇室只将商人作为攫取利益的工具。当贸易亏损影响到皇室收入时，商人便成了替罪羊，无一例外地遭遇了被抄家、填补皇室财政亏空的命运。

因此，尽管近代早期中国与西欧在皇室与商人的关系上有诸多近似的特征，但支撑并影响清代中国皇室与商人关系的制度结构却与西欧存在着本质的不同。近年来，清史研究者倾向于在中国近代早期历史中寻找与西欧的相近性，并以此来证明与西欧一样，在 17、18 世纪，早在西方殖民到来前，中国早已具备了本土的“早期现代性”（early modernities）。[①] 然而，仅由这些表面的相近性便断言近代早期中国与西欧在制度层面本无差别，似乎又过于武断。首先，近代早期商业的发展未必是更先进的经济形式的表征。其次，商人群体的崛起也未必与更先进的政治制度的出现相关联。与之相反，在 18 世纪的中国，商业的繁荣和强大的皇商群体的崛起恰是专制主义中央集权空前发展的结果。在短暂的繁荣过后，皇商无一例外地遭遇了破产和被抄家的命运。

---

① 关于中国“早期现代性”的讨论，参见 Laura Hostetler, *Qing Colonial Enterprise: Ethnography and Cartography in Early Modern China*, Chicago: University of Chicago Press, 2001; Alexander Woodside, *Lost Modernities: China, Vietnam, Korea, and the Hazards of World History*, Cambridge: Harvard University Press, 2006。

一　清代皇室特许权与皇商的兴衰

早在清入关前便有皇室委托商人经商获益的记录，是为日后皇商之滥觞。[①] 1676 年，盛京内务府佐领辛达里“以买卖之事不断”，奏请“设置商人”。条件为“彼地家境殷实且有声望之人，酌量使每人经商三百两以下，一百两以上不等”。参照盛京户部的成例，内务府商人“算自身凡三丁免赋”，“一年蠲免两个月，取十个月利息”。[②] 据粗略的统计，康熙年间，皇商或内务府设有的买卖人有两百人左右。这些商人不仅替内务府办买皇室所需的诸项什物，而且还以闲置的内帑之资经营粮食、铜矿、食盐运销，变内务府闲钱为资本。[③] 内务府买卖人或有包衣身份，或凭借杰出的商业能力。[④] 由于这些商人与内务府的密切联系，他们也被称作“皇商”。[⑤]

皇商与皇室建立纽带的方式主要是通过借贷帑银并许诺巨额回报。康熙早期，“生息银两”又称“滋生本银”或“恩赏银两”，本是皇帝在内库帑银中拨出一定的专门款项，交给北京内务府和盛京内务府，再分给八旗都统衙门或各省军政衙门进行营运生息。利息用于贴补旗人生计。[⑥] 在国内铜矿紧缺、造币金属不足的情况下，康熙帝决定借贷帑银给特定资质较好的商人以采办铜斤。1701 年，康熙帝批准借给具有皇商身份的内务府员外郎张鼎臣、张鼎鼐、主事张常住兄弟三人以及江宁织造曹寅、皇商王纲明等人共十万两生息银两，承运十四关铜斤。生息银两以八年为期，承运人在许诺上交三百五十八万余斤优质铜锭之外，还需上缴内务府一笔巨额的“节省银”和“利息银”。商人视有预支内帑的铜斤采买贸易为巨大

---

① 尉安宁：《1600—1850 年间中日两国的官商》，《日本研究》1988 年第 4 期。

② 中国社会科学院历史研究所清史研究室编：《清史资料》第 5 辑，中华书局 1984 年版，第 65—66 页。

③ 赖惠敏：《乾隆皇帝的荷包》，中华书局 2016 年版，第 155—156 页。

④ 韦庆远：《档房论史文编》，福建人民出版社 1983 年版，第 43 页。

⑤ 其时之外国商人称这些享有皇室赋予的特许商人为“The Emperor's Merchant”，参见 H. B. Morse, *The Chronicles of the East Indian Company Trading to China*（1635 - 1834）vol. 1, Cambridge：Harvard University Press, 1926, p. 102。

⑥ 王士铭：《既是官员也是奴才：乾隆朝长芦盐政》，硕士学位论文，台湾暨南国际大学历史系，2007 年，第 78 页。

的商机，各个承运人展开竞争，许诺的回报金也从四十万两一路攀升至一百二十二万两。此外，生息银两还用于皇商的资金周转。比如，1703 年，在南巡途中的康熙帝便赏借两淮盐商一百万两帑银；1704 年，又赏借七十万两给了八位长芦盐商。①

雍正年间，生息银两的利息成为内府三旗和八旗满洲蒙古官兵赏金的重要来源，仅限“作本营运生息，遇兵丁有吉凶之事酌量将息银赏给”。内务府实现“生息银两”利润的最大化的方式主要有三种。一是用帑银买田招佃收租；二是交商生息，即由官府将一定数额的款项，以贷款的方式交给商人，责成他们按期按规定的利率交纳利息银两；三是以帑银为本金开设当铺及其他店铺进行经营。这种以帑本开设的店铺叫作“官当”或“官店”。雍正时期，帑银月利率约为百分之一至百分之二，利息按月缴收。为了降低帑银亏损的风险，内务府对借贷帑银的商人资格设定了极高的要求。比如，借贷帑银需“取有领状”，还要“连环互保”，实质是转嫁运营的风险给商人，即“官无经运之事，兵获生息之利”。②

由于帑银附加的经济回报要求较高，对于商人来说，生息银两看上去似乎不仅利润微薄而且风险巨大。然而，内务府巧妙地将盐专卖与生息银两绑定在了一起，将获得帑银借贷资格转化为商人进入获利最丰的商业活动的入场券。更具体地说，成为皇室的借贷人被巧妙地转化为复杂的盐专卖制度的有机组成部分，成为商人获得售盐特权和其他垄断经济活动的门槛券。

因此，提及皇商的经济特权，便不得不提及清代早中期的盐专卖制度，特别是皇商如何通过盐的专卖与内务府建立起了互惠的利益纽带。由少数特权商人垄断盐的生产和销售可以追溯到明末。为了以尽可能低的成本解决北部边塞的军饷问题，明政府创设了由商人运粮到边塞以换取盐引的开中法。③ 从前，由国家资助和控制的食盐售卖，以 1617 年为转折点，开始面向所有愿意依照国家规定条件运作的商人。在此制度下，盐的生产、批

① 韦庆远：《明清史辨析》，中国社会科学出版社 1989 年版，第 175—177 页。

② 同上书，第 195—222 页。

③ 寺田隆信：《山西商人研究》，第 14 页。

发及运销零售，经国家的授权许可，均为少数的专商所垄断。滥觞于明末的以商专卖为本质的“纲法”，至清朝逐渐成形。①

有清一代，作为皇商与皇室利益纽带的盐专卖制，其盐区的划定自始便“沿着政治的疆界，而非基于经济的考虑”。② 盐的生产和售卖被人为地划分为十一个盐区。尽管手握政府发放的盐引，盐的生产和销售中的每一个流程都处在政府的严密控制之下。政府监控盐的生产和销售的制度包括引法、纲法、票法等。政府希望确保特定额度的盐税收入。因此，获取盐的专卖权于商人而言是一个竞争激烈的过程。③ 唯独实力雄厚的商人方能成为政府包税的承包人。商人一旦拥有“引窝”即成为“引商”，名字会被载入“纲册”。只要盐商能够继续足额地缴纳承包的盐税额，便可以世世代代享有盐专卖的特权。④

皇商承担的铜斤采办是清代早期内务府资助的商业活动的典范案例。早在1645年，清政府便颁给商人符信，鼓励商民赴日购铜。17世纪末18世纪初，由于国内铜材缺乏，康熙帝不得不改变从前税关采办铜的政策，转而委托有资质的内务府商人采买，就近在江苏藩库提取办铜之银，到苏州采买洋铜，把银两交给持有日本通商照票的商人，由他们采办货物到日本买铜。⑤ 日本幕府鉴于过往与中国贸易中白银的大量外流已严重影响本国金融市场的稳定，于1668年颁令限制丁银出口。此后，中日贸易转而以货易货，即中国商人携带生丝、砂糖、书籍等日方需要的货物，而日方以本国出产的铜及海产品作为支付。1696年和1697年铜斤进口达到了顶峰。两年间，内务府商人分别从日本购得铜斤7477502斤和7139968斤，大大超过此前十四关得3581000斤得采购总量，一时缓解了国内铸币铜材紧缺的状况。而于内务府商人而言，采买铜斤实为暴利。据学者的统计，1699

---

① 杨久谊：《清代盐专卖制之特点——一个制度面的剖析》，《中央研究院近代史研究所集刊》2005年第47期。

② 同上书，第12页。

③ Tao-Chang Chiang, “The Salt Trade in Ch'ing China,” *Modern Asian Studies*, vol. 17, no. 2, 1983, pp. 199 - 200.

④ 杨久谊：《清代盐专卖制之特点》，第13页。

⑤ 焦鹏：《清初中日贸易格局演变与乍浦港之兴起》，《中国社会历史评论》2013年第14辑，第376—378页。

年，内务府商人赴日贸易的利润率为46.4%至55%。[①]

然而，采买铜斤的高利润率模式并未持续多久，因为铜斤的采购自始便过度依赖日本方面的持续供应。1685年开始，日本幕府便颁令限制铜斤的出口。1715年，日本方面再颁“正德新例”，限制唐船数量，并将年供应铜斤量定格为三百万斤。瞬间，商人不能完纳清政府规定的原铜，导致大量亏空的出现。旧日里获利无限的内务府铜商，顿时负债累累。[②]

18世纪早期，在两淮和长芦这两大产盐区出现了以贩盐为主、以内务府为依托的财力雄厚的商帮。诸多因素促成了这些商业资本的崛起。首先，由于通过盐的专卖，皇商与皇室结成了利益的共同体，皇商自然成了清政府税收政策中获益的一方。与普通商人相较，皇商最明显的优势是借用皇家的钱作为其买卖的本钱。诚然，内帑借期动辄十年乃至二十年，使看似低廉的利率日积月累而成为一项沉重的利息负担。[③] 但是，与时常同样资金周转不灵的普通商人不得不面对市面上的高利贷相较，皇商仍然具有显著的优势。[④]

18世纪早期盐商的巨额财富来源于盐专营贸易的高利润率。这个对于盐商来说的繁荣时期首先得益于清政府每引加斤的政策。每引盐额从200斤加至344斤。1751年之后，盐商又获准每引20斤的免税盐额。[⑤] 17世纪中叶到18世纪早期，两淮地区显贵盐商的盐引数从四五千增长到了两万。由于皇室纽带所赋予的特权，盐的专卖权逐渐集中到了少数内务府盐商的手中。一个盐商手握一个县全部盐的产、售权的现象并不稀见。[⑥] 财富的集中还反映在这样一个事实：在全国大约2000名盐商中，大约半数商人掌握了盐销售市场61%—91%的份额。[⑦] 此外，与内务府的经济纽带使得内务府盐商得以获得若干实质性的减税优待。在长芦，内务府建立了由

① 薛明：《康熙朝中后期内务府商人赴日办铜的利润问题》，《清史研究》2014年第2期。

② 王萌：《康熙朝后期的铜政改革与内务府官商》，《清史研究》2010年第1期。

③ 赖惠敏：《乾隆朝内务府的当铺与发商生息》，第175页。

④ 18世纪早期，市面的高利贷年利率常常高达30%，而内帑年利率只有12%。李克毅：《清代盐商与帑银》，《中国社会经济研究》1989年第2期。

⑤ Ping-ti Ho, "The Salt Merchants of Yang-Chou," pp. 144 – 145.

⑥ Ho, "The Salt Merchants of Yang-Chou," pp. 149 – 150.

⑦ Ts'sui-jung Liu, "Features of Imperfect Competition of the Ming-Ch' ing Salt Market," *The Second Conference on Modern Economic History (II)*, Taipei: The Institute of Economics of Academia Sinica, 1989, pp. 559 – 627.

盐商承办、名为“永庆号”的盐号。永庆号的经营由盐商担保。虽然有自负盈亏的风险，商人争相承办永庆号，视获得其为美差。因为承办永庆号的资本由内务府提供，不同于一般盐商自筹银两买引办运。此外，承办永庆号的盐商还可以获得户部的优免税课。①

由于内务府的预支资本，皇商还得以进行大规模的长途贩运贸易，而这正是商本薄弱的普通商人无法企及的。既有研究已经揭示，1760 到 1780 年代，内务府商人还在西北边疆地区进行玉石买卖。尤其是 1750 年代以来，西北边疆在被纳入清政府版图的同时，也为商人进入西北地区开展贸易打开了新的商路。1760 年代，玉石成为新疆地区向朝廷奉献的重要土贡。由于玉石是江南诸多精致工艺品的原材料，江南商人视玉石为瑰宝。而远在西北边疆，玉石却廉价易得。18 世纪中叶，驻守边疆的兵士为贴补日用，常私自将玉石廉价贩卖给商人。于是，山西、陕西一带的皇商纷纷参与这一长途贸易，将新疆的玉石贱买贵卖到江南，换取江南的丝绸和江西的瓷器，再回到新疆贩卖，从中赚取巨额差价。这一贸易路线延续近三十载，直到 1780 年代内务府包衣高朴东窗事发，乾隆帝借机打击商人，以内务府取代商人垄断西北玉石的专卖权而告终。②

另一项皇商参与的长途贸易是皮毛。1740 年代清廷与西北准噶尔的朝贡贸易主要服务于政治目的，而非经济收益。原因是内地市场对西北特产如皮毛、葡萄干、羊角等需求不大。为了在让渡经济利益以安抚边疆的同时尽量减少经济损失，清政府授权一些有资质的商人代为经营皮毛贸易。选中的内府商人不仅能够得到内务府预支的商本，而且还可从政府领取补贴以填补不得已的经济损失。1744 年，仍有亏损的商人还获得了政府的低息贷款。③

18 世纪中期，一些资产雄厚的皇商积聚了前此和此后均不可企及的巨额财富。根据何炳棣的估算，一些拥有特权的行商通过盐的贸易至少坐拥 30 万两的资本，这些还不包括盐商出于特权可能通过非法手段获取的财

---

① 王士铭：《既是官员也是奴才》，第 57—63 页。

② 赖惠敏：《从高朴案看乾隆朝的内务府与商人》，《新史学》2002 年第 13 卷第 1 期，第 71—131 页。

③ 林永匡、王熹编著：《清代西北民族贸易史》，中央民族学院出版社 1991 年版，第 117—123 页。

富。三代之内，这些特权的商人家族能够轻易地积累千万两白银的资产，而同时期的进士官员终其职业生涯，其平均财富只在六万到七万两左右。两淮域内，三十名左右最富有的坐商的财富在一百五十万到两百万两左右。正如何炳棣所说，“18 世纪的中国，这些盐商无疑是商业界的巨子”。[①] 18 世纪早中期崛起的大商人无一例外地都是盐商。[②] 此一时期，两淮盐商在食盐运销过程中所攫取的垄断利润也促进了两淮地区奢侈性消费的兴起。在两淮盐商聚集的扬州，盐商投资兴建的园亭、别墅如雨后春笋。从《扬州画舫录》中的记载，盐商奢华生活可见一斑。有些盐商炫耀财富，家内多畜奴婢、童仆，拥有私人戏班，饮食但求工巧。可以说，18 世纪的两淮盐商引领了这一地区奢侈消费的风尚。[③]

皇商的繁荣并未持续太久，而皇商的最终衰落几乎从一开始便是制度性的宿命。首先，清初盐专卖制度的创设从一开始便服务于政治考虑。全国的盐区被人为地划分为十一块。盐价不是由市场规律决定，而是由政府颁布的行政命令。[④] 这样一种以行政区划为边界的制度设计不仅经济成本巨大，而且从长远来看，根本无法持续。比如，雍乾时期，原本意在抚恤盐产区贫民的“老少盐”，因“老少盐”的受益者将盐额转卖给盐枭、后者以低于官盐的价格出售，从而侵犯了盐区特权商人的利益而最终无法推行。[⑤] 此外，对消费者来说，在同等距离内，本盐区的盐价未必最为低廉。这一经济层面的事实在几个盐区交界的地方最为显著。官盐价高便促成了从盐的生产到销售的每一个环节中走私的盛行，尤其是在 18 世纪晚期，屋漏偏逢连夜雨，已经弊病缠身的盐专卖制又遭遇了银价上涨和铜币的贬值。由于有清一代，铜钱作为消费市场之通货，而税收以银两计算，每逢铜钱贬值、银价上涨，不得不向政府缴纳白银税收的盐商都深受其害。[⑥] 而具有反讽意味的是，

---

① Ho, “The Salt Merchants of Yang-Chou,” pp. 150、152 - 153. 此外，有关乾隆年间两淮盐商之富有，道光年间的李澄曾这样写道：“闻父老言，数十年前淮商资本之充实者，以千万计；其次亦以百万计。”参见（清）李澄撰《淮鹾备要》，扬州文枢堂刻本，卷 7。

② 傅衣凌：《明清时代商人及商业资本》，人民出版社 1980 年版。

③ 萧国亮：《清代两淮盐商的奢侈性消费及其经济影响》，《历史研究》1982 年第 4 期。

④ 佐伯富：《清代盐政之研究（续）》，顾南、顾学稼译，《盐业史研究》1993 年第 4 期。

⑤ 杨久谊：《清代盐专卖制之特点》，第 7—8 页。

⑥ 陈锋：《清代盐政与盐税》，武汉大学出版社 2013 年版，第 193 页。唯一的例外是淮南地区，因为淮南有着独特的纲岸，特点是在运售盐的交易时，用银而不是用铜钱。与多数盐区不同，在淮南纲岸盐的官价，是以银而非以铜钱来估定。杨久谊：《清代盐专卖制之特点》，第 20—21 页。

1770 年应长芦盐商的请求，官府提高盐在引地的零售价，以为贴补在铜钱贬值中财力损耗严重的盐商。不想，官价的上调，反倒更助长了私盐的泛滥。①

更严酷的现实是，皇室赋予商人的特权从一开始便不是免费的午餐。皇商所面临的困境在于，虽然一方面其成功的经营不得不依靠政治权威所赋予的经济特权，但另一方面他们对皇家特权的过度依赖也将自身置于了易受皇室经济剥削和政治打压的不利处境中。于商人而言，皇室所赐予的经济特权的不利方面集中体现在所谓的“自愿报效”。尽管早在 1645 年文献中便可见商人报效军需的记载，但第一次大规模的商人报效则出现在清政府平定三藩之乱期间。此后，皇室频频要求皇商在水旱灾害之际、河工、战争之时报效银钱。② 乾隆时期，其军事活动频繁且规模之大在乾隆所自诩的“十全武功”中可见一斑。③ 乾隆年间，皇商们至少一年一次，常常一年数次地被要求报效。报效的数额也水涨船高。从最初的三十万两，增长到了 18 世纪中末叶的一百万两之多。1773 年和 1792 年，每次报效的数额竟高达四百万两。乾隆帝的六次南巡也多赖盐商出巨资。报效实为皇商无法逃脱的沉重经济负担。④

作为对盐商的补偿，乾隆时期，朝廷加大了对报效有功的盐商的恩赏。康熙朝报效的商人获赐五品官衔已是殊荣，而乾隆朝报效的盐商多被赐为三品。乾隆帝还对报效盐商召见、赐宴以为宠络。此外，皇帝还御批加斤、加价、豁免、缓征，使盐商在运盐行销中得到实惠。1767 年，两浙的报效盐商便获得了“每引额定盐斤外加盐五斤，免其输纳课项”的恩赐。⑤来自皇室的恩赐极大地提高了盐商的社会、政治地位。

然而，经历了近一个世纪的繁荣，1770 年代和 1780 年代开始，皇商在遭遇了巨大的经济亏损后，巨额债务缠身的皇商成为官府追讨的对象。此一时期，皇商经营项目利润率的锐减是私盐泛滥、铜钱贬值、各类加征

---

① 杨久谊：《清代盐专卖制之特点》，第 21 页。

② 陈锋：《清代盐政与盐税》，第 284—286 页。

③ 关于乾隆时的十全武功，参见庄吉发《清高宗十全武功研究》，中华书局 1987 年版。

④ 陈锋：《清代盐政与盐税》，第 286—289 页。有关乾隆朝盐商捐输军需、河工、灾济、内府公事的记载，参见（清）单渠编纂《两淮盐法志》，清嘉庆年间刻本，卷 42，第 1—5、9、12 页。

⑤ 陈锋：《清代盐政与盐税》，第 291—292 页。

多重因素共同作用的产物。[①] 自然灾害更加剧了本以伤痕累累的商本的脆弱性。[②] 乾隆末年，出现了越来越多的盐商入不敷出、无力偿还帑银、无法兑现帑息和盐课的案例。起初，鉴于帑本的亏空实质是皇室的亏空这一事实，皇室常常以宽限还款时日、借贷周转资金的方式竭力挽救困境中的皇商。然而，在经济框架不变的情况下，这些新注入的资本只起到了延缓亏空浮出水面的作用。1763 年，作为长芦总商的王至德便被迫变卖了自己的盐厂。即便如此，为了偿债，他不得不又变卖了旗下的当铺、地产，还借了高利贷。15 年的辛勤经营，不但没有使王至德摆脱债务，反倒使他更加债台高筑。1771 年，内务府剥夺了王至德之子的皇商身份，抄没了王氏的家产。这个曾经显赫一时、世代皇商的商人家族最终走向了破产。[③]

或许盐商范氏的兴起和衰落最能说明皇商所获赐的特权所具有的双刃剑属性。通过在北方边疆开展长途贸易赚取了第一桶金，范永斗不无远见地奉献钱财给了当时刚刚崛起的满洲政权，奠定了此后范氏家族与清廷的利益纽带关系。满洲入关后，范永斗自然地成为内务府登记在册的皇商，并获赐官衔。与清廷的特殊关系很快为范氏打开了参与买办铜斤和盐专卖这两项当时获利最丰的贸易机会。此外，范氏还获得了清政府颁赐的木材生产和运销的特许经营权。18 世纪早中期准噶尔战役之际，范氏家族以累世积累而来的边疆活动经验“出私财助军兴”，不仅协助保障了边疆军粮的供应，而且还帮助节省了巨额的国库支出。此一军功进一步促进了范氏家族与皇室的联盟，可谓既富且贵。1781 年，即抄没范氏财产之前两年的财产清单揭示，范氏家族“在直隶、河南两省的二十个州县遍设盐店，在天津、沧州置有囤积盐斤的仓库，在苏州设有管理赴日铜船的船局，有洋船六艘。此外，还在北京有商店三所，张家口有商店六所，归化城有商店四所。在张家口置有地产一百零六顷。分布在各地的房产近一千间，以及盐货二十六万余包，为运盐使用的大批绳索席袋，等等”[④]。18 世纪中叶

---

① 徐泓：《清代两淮盐商没落原因的探讨》，《徽学》第 7 辑，第 10—31 页。

② 吉朋辉：《清代内务府盐商透视：以长芦盐商王惠民家族为例》，《盐业史研究》2017 年第 4 期。

③ 第一历史档案馆编：《乾隆年间查办长芦盐商王至德父子亏欠帑银案》，《历史档案》2001 年第 2 期。

④ 韦庆远：《档房论史文编》，第 43—45、53 页。

以后范氏家族已显颓势，其鼎盛时期的财富更可想而知。

在范氏通过商业的成功积累了越来越多政治资本的同时，其与皇室日渐加强的纽带却也埋下了衰落的种子。1725 年，范氏便由于日本铜矿出口政策的突然收紧而出现了亏空，在无法筹集资本的情况下，范清注不得不拖欠课税。1755 年，范清注又自曝有未完银四十七万余两，手头已无周转资金。尽管乾隆帝批准范清注暂借内库银以作周转之用且此后不断有帑银接济，然而，范氏的经营不但没有好转，反倒以新贷偿旧债，日渐债台高筑。① 1783 年，种种迹象表明，范氏在所经营的各种项目均亏欠日深、无以为继。乾隆下令查没了范氏全部财产以入官填补亏空，革除范氏在内务府、户部的全部官职，并将范清济父子从重治罪。昔日风光无限的皇商终沦为阶下囚。②

范氏的衰落只是 18 世纪中晚期皇商陷入困境的缩影。18 世纪中叶以降，此前依靠皇室特权而崛起的盐商巨贾纷纷走向衰落。尽管皇商的衰落与皇室的无度经济需索有密切的联系，然而，为了填补国库和内库的亏空，内务府极尽搜刮之能事，使破产的皇商身无分文。此前富且贵的皇商罕有逃脱被抄家的命运。尽管盈亏乃商业经营之常事，但事实上皇商根本无力承担任何经济损失，因为在皇帝的眼中，唯有永恒的利润才是他们存在的价值。无度的经济需索严重地挤压了商人的利润空间，只留给他们极为有限的资本以应对无法预料的商业风险。

皇商几乎从一开始便注定的衰落命运更根本的原因则基于这样一个事实，即清代高度集中的财政体系下，商人对皇室财政的作用只是补充性的，而非必不可少的。早在秦代便开始确立的专制主义中央集权的财政体制在清代得到了极大的发展。③ 专制主义中央集权统治在财政上的特征是皇帝不以地方贵族为媒介而直接与小农，也就是土地税纳税人，建立纳税关系。征税由财政官僚体系即以中央的户部和地方各级财政官僚分级掌

① 韦庆远：《档房论史文编》，第 55—57 页。

② 同上书，第 57 页。

③ 18 世纪专制主义中央集权的强化，参见郭成康《18 世纪的中国与世界》，辽海出版社 1999 年版。有关先秦时期，中国社会从古典封建制向传统郡县制的转型过程，及编户民的中央集权式的财税制度结构的形成，参见杜正胜《编户齐民：传统政治社会结构之形成》，台北联经出版事业股份有限公司 2018 年版。

管，而官僚则从科举考试中选拔，且官员流动性大，在很大程度上防止了地方藩镇势力的滋生。[①] 清代早期，中央集权制的建立反映在财政上即为皇帝对中央和地方财政奏销的中央集权式的控制。因此，与中世纪晚期、近代早期的西欧所普遍采纳的“国王靠自己过活”的财政原则相反对，在清代的财政框架下，政府官僚的薪资和战争的开销都由国库支付，而非皇帝自己的荷包。[②] 中央集权的税收结构下，17 世纪晚期至 18 世纪早期所形成的皇室与皇商互利互惠的纽带关系并不以皇室一方永久性的需要为基础。事实上，商人在与皇室的利益联盟中，只不过服务了皇室通过财富的膨胀而强化对国家控制的政治目的。而这一与西欧财税制度上的根本不同决定了清代皇室与商人关系与几乎同时代的英国王、商关系亦存在着根本性的差异。

二　英国宪政税收制度框架下的皇室与商人关系

尽管君主集权下的 16—18 世纪常被史家指称为西欧的绝对主义时代，然而此一时期西欧的政治集中却与 18 世纪清朝的中央集权有着本质的不同。从财政角度来说，尽管竭力控制地方贵族和财源，近代早期西欧的君主只具有有限的征税权。这一神圣罗马帝国以来的政治传统的特征是王室和地方仅存在封建式的结合，且国王在征收常规税收方面只具有有限的权力。[③] 西欧的法律传统视对私有财产的保护为政府的第一要务，视对财产权的侵犯为一种暴政（tyranny）。尤其在近代早期的英国，国王的权威受到议会的制衡，即国王需通过议会代表的同意方可合法地获取财税资源。在这一过程中，国王的意志不可避免地会受到议会的干涉和制衡。在这一政治框架下，原则上国王只在战争的非常情况下的征税方具有合法性。非常规税必须在战争结束后立即终止。而国王未经议会同意而使税收常规化

① Philip Kuhn, *Soulstealers: The Chinese Sorcery Scare of* 1768, Cambridge: Harvard University Press, 1990, p. 188.

② 陈锋:《清代军费研究》，武汉大学出版社 2013 年版，第 190—221、282—339 页。

③ Rudolf Braun, "Taxation, Sociopolitical Structure, and State-Building: Great Britain and Brandenburg-Prussia," in Charles Tilly (ed.), *The Formation of National States in Western Europe*, Princeton: Princeton University Press, 1975, p. 249.

的做法均被视作对私有财产的专横侵犯。① 因此，近代早期西欧的主要国家，国王以合乎政治传统的方式征税是处于君主与国民关系之中的中心议题。②

因此，近代早期西欧的君主的非常规花费，包括奢侈性消费，尤其是军费，至少在理论上应该从君主自己的经济资源中开支。中世纪一直到17世纪，西欧普遍的财政原则是“王国需靠自己过活”。而君主的财政收入主要有以下两种：(1)王室领地的收入；(2)君主从封建领地征收的封建协助金，在铸币、开矿、狩猎、王室森林区、酿造、贸易等领域的王室特权，边境、道路、内河、过桥关税，向犹太人征收的关税，司法活动有关的税收，以及卖官鬻爵等。③ 国王的日常开支项目则包括付给王室侍从、职员的工资、年金和奖励，维系王室日常生活的开销等。

真正困扰君主的最大开销却是非常规性的支出，即战时军费。事实上，一场旷日持久的战争可以置一个原本富足的君主瞬间于负债的窘境。而债务缠身的君主则不得不以一切可能的手段寻求新的财政收入。比如，1544—1546年，当英国的亨利八世由于与法国的战争而陷入债务泥潭时，他的应急财政手段包括变卖王室领地和王室森林区的木材，土地租赁，对未经王室许可而解放农奴的个人开征罚金。当这些应急财政手段仍不足以应对债务时，亨利八世又转向了变卖王室储存的铅矿及短期高利贷。④

在16世纪末叶战争频次加增的处境下，从国内乃至海外借款成为深陷债务泥潭的君主们常常不得不采用的财政应急手段。在英国，尽管早在对法战争的1544年亨利八世便开始从安特卫普的金融市场借高利贷，但鉴于所借款项的短期性质和高利率负担，伊丽莎白一世的商人代理人建议借款

---

① Philip Dur, "The Right of Taxation in the Political Theory of the French Religious Wars," *The Journal of Modern History*, vol. 17, no. 4, Dec. 1945, pp. 289 - 303.

② J. D. Alsop, "The Theory and Practice of Tudor Taxation," *The English Historical Review*, vol. 97, no. 382, Jan. 1982, p. 1.

③ Braun, "Taxation, Sociopolitical Structure, and State-Building," pp. 251 - 252. 关于中世纪英国王室的财政收入，参见施诚《中世纪英国财政史研究》，商务印书馆2010年版，第52—119、252—255页。

④ W. C. Richardson, "Some Expedients of Henry VIII," *The Economic History Review*, vol. 7, no. 1, 1954, p. 36.

当以国内资源为先。然而，王室借款却受到了此一时期英国国内的高利贷法令的阻碍。在其时高利贷法律的框架下，王室只能从商人那里获取年利率 10% 至 12% 的借款，而这些借款的额度却仍不足以抵消王室的债务。要获取更多的借款，王室只有更动高利贷法律一途，而这却是王室不肯轻易触碰的。① 除了 1574 年，伊丽莎白一世统治时期的绝大多数年份里，王室都处于财政的麻烦之中。尤其是 16 世纪 80 年代英西交恶时期更是见证了英国王室开支的剧增。1588 年，西班牙无敌舰队入侵英国，作为英国王室财政机构的财政署（The Exchequer）支出了 42 万英镑。到 1599 年，财政署出现亏空，已无钱可支。② 事实上，英国王室债务问题在同一时期的西欧绝非特例。战争另一边的西班牙在 16 世纪晚期也见证了菲利普二世的巨额债务问题。为了防止王室超出自己偿还能力进行借贷，王室的金主不得不设定了王室借款的最高限额。③

在以王室有限征税权，尤其是王室无法征收土地税为特征的宪政的税收框架下，国王被永久性地置于以特权兑换金钱的财政压力之下。④ 一方面，在沉重的财政负担下，16 世纪末 17 世纪初的英国国王视出售、让渡贸易特权为获取财政进项的手段。⑤ 而另一方面，商人则需要控制市场的准入、减少竞争以维系高利润率，而王室所拥有的特权正是他们所需要的。

伦敦兼具政治和商业中心的地位天然地为商业扩张时期英国的政治与商业走向联盟提供了便利。而伊丽莎白一世统治时期，王室与商人结成利益联盟则是 16 世纪中后期英国独特的政治走向和商业扩张新背景下皇室与商人集团彼此需要加深的产物。首先，16 世纪以降，由于连年征战，英国王室的财政危机不断升级。急于在欧陆政治舞台占有一席之地的亨利八世连年发动战争，先是入侵法国，后又企图吞并苏格兰，在与罗马教廷决裂后更是四处树敌，成为欧陆强权的众矢之的。亨利七世留下的财富很快被

① R. B. Outhwaite, "Royal Borrowing in the Reign of Elizabeth I: The Aftermath of Antwerp," *The English Historical Review*, vol. 86, no. 339, April 1971, pp. 251 – 252.

② Carole Levin, *The Reign of Elizabeth I*, New York: Palgrave Macmillan, 2002, p. 106.

③ James Conklin, "The Theory of Sovereign Debt and Spain under Philip II," *Journal of Political Economy*, vol. 106, no. 3, June 1998, p. 484.

④ Robert Brenner, *Merchants and Revolution: Commercial Change, Political Conflict, and London's Overseas Traders*, 1550 – 1653, London: Verso, 2003, p. 199.

⑤ Levin, *The Reign of Elizabeth I*, pp. 106 – 107.

挥霍殆尽。1532 年，在巨大财政支出的压力下，亨利八世更是计划将教会的资产转归王室。[①] 由于亨利八世时期寅吃卯粮式的财政应急措施，继任的爱德华六世接手的是一个近乎到了崩溃边缘的财政体系。爱德华六世与此后的玛丽一世不得不开源与节流并举，王室的财政状况也终得以在 16 世纪中叶逐渐好转。[②] 然而好景不长，伊丽莎白一世时期，英国相继陷入与爱尔兰和西班牙的军事争端，军费开支猛增。除了出售王地与园林、重新铸币获取利润、卖官鬻爵之外，伊丽莎白一世统治时期还见证了王室大举颁授贸易与工商特许权。[③]

在王室财政危机加剧的同时，作为其时伦敦商界翘楚的商人冒险家公司也经历了因棉布出口停滞而来的危机，急需王室的关税特权以达到打击海外竞争者的目的。[④] 因此，1550—1560 年代，王室赋予的商人特许权规模急剧增加。王室与商人利益的互补性加速了这样一种王、商利益纽带的形成，即王室赋予商人贸易特权，而商人回馈王室以税收、借款和政治支持的互惠关系。[⑤] 17 世纪初期，与英国国王詹姆斯一世陷入财政困境的同时，商人冒险家公司（Merchants Adventurers）的商人在 1614 年也陷入了危机。和正在实现向东商业扩张的利凡特—东印度公司（Levant-East Indian Company）一道，这两大伦敦商人集团都急需政府的关税保护。[⑥]

自中世纪以来，英国便拥有商业“特许状”（charter）传统。伴随着此一时期英国海外商业的扩张，特许公司更是成为英国国家重商政策的急先锋。[⑦] 亨利七世统治时期，棉布出口贸易以前所未有的速度扩张。王室视特许公司为自身获取税收、借款和额外财政收入的重要工具。亨利七世时期宽松的贸易条件一方面使王室关税收入大增；另一方面也使得以棉布出口见长的商人冒险家公司快速攫取了巨大的经济权力、法律特权和政治

---

① 赖建诚：《王室与巨贾：格雷欣爵士与都铎王朝的外债筹措》，浙江大学出版社 2015 年版，第 102—104 页。

② 同上书，第 105—108 页。

③ 同上书，第 120—129 页。

④ Brenner, *Merchants and Revolution*, pp. 53 – 54.

⑤ Ibid. , pp. 56、200.

⑥ Ibid. , p. 201.

⑦ 何顺果：《特许公司——西方推行“重商政策”的急先锋》，《世界历史》2007 年第 1 期。

影响力。[①] 16 世纪中叶到 17 世纪初，在王室的鼎力支持下，特许公司的数量不断增加。继成立于 15 世纪商业冒险家公司之后，1555 年英王特许成立莫斯科公司，1592 年成立利凡特公司。16 世纪末叶英、西关系恶化导致的英国原有商路的危机却激发了一部分商人采取更激进的方式冒险前往东方，寻找通往东方香料进口市场的直接商路。这一新的特许商业活动终造就了成立于 1600 年的东印度公司。[②] 16 世纪中后期，在政府的贸易保护政策的庇护下，英国商业的扩张取得了巨大的成功，前此数十年英王资助下的新商路的开拓使得英国的海外贸易商人早已摆脱了对单一商路的依赖。[③] 而同时期的法国海外贸易却由于缺少政治上的支持和保护而陷入困境。[④]

尽管与 18 世纪清代的皇、商关系有着诸多形式上的相近，然则英国宪政的政治、财税结构不仅影响了英国此后的政治发展走向而且还决定了英国商人集团不同于清代皇商的发展轨迹。尽管伦敦的海外贸易商人得益于王室赋予的商业特权，但这并不意味着商人与王室的关系总是和谐、没有冲突的。事实上，从 1620 年代开始，王室加征的税收频频激起商人的反对，加剧了商人与王室间的冲突。在渐渐与此一时期方兴未艾的王室与议会冲突合流的过程中，商人的不满被转化为宪政层面上的诉求。如果说 1620 年代英国王室针对特许公司商人日益严苛的经济需索和加强对海外贸易控制的企图已经撼动了王室与特权商人合作的基础，那么 1626—1627 年间王室与法国、西班牙的战争对贸易所造成的沉重打击则加速了王、商互惠联盟的解体。[⑤] 查理一世对商人利益的无端漠视使他彻底地失去了伦敦上层商人集团的支持。面对王室的非法经济需索，商人进而转向议会，寻求在宪政的框架下抗击王室的违宪行为。

尽管“抬高一个商人集团以打压另一个”是王室逼迫商人就范的惯用政治伎俩，然而，16 世纪末叶到 17 世纪中叶，伦敦商人集团的起起落落

① 赖建诚：《王室与巨贾》，第 99 页；G. D. Ramsay, *English Overseas Trade During the Centuries of Emergence*, London: Macmillan & Co. LTD, 1957, pp. 10 – 11。

② G. D. Ramsay, *English Overseas Trade During the Centuries of Emergence*, p. 66.

③ 夏继果：《伊丽莎白一世时期英国外交政策研究》，商务印书馆 1999 年版，第 201—202 页。

④ Ramsay, *English Overseas Trade During the Centuries of Emergence*, p. 12.

⑤ Brenner, *Merchants and Revolution*, pp. 199 – 239.

却并不完全取决于王室的支持与否。1640 年代，正是在其时获利最丰的棉布出口贸易的竞争中处于下风的利凡特—东印度公司商人抓住了新的香料、黄金进口的贸易良机，从而逆势取代商人冒险家公司而成为伦敦商界新的翘楚。然而，在成为王室特权新宠之后，利凡特—东印度公司商人故步自封于既得利益，而面对新兴的北美殖民贸易则采取了审慎的态度，最终坐视无特权可依的新商人占得了这一更大的商机。[①] 因此，在近代早期宪政框架下的英国，虽然王室特权与否在短时期、一定程度上可以影响特定商人集团一时的利益得失。但放在长时段历史的视野下，商人集团的兴衰由商人发掘、利用商业机会的能力所决定，而非王室所赋予的特权。

结　语

16 世纪中后期到 17 世纪早期的英国和 18 世纪的清朝得以不约而同地出现皇室与商人之间互惠的利益纽带关系，其根本原因在于在这两个相近的时期，两国的商业发展均产生了对政治保护以及政府通过调整税收政策保护特定商业集团的迫切需要。迫于财政赤字压力的 16—17 世纪早期的英国王室已经将自己的命运与海外特许贸易的商业成功紧紧绑定在了一起。而对于 18 世纪的清廷来说，以盐专卖权和帑银为制度纽带的皇商集团为清皇室在此一时期拓展和稳定疆域提供了关键的财政保障。然则，近代早期中英皇室与商人关系相近的表征背后却因政治、财政结构的不同而潜藏着不同的运作机理。这一制度层面的差异不仅决定了两国政治权威与商业集团迥异的互动方式，也终导致了两国特权商人截然不同的命运。

约瑟夫·熊彼特在其《财政国家的危机》一文中曾指出，财政税收政策既是宏观经济和社会变迁的表征也是促成这些变迁的诱因。[②] 而以王室与商人关系为切入点探讨 16—17 世纪早期英国税收制度则有着特殊的研究意义，因为此一时期的税收政策不仅是王室与商人关系的关键结点，而且还是王室与议会权力角逐过程之核心所在。针对财政税收政策在近代国家

---

① Robert Brenner, "The Social Basis of English Commercial Expansion, 1550 – 1650," *The Journal of Economic History*, vol. 32, no. 1, March 1972, pp. 361 – 384.

② Joseph Shumpeter, "The Crisis of the Tax State," in R. Swedberg (ed.), *The Economics and Sociology of Capitalism*, Princeton: Princeton University Press, 1991, p. 101.

建构过程中的意义，有欧洲史家指出，中世纪晚期以来，若干西欧政权从领地国家向税收国家的转型正是欧洲近代国家起源的基本要素。①

尽管政治、经济发展程度各异，然则一直到17世纪早期，在国王征税需经臣民同意这一封建习惯法以及与之相应的议会对国王权力的制衡方面，西欧各国之间却存在着高度的相近性。17世纪早期，在有着相对强大的王室官僚系统的英国，王权尚且不能随意触碰超越议会寻求财源的红线，同时期的勃兰登堡—普鲁士政权更是分散于各个地方选区之手。② 与西欧王室有限的征税权相较，早在秦汉时期，中国便建立起了贯通上下、网络全国的中央集权式的税收制度。制税活动中的原则和制度均由皇帝决定，税款归皇帝支用，且国藏和私藏界限模糊。③ 传统上便缺少代议制机构的权力制衡，到了清代，皇权更是通过其私属机构对政府公权力的渗透而实现了前所未有的集中。皇商在18世纪的兴起和衰落反映的正是专制皇权对商业领域超强控制的两面，即经济特权在一定时期对商业扩张的强助推作用和其所附带的沉重经济代价。

（冯佳，山东大学历史文化学院副研究员）

---

① E. L. Petersen, "From Domain State to Tax State: Synthesis and Interpretation," *Scandinavian Economic History Review*, vol. 23, no. 2, 1975, pp. 116 – 148；熊芳芳：《从"领地国家"到"税收国家"：中世纪晚期法国君主征税权的确立》，《世界历史》2015年第4期。

② Braun, "Taxation, Sociopolitical Structure, and State-Building: Great Britain and Brandenburg-Prussia," pp. 262、265.

③ 顾銮斋：《中西封建社会税权归属的差异》，《中国史研究》1996年第4期。

奴隶·移民·流放者：亚洲内陆互动网络中的“俄罗斯奴隶”三调(1767—1780)

惠　男

摘要　在1767—1780年间，清朝新疆边境的官员抓获了一些从中亚逃来的俄罗斯奴隶，他们都因为无法忍受中亚奴隶主的残忍奴役，选择投奔于清朝皇帝。清朝最终将这批俄罗斯奴隶全部流放到广州和福州，其中有些人成为当地驻防八旗的披甲兵，并领受朝廷的粮饷俸禄，而有些则沦为满洲兵丁的奴仆。本文以这些人的经历为线索，展现他们作为全球经济中的商品和劳动力、中亚的移民与清朝的流放者的不同属性，从一个新的维度为我们展示了18世纪早期全球化中常常被忽略了的另一面。

关键词　全球史　中亚　奴隶制度　奴隶贸易　八旗驻防

前　言

17—18世纪的盛清（High Qing）早已进入早期现代（Early Modern）的研究视域内。学界通过对清朝的经济模式、商业网络、统治技术的分析①，将

① 有关清史研究与早期现代之联系，参见 Evelyn S. Rawski, “The Qing Formation and the Early-Modern Period,” in Lynn A. Struve (ed.), *The Qing Formation in World-Historical Time*, Cambridge, MA: Harvard University Asia Center, 2004, pp. 207 – 241; Nicola Di Cosmo, “The Manchu Conquest in World-Historical Perspective: A Note on Trade and Silver,” *Journal of Central Eurasian Studies* 1, 2010 (Seoul, Korea); Frederic Wakeman, Jr. , “China and the Seventeenth-Century Crisis,” *Late Imperial China*, vol. 7, no. 1, 1986, pp. 1 – 26; R. Bin Wong, *China Transformed: Historical Change and the Limits of European Experience*, Ithaca: Cornel University Press, 1997; Andre Gunder Frank, *Reorient: Global Economy in the Asian Age*, London: University of California Press, 1998; 岸本美绪:《“后十六世纪问题”与清朝》,《清史研究》2005年第2期; 彭慕兰:《大分流: 中国、欧洲，和现代世界经济的形成》，江苏人民出版社2004年版。

“欧洲中心主义”加诸其身的传统形象剥离，转而强调清朝对世界经济的参与以及其与同期欧洲国家的共有特征，最终构成以全球史这一新兴史学的视角来理解清代中国的基础。

全球史研究中的一个重要取向是讨论早期现代的中国与欧亚大陆乃至于整个世界之间的联系或网络。[①] 然而，一些全球史研究往往带有以下两个预设的潜立场：(1)全球关联的普遍实现与欧洲新航路的开辟有关，海洋船舶的发展使运输的经济成本得到大幅度改善，使不同地区能够互通有无；(2)基于海路的运输方式，全球史语境中的中国实则简化为东南与海洋联系紧密的港口城市、经济腹地，或者明清的全国政治中心北京等关键节点。对此，值得思考的是，在欧洲主导的海洋运输所覆盖的区域之外，非欧洲世界能否实现各种形式的交流？若以清史研究为例，17—18 世纪清朝的历史经验并不局限于同欧洲商人、传教士交流便利的东南沿海地区。[②] 换言之，如何使清朝的内陆亚洲边疆搭上全球史的顺风车，其实是非常值得关注的问题。而这原本就是重新评价早期现代中国时的应有之题，全球史的先驱者弗兰克（Andre Gunder Frank）于 1992 年发表《中亚的中央性》一文时，就强调将长期被忽视的中亚嵌入后 16 世纪的世界体系的重要性。[③] 近年来涌现出的学术成果，正在尝试解决这一问题。例如，米华健(James A. Millward)、司格特·列维（Scott C. Levi)、乔斯·戈曼斯（Jos Gommans）等学者，皆成功地论证了新航路从未终结欧亚陆路经济、文化交流的事实，后者反而迎来前所未有的兴盛和繁荣。[④] 此外，还有如濮德

① 蒋竹山：《超越民族国家的历史书写：试论晚近西方史学研究中的“全球转向”》，《新史学》2012 年第 23 卷第 3 期，第 199—228 页；蒋竹山：《探寻世界的关联：全球史研究趋势与实践》，《历史研究》2013 年第 1 期。

② Evelyn Rawski, “Presidential Address: Reenvisioning the Qing: The Significance of the Qing Period in Chinese History,” *Journal of Asian Studies*, vol. 55, no. 4, 1996, pp. 829 – 850; William T. Rowe, *China's Last Empire: The Great Qing*, MA: The Belknap Press of Harvard University Press, 2009, pp. 5 – 10.

③ Andre Gunder Frank, “The Centrality of Central Asia”, *Studies in History*, vol. 8, no. 1, 1992, pp. 43 – 97.

④ James Millward, *The Silk Road: A Very Short Introduction*, Oxford: Oxford University Press, 2013, p. 82; Scott Levi, “India, Russia and the Eighteenth-Century Transformation of the Central Asian Caravan Trade,” *Journal of the Economic and Social History of the Orient*, vol. 42, no. 4, 1999, pp. 519 – 548; Scott Levi, *The Indian Diaspora in Central Asia and Its Trade*, 1550 – 1900, Leiden: Brill, 2002; Scott C. Levi, *The Rise and Fall of Khoqand*, 1709 – 1876: *Central Asia in the Global Age*, Pittsburgh: University of Pittsburgh Press, 2017; Jos Gommans, *The Rise of the Indo-Afghan Empire* 1710 – 1780, Leiden: E. J. Brill, 1995.

培（Peter C. Perdue）、金光明（Kwangmin Kim）等，进一步将清朝对新疆的开发以及其地方社会变迁置于早期全球化的历史语境中。[①] 以上论著，都推动着清代边疆研究的全球转向，并深刻地启发了本文的思路。

本文提出的历史案例，亦发生于 18 世纪清代新疆的政治和社会舞台。作为欧亚大陆的“十字路口”，新疆这片土地既是清朝极西之边陲，也是中亚伊斯兰的苏菲主义（Sufism）向东传播之目的地。[②] 自 16 世纪以来，欧亚大陆的宗教、贸易活动都充满着活力，奥斯曼、萨法维、莫卧儿帝国以及克里米亚、布哈拉、希瓦、叶尔羌汗国的穆斯林商人们彼此保持着频繁的交流。[③] 在这些所有的交流活动中，奴隶制度和奴隶贸易是不可不提的环节。例如，俄国探险家穆拉维约夫（Nikolai Murav'ev）于 1819 年在希瓦汗国搜集情报时，就曾发现希瓦拥有极其发达的奴隶市场。[④] 事实上，奴隶贸易的网络覆盖着早期现代的中亚到奥斯曼土耳其，清朝新疆亦不例外。[⑤] 相较于前人研究多注重探讨维系贸易的交换网络、贸易额或奴隶数量、新疆废奴等问题[⑥]，本文的关注点则在于奴隶自身的经历。本文所讨论的奴隶，是一群 1767—1780 年间被清朝的卡伦守卫在边境缉获的俄罗斯人。他们从中亚跨越边境来到中国新疆境内，最后被清朝统一从北方流放到南部气候炎热的福州和广州，有些人甚至成为当地驻防八旗的成员；其

---

① Peter Perdue, *China Marches West: The Qing Conquest of Central Eurasia*, Cambridge, Mass: Harvard University Press, 2005; Kwangmin Kim, *Borderland Capitalism Turkestan Produce, Qing Silver, and the Birth of an Eastern Market*, Stanford University Press, 2016.

② James Millward, *Eurasian Crossroads: A History of Xinjiang*, Columbia University Press, 2007, pp. 84 – 88; Paul Wormser, “The Spread of Islam in Asia through Trade and Sufism (Ninth-Nineteenth Centuries),” *Regulating Religion in Asia*, 2014, pp. 109 – 122.

③ Joseph Fletcher, “Integrative History: Parallels and Interconnections in the Early Modern Period, 1500—1800,” *Journal of Turkish Studies*, no. 9, 1985；王国斌：《近代早期到近现代的中国：比较并连结欧洲和全球历史变迁模式》，《文化研究》2014 年第 19 期。

④ Nicolai Murav' ev, *Journey to Khiva through the Turcoman Country*, 1819 – 20, Calcutta: Foreign Department Press, 1871, p. 140.

⑤ Jeff Eden, *Slavery and Empire in Central Asia*, Cambridge University Press, 2018, pp. 1 – 2.

⑥ Laura Newby, “Bondage on Qing China's North-Western Frontier,” *Modern Asian Studies*, vol. 47, no. 3, 2013, pp. 968 – 994; Scott Levi, “Hindus Beyond the Hindu Kush: Indians in the Central Asian Slave Trade,” *Journal of the Royal Asiatic Society*, vol. 12, no. 3, 2002, pp. 277 – 288; Benjamin Hopkins, “Race, Sex, and Slavery: ‘Forced Labor’ in Central Asia and Afghanistan in the Early 19th Century,” *Modern Asian Studies*, vol. 42, no. 2, 2008, pp. 629 – 671；许建英：《清末新疆英奴问题及其解决》，《西域研究》2003 年第 3 期。

经历几乎不见于正史，只载于《军机处满文录副奏折》等满文档案中，故而鲜为人知。本文拟利用相关的满文史料，探究这批两百多年前的俄罗斯人成为中亚奴隶的原因，并还原他们从俄国到中亚、中亚到新疆、再由新疆到福州和广州的移动过程。这一案例，将从全球（Global）、区域（Region）和地方（Local）三个维度分别展现早期全球化和欧亚内陆的交流与联系如何对在地民众的日常生活造成深刻影响。

一 中亚的贸易网络、奴隶制度与俄罗斯人

奴隶，如同丝绸、香料一样，自古就是最重要的商品之一。无论是渡过大西洋驶向遥远的美洲，还是沿着丝绸之路的古道一路西行，都会发现奴隶制度与奴隶贸易在不同时期先后出现于世界各地。① 因此，在讨论奴隶的问题时，必须要加以时间限定。本文确定的观察时段则是早期现代（1500—1800 年），该选择主要与两个历史背景有关：一方面，16 世纪的欧亚大陆中部，包括清朝、准噶尔汗国以及金帐汗国家族分化的哈萨克、布哈拉和希瓦三个汗国等政权，开始横扫中亚和内亚；另一方面，很早就流传于呼罗珊、河中地区的苏菲主义，通过纳克什班迪耶（Naqshbandiyya）等教团的形式将影响力扩展西至奥斯曼土耳其，迤东抵西域的东察合台汗国及叶尔羌汗国，南达印度的莫卧儿帝国，并积极地参与当地政权的内部政治。②

这两个背景的结合，使得对早期现代的交流活动的重新评估产生了必要性。尽管以葡萄牙、荷兰、英国为首的欧洲国家，通过在世界范围内的航海活动降低了海路运输的成本，但海路的日趋发达并不意味着陆路的交流会像传统观点以为的那样失去活力。相反，自小亚细亚半岛至帕米尔以

---

① David Eltis (eds.), *The Cambridge World History of Slavery*, Vol. 1, Vol. 2, Vol. 3, &Vol. 4, Cambridge University Press, 2010 – 2011, 2017; William Mulligan and Maurice J. Bric (eds.), *A Global History of Anti-Slavery Politics in the Nineteenth Century*, Palgrave Macmillan, 2013.

② James Millward, *Eurasian Crossroads: A History of Xinjiang*, Columbia University Press, 2007, pp. 84 – 88; David Brophy, "Confusing Black and White: Naqshbandi Sufi Affiliations and the Transition to Qing Rule in the Tarim Basin," *Late Imperial China*, vol. 39, no. 1, 2018, pp. 29 – 65; Joseph F. Fletcher, "The Naqshbandiyya in Northwest China", in B. F. Manz (ed.), *Chinese and Islamic Inner Asia*, XI, pp. 4 – 7; 刘正寅、魏良弢：《西域和卓家族研究》，中国社会科学出版社 1998 年版，第 105—110 页。

东、顿河至印度的陆地都被宗教网络连接起来，并在欧亚大陆的帝国、汗国的扶植下迸发出巨大的能量。[①]

举例而言，清乾隆四年（1739）十月，理藩院在发给阿拉善蒙古的咨文中，提到有一位曾隶属于青海和硕特蒙古领主的穆斯林商人达赖伯克（dalai beg）的经历。以下是他本人的供述：

> 14岁时，跟随先生到俄罗斯察罕汗（oros-un čaɣan qaɣan）之地，在彼处行动。后来，又随先生到孔克尔汗（küngker qaɣan）、噶萨尔巴锡汗（ɣasalbasi qaɣan）之地贸易。滞留的五六年间，我的先生亡故。在那以后，我又去额讷特珂克的鄂齐尔图（enedkeg-ün očirtu）之地，经商五六载。随后来到土伯特（töbed）之地，叩拜达赖喇嘛（dalai lama），在土伯特之地贸易。接着想起行商途经库库诺尔（köke nuur）、西宁（si ning），故与商南多尔济喇嘛、侍卫阿南达、侍卫克什图等人汇合，在彼处将所行诸事皆说与伊等后，进入京城（neislel qota）以经商为生。后又赴额讷特珂克之处贸易。再返回哈密（qami）、吐鲁番（turfan）处，经商而居。康熙四十六年（1707）来哲布尊丹巴呼图克图（J̌ibzundamba qutuɣtu）之库伦（küriyen），叩拜呼图克图，将游走各处情由皆说与呼图克图后，依靠此地成为沙毕（šabi）。[②]

这段话涉及的关键名词：俄罗斯察罕汗，即俄罗斯沙皇[③]；孔克尔汗，有时也作控噶尔，为奥斯曼苏丹[④]；噶萨尔巴锡汗，噶萨尔巴锡即奇兹尔巴什（Qizilbash），指伊朗萨法维帝国沙阿；额讷特珂克的鄂齐尔图，额讷

---

① 褚宁、马建春：《16—17世纪“布哈拉人”与欧亚内陆贸易网络的构建》，《世界历史》2016年第6期。

② 乾隆四年十月二十八日，《理藩院为回回达赖伯克所属争端事致厄鲁特额驸阿宝札文》，内蒙古自治区阿拉善左旗档案史志局编，《清代阿拉善和硕特旗蒙古文档案选编第一册》，第338—339页。

③ 阿拉腾奥其尔：《由俄语“Чай”（茶）一词说起——兼论蒙古语在早期中俄关系中的媒介作用》，《西部蒙古论坛》2008年第2期。

④ 小沼孝博：《“控噶尔国”小考——18—19世纪欧亚东部奥斯曼朝认识之一端》，《民族史研究第八辑》，中央民族大学出版社2008年版，第153—163页；钟焓：《控噶尔史料评注》，《民族史研究》2010年第4期。

特珂克是蒙古语对印度的称呼，这里指的是印度北部的莫卧儿帝国；土伯特，为西藏之别称；库库诺尔则是青海。① 作为一名来自青海蒙古的穆斯林商人，达赖伯克的经商地点囊括俄罗斯、奥斯曼土耳其、伊朗、印度、西藏、青海、北京、哈密、吐鲁番和库伦，倘若没有密集的贸易网络作为支撑，这种漫长的旅行显然是难以想象的。

在中亚地区，呼罗珊、河中地区、塔什干、费尔干纳盆地、喀布尔、旁遮普、克什米尔、喀什噶尔等地自16世纪以来涌现出许多区域性的商业中心，维持着各种短途或长途的贸易及文化交流，以致类似达赖伯克的案例不胜枚举。② 另外，穆斯林商人们支撑的贸易规模亦不容小觑。戈曼斯曾经估算，18世纪中期莫卧儿帝国的商人向北方俄罗斯等国输送的纺织品、马匹的贸易量，居然是同期英国和荷兰东印度公司孟加拉出口到欧洲的货物量的3倍。③

这种规模庞大的贸易与奴隶制度、奴隶贸易存在共生和彼此促进式的关系。早期现代的奴隶所承担的工作是多样的，有一些奴隶可能只是家庭劳动者，有一些技术娴熟的奴隶会被用来协助修建宏伟的建筑物。但在更普遍的情况下，奴隶则被投入到劳动密集型的产业中，包括纺织业、煤矿工业、手工制造业以及农业、畜牧业，由他们成规模生产的土产或加工品成为在市场上交易的商品。④

以清代的新疆为例。根据金光明的研究，自乾隆二十四年（1759）平定大小和卓之乱以来，清朝便赋予各绿洲的伯克们官职，允许他们开发土地，并赐以养廉银和燕齐（奴隶）。伯克们在清朝提供土地上，利用燕齐及由白银资本所雇佣的回民劳工，生产牲畜、玉石、棉花、谷物、瓜果等

---

① 齐光曾根据这份档案的满文部分，探讨过达赖伯克的行程，参看齐光《从一份满文档案看17—18世纪蒙古领主属下商人的活动》，《中国边疆民族研究》2015年00期。

② Isenbike Togan, "Inner Asian Muslim Merchants at the Closure of the Silk Routes in the 17th Century," in Vadim Elisseeff, *The Silk Roads: Highways of Culture and Commerce*, Berghahn Books, 2000, pp. 247 – 263; Onuma Takahiro, "The Development of the Junghars and the Role of Bukharan Merchants," *Journal of Central Eurasian Studies* 2, Seoul, pp. 83 – 100; Kemal H. Karpat, "YakubBey's Relations with the Ottoman Sultans: A Reinterpretation," *Cahiers du Monde Russe et Soviétique*, vol. 32, no. 1, 1991, pp. 17 – 32.

③ Jos Gommans, *The Rise of the Indo-Afghan Empire* 1710 – 1780, Leiden: E. J. Brill, 1995, p. 89.

④ Scott Levi, "Hindus Beyond the Hindu Kush: Indians in the Central Asian Slave Trade," *Journal of the Royal Asiatic Society*, vol. 12, no. 3, 2002, pp. 277 – 288.

商品，并将产品投入到中亚各地的贸易市场来牟取利润。这些通过交易得来的银钱，则被用来雇佣更多的劳工去开发新土地以扩大生产，继续透过区域和跨国性贸易敛财。此外，握有权势的伯克们还会侵占水利灌溉系统等公共资源，通过控制水资源使得各回城附属的村庄中大量以务农为生的回民失业，他们为避免向伯克缴税，只得成为后者的奴隶。如此循环往复，伯克们实现了对土地、公共资源和乡村劳动力的三重扩张，体现出某种资本主义经济发展的形式。①

劳动力是大规模生产的有力保障，而奴隶主、商人对其需要，更确保了人口交易的繁荣与兴盛；奴隶不仅生产商品，亦是商品本身。1558 年，英国人詹金森（Anthony Jenkinson）奉女王伊丽莎白一世之命出使俄国，途径布哈拉时就注意当地的某处奴隶市场，“印度人再次从布哈拉（Boghar）带走丝织品、红色毛皮、奴隶”，“波斯人带来了粗麻布、羊毛布、亚麻布、各式绸缎、马匹等诸如此类，带走了红色毛皮以及俄式制品，以及来自形形色色国家的奴隶”。② 不仅如此，前往中亚购买或贩卖奴隶的商人甚至还有不少来自新疆的绿洲。1678 年，准噶尔汗国的领袖噶尔丹应五世达赖喇嘛的委托，攻入天山南路以援助白山派的阿帕克和卓时，发现当地有不少“伯德尔格”（穆斯林游商）在贩卖人口，是以便发布训谕禁止这种交易，违者将没收交易所得或处于两倍罚款。③

此类禁令最终被证实是毫无效果的。清朝在统治新疆以后，虽亦于乾隆四十四年（1779）严禁新疆回民出卡伦赴“外藩”（满语作 tulergi aiman，指中亚的国家、部落）购买奴隶④，但直到嘉庆九年（1804）其实仍然能发现这样的记录：“回子图尔第（turdi）赴卡伦外（karun i tule）贸易，在色勒库勒（serekul）地方易得十七人，暗中从乌鲁克卡伦（ūruk ka-

---

① Kwangmin Kim, *Borderland Capitalism Turkestan Produce*, *Qing Silver*, *and the Birth of an Eastern Market*, Stanford University Press, 2016; Scott C. Levi, *The Rise and Fall of Khoqand*, 1709 - 1876: *Central Asia in the Global Age*, Pittsburgh: University of Pittsburgh Press, 2017.

② Anthony Jenkinson, *Early Voyages and Travels to Russia and Persia by Anthony Jenkinson and other Englishmen*, E. Delmar Morgan and C. H. Coote (eds.), vol. 1, London: Hakluyt Society, 1886, pp. 88 - 89.

③ 李保文：《〈噶尔丹洪台吉训谕〉研究》，《故宫学刊（第五辑）》，紫禁城出版社 2009 年版，第 20—39 页。

④ 乾隆四十四年七月初一日，《寄谕叶尔羌办事侍郎复兴等著晓谕回人勿买外部人以致互相惨杀》，《乾隆朝满文寄信档译编》第 14 册，岳麓书社 2010 年版，第 610 页。

run）进内时被查出后……回子图尔第供称，赴色勒库勒地方贸易，去年八月交易五人，本年二月五人、三月七人，确曾三次偷偷从卡伦进内。”① 色勒库勒为叶尔羌所属之回庄，生活着许多柯尔克孜人和塔吉克人。由于地理位置处于清朝的卡伦以外，且与中亚的“什克南、巴达克山连界”②，所以会有中亚商人来此地与赴卡外贸易的新疆回商做买卖。回子图尔第在两年的时间里三次至色勒库勒购买了 17 名奴隶，而前两次竟都没被任何人发现，可见奴隶贸易之猖獗。

简而言之，以中亚为中心的欧亚内陆的奴隶市场的覆盖面极为广泛，从南部的呼罗珊穿越里海海岸到北部的哈萨克草原，自印度至布哈拉、塔什干乃至新疆的绿洲，都存在着奴隶交易的渠道。③ 在奴隶市场如此普遍的情况下，奴隶的来源自然也就极为丰富和多元。伊朗人、印度人、塔吉克人、塔塔尔人、汉人、厄鲁特人还是卡尔梅克人（土尔扈特）等，不分宗教、族群和性别，所有地区的民众都曾成为奴隶市场上流通的商品。④

在沦为中亚奴隶的人群中，本文的关注对象为俄罗斯人。在 19 世纪中后期，俄国素以中亚殖民者的形象而著称——俄国在 1866—1868 年侵略布哈拉、1873 年迫使希瓦汗国成为其附庸时，正是打着解放中亚俄罗斯奴隶的旗号，以合法化自身的侵略行动⑤——但这种强势无法追溯至早期现代，甚至直到 1813 年亚美尼亚商人穆拉维（John Mouraview）在访问希瓦汗国时仍然能发现，“在希瓦（Chiva）的俄罗斯奴隶的数量估计为3000 人，波斯奴隶则是 30000 人”⑥。

这些所有被迫沦为奴隶的俄罗斯人，最初都是在俄国与中亚的边境或

---

① 嘉庆九年八月初九日，《喀什噶尔参赞大臣和宁奏英吉沙尔卡伦侍卫失察回子私带外藩人越过卡伦请交部议处折》，《清代新疆满文档案汇编》第 212 册，广西师范大学出版社 2012 年版，第 174—177 页。

② （清）那彦成：《那文毅公奏议》卷 78，《请补伯克》。

③ Jeff Eden, *Slavery and Empire in Central Asia*, Cambridge University Press, 2018, pp. 1 –2.

④ Scott Levi, "Hindus Beyond the Hindu Kush: Indians in the Central Asian Slave Trade," *Journal of the Royal Asiatic Society*, vol. 12, no. 3, 2002, pp. 277 –288; Benjamin Hopkins, "Race, Sex, and Slavery: 'Forced Labor' in Central Asia and Afghanistan in the Early 19th Century," *Modern Asian Studies*, vol. 42, no. 2, 2008, pp. 629 –671.

⑤ Alexander Morrison, "Twin Imperial Disasters. The Invasions of Khiva and Afghanistan in the Russian and British Official Mind, 1839 –1842," *Modern Asian Studies*, vol. 48, no. 1, 2013, pp. 253 –300.

⑥ John Mouraview, "Capt. Mouraview's Embassy to Turkomania and Chiva," in *Russian Missions into the Interior of Asia*, London: Sir Richard Phillips and Co., 1823, p. 94.

者俄国的边疆遭到哈萨克人、巴什基尔人、卡尔梅克人和诺盖人等游牧部族绑架后，才进一步被贩卖至希瓦、布哈拉和巴尔赫等地。[①] 因此，清朝在1755—1759年间相继灭亡准噶尔汗国、平定回部，统一天山南北以后，陆续与哈萨克、浩罕、巴达克山等中亚诸国家、部族建立联系，就意味着这些变成中亚奴隶的俄罗斯人亦将有可能在某个契机的作用下进入清朝官方的视野。

乾隆三十二年（1767）七月，新疆天山北路的塔尔巴哈台参赞大臣乌勒登在和通哈尔海（hotong harhai）卡伦首次抓到一名来自中亚的俄罗斯奴隶，他的名字叫作伊万（iwan）。在清朝官员的审讯下，伊万交代了自己的来历："我乃莫斯科瓦（mosikewa）处之人，本年29岁。在我们那里当兵后，曾驻扎于瑟姆博洛特卡伦（sembolot karun）。前去牧马时，抵达额尔齐斯地方，碰到做买卖之哈萨克人等后，我被其掳走。"[②] 伊万原本居住在莫斯科，后来成为戍守俄国边境卡伦的士兵。他在两年前去额尔齐斯河牧马时，遭到哈萨克商人的绑架后沦为奴隶。自此以后，清朝官员接连在新疆地区抓获来自中亚的俄罗斯奴隶，并对他们在中亚的经历也越来越了解。例如，乾隆三十九年（1774）新疆天山南路的乌什参赞大臣绰克托在沙图卡伦（šatu karun）附近的山阴密林里抓到一位同名为伊万的俄罗斯奴隶，他供述称：

> 我叫伊万（yawan），今年二十八岁，乃名为皮拉基斯拉瓦莱藏斯凯（pirajislawaraidzangsk' ai）处俄罗斯人。我们的人口在那里总计三百人，筑窝铺而居，并无城屋。去年，我放牧时被哈萨克策屯（ce-tun）劫掠后使唤（takūršaha）一载，接下来又被布鲁特雅玛塔（burut yamata）抢走。被其使唤两月后，雅玛塔携带二十八张熏牛皮（bul-gari sukū）、两串珊瑚（šuru），将我易于安集延回子阿塔姆（anjiyan i hoise atam）。在阿塔姆跟前居住四月后，前日来此做买卖时，我被带去留在胡什齐部（hūšici aiman）布鲁特处。因我尚略懂布鲁特语音，

① Scott Levi, "Hindus Beyond the Hindu Kush: Indians in the Central Asian Slave Trade," *Journal of the Royal Asiatic Society*, vol. 12, no. 3, 2002, pp. 277-288.

② 乾隆三十二年（1767）七月十七日，《军机处奏闻俄罗斯噶拉齐瓦等供词并请将伊等编入俄罗斯牛录片》，中国第一历史档案馆藏《军机处满文录副奏折》，档案号：03-0182-2250-009。

听闻布鲁特云：“你跟着马、羊的足迹走两三日后，便可到乌什（uši）。彼处有城，大人官兵们在此居住。”朝此地投奔后，被卡伦官兵拿获。①

这位名为伊万的奴隶先是在俄国边境被哈萨克人掳走，承受一年的苦役后，再被布鲁特人（柯尔克孜人）抢走，接下来又以“二十八张熏牛皮、两串珊瑚”的价格被转手给活跃在费尔干纳盆地的安集延商人。在安集延商人前往喀什噶尔贸易时，伊万被留在乌什、喀什噶尔之间的胡什齐部布鲁特的游牧地，随后找到逃跑的机会向清朝求救。在伊万的身上，中亚奴隶作为劳动力和商品的双重属性得到了充分体现。

如果综合目前发现的所有关于中亚俄罗斯奴隶的满文档案，可以对这些人的来历进行如下概括：

（1）他们都是人口绑架的受害者，像是很多起案例其实都是俄罗斯人“沿额尔齐斯河捕鱼时”被土尔扈特人、哈萨克人和回族商人掳走。

（2）他们原本的职业包括边境士兵、商贩、渔夫、奴仆，此外还有幼年时就被拐走的孩童以及妇女。

（3）他们的族群身份包括俄罗斯人（oros）、白俄罗斯（cagan oros）和有土尔扈特血统的俄罗斯人（turgūt i giranggi oros）。

（4）俄罗斯奴隶们均遭到过非人的折磨。他们哭诉的原话是：“不堪忍受折磨役使。”有些人还透露出他们被迫承受的具体劳动项目，包括“放牧”（ulha adulame）、“牧羊”（honin adulabuha），甚至负责“铸造铁器等物”。

（5）有些俄罗斯奴隶成为塔什干（tasikan）、费尔干纳盆地的人口交易市场中的商品。

总而言之，在18世纪的中亚，受到区域乃至全球经济的驱动，各地的人口绑架、拐卖现象极为普遍，奴隶贸易更是随处可见。即便俄国拥有强大的势力，但很多居住在边境的俄罗斯人仍然要被这种早期现代的阴霾所笼罩。

① 乾隆三十九年九月十九日，《乌什参赞大臣绰克托奏将乌什卡伦拿获俄罗斯送往京城折》，中国第一历史档案馆藏《军机处满文录副奏折》，档案号：03－0186－2618－031。

二　准噶尔战争、土尔扈特东归与俄罗斯奴隶的迁徙

中亚的俄罗斯奴隶们为何会逃到清朝？这个答案不仅能体现出清朝在中亚世界的影响力，更与俄罗斯人怎样认识、理解清朝存在直接关联。而如果我们将俄罗斯奴隶向新疆边境的逃窜视作某种类型的人口迁徙，就有必要注意18世纪几乎与此同时发生的两批移民活动，其主体人群分别为厄鲁特人和土尔扈特人。

乾隆二十年（1755）清朝拉开了征服准噶尔汗国的序幕，并以二十三年（1758）阿睦尔撒纳之死为准噶尔彻底瓦解的标志，随后又展开了对追随阿睦尔撒纳的准噶尔叛部及玛哈沁（mahacin）[①] 的清剿，到乾隆二十五年（1760）所有大小战事才正式宣告结束。在这短短五年之间，准噶尔的厄鲁特人口遭受到沉重打击，其中有大量人口在清朝的默许之下被哈萨克军队俘虏至中亚。[②] 俄国奥伦堡的官员从哈萨克使者口中得知，“大中玉兹的吉尔吉斯人仍不停地涌向卡尔梅克人那里，运走了卡尔梅克人的大量财产，押回了许多俘虏，这些财产和人俘又通过买卖和其他途径而使小玉兹大获厚利，阿伊除瓦克·苏丹对此羡慕垂涎。今秋，他集结了所管辖的吉尔吉斯人，打算进攻那些卡尔梅克人”[③]。厄鲁特人沦为俘虏后，辗转于中亚各地的奴隶市场。

乾隆二十五年（1760），在将军阿桂的建议下，清朝改变了对厄鲁特人的政策，拟于伊犁建设厄鲁特营、设置厄鲁特佐领，流落中亚的厄鲁特人“闻安插之信，必陆续来投”，“投满百人，则编为一佐领；拣选佐领一员，骁骑校一员，领催四名管束”。[④] 这就是第一批以清朝为最终目的地的中亚人口迁徙活动。例如，乾隆二十七年（1762）三月，厄鲁特男子哈什坎前来投诚：

---

① 玛哈沁者，乃厄鲁特之流民。有关清朝对待厄鲁特人的政策，参考惠男《18世纪中期准噶尔汗国消亡后的厄鲁特人》，《全球史评论》2016年第2期；吴阿木古冷：《准噶尔覆亡时期若干史实考证》，硕士学位论文，中央民族大学历史文化学院专门史专业，2015年。

② 惠男：《18世纪中期准噶尔汗国消亡后的厄鲁特人》，《全球史评论》2016年第2期。

③ 社会科学部民族研究所、新疆维吾尔自治区民族研究所历史室编：《蒙古族厄鲁特部历史资料译文集第3辑》，1977年版，第1—50页。

④ （清）傅恒等纂：《平定准噶尔方略》续编卷8，乾隆二十五年丙申。

自前次贸易后返回之哈萨克队中有一并行之厄鲁特男子（ūlet haha）来投。卡伦禀告后，将该厄鲁特男子带来问询，据称：我名为哈什坎（hasikan），二十八岁，原多罗特鄂托克（dolot otok）人，被哈萨克掳走数年。因不堪忍受其虐待，故趁哈萨克前来贸易时投顺，乘机留下，想蒙受大主子（amba ejen）之恩典。贸易完成返回时，至特里淖尔（teli noor），夜晚逃出，绕过戈壁（gobi）而来。乞求大人们将我留在乌鲁木齐（urumci），愿听凭使唤。①

厄鲁特男子哈什坎所言的“大主子”（amba ejen）其实就是指清朝的乾隆皇帝，这是受蒙古文化影响的地区对清帝的共有尊称，而更为正式的称为则是“圣主”（enduringge ejen），对应于蒙古语中的“boγda eǰen”。②乾隆年间，清朝曾在乌鲁木齐与哈萨克展开绢马贸易③，哈什坎便趁此机会投奔清朝，随后被安插到伊犁的厄鲁特营。

第二批人口迁徙仍然与准噶尔战争有关，可以被视作前者的余波。17世纪初期，四卫拉特蒙古中的土尔扈特部离开故土，大举西迁至俄国伏尔加河流域，剩下有少量土尔扈特人加入准噶尔汗国，其中就包括一位名叫舍楞的土尔扈特台吉。乾隆二十三年（1758），舍楞为躲避清军的追捕而逃入俄国，与伏尔加河流域的同胞会合，并给土尔扈特汗王渥巴锡汗提供了有关准噶尔的情报。根据托忒文史籍《卡尔梅克诸汗简史》的记载：

舍楞台吉（šeren taiši）不愿居住在俄罗斯国（oros oron），还想回去（准噶尔），便又对渥巴锡（ubaši）恳求道：“在此以前，（我）从

---

① 乾隆二十七年三月十八日，《奏报将自哈萨克脱回之厄鲁特安置情形事片》，中国第一历史档案馆编《清代中哈关系档案汇编》，中国档案出版社2006年版，第585页。

② Onuma Takahiro, “The Qing Dynasty and Its Central Asian Neighbors,” *Saksaha: A Journal of Manchu Studies*, vol. 12, 2014；［日］小沼孝博：《清朝とカザフ遊牧勢力との政治的関係に関する一考察—中央アジアにおける“エジェン—アルバト”関係の敷衍と展開》，《アジア·アフリカ言語文化研究》2006年第72卷；阿力肯·阿吾哈力：《清代哈萨克租地文书研究》，贺元秀主编：《哈萨克文化新论》，新疆人民出版社2007年版，第322—323页。

③ 张荣：《清朝乾隆时期哈萨克政策研究》，博士学位论文，兰州大学民族学中国少数民族史专业，2011年，第102—139页。

那里（准噶尔）来。去那里的道路和那里的好地方，知道的一清二楚。跟着我出发，如平安抵达，你在如今那无主（ezenügei）之地，无汗（qān）可自主。”①

舍楞无疑是在用准噶尔故土已成渺无人烟的无主土地来谎言诱导渥巴锡，鼓动他率部离开伏尔加河流域。1771 年，由于宗教矛盾以及俄国的频繁征兵，渥巴锡最终选择率领将近 17 万部众回归故土。在土尔扈特东归的过程中，渥巴锡逐渐对清朝的强势有所了解，便打消了夺取准噶尔故土的念头，顺从为清朝扎萨克蒙古的一员。

准噶尔战争以及这两批人口的迁徙活动对当时的中亚具有重要的影响：

首先，清朝横扫天山南北的势头在中亚世界造成极大的震撼。哈萨克阿布赉汗的曾孙瓦里汉诺夫（Chokan Chingisovich Valikhanov）对此评价道，“曾经如此强大并为每个邻国永久威胁的准噶尔（Dzun：garia）陷落了，随后再对小布哈拉（Little Bokhara）的征服在整个亚洲造成恐慌，并激发了穆斯林的一种迷信，即中国人（Chinese）将在某天征服天下，彼时将是世界之终结”。清朝由此在中亚树立起强大形象。② 例如，乾隆二十四年（1759）浩罕统治者额尔德尼伯克（erdeni bek）就对清朝使者表示道，“我听闻，东方中国（dulimbaigurun）有一大汗（ambahan），西方有控噶尔汗（kūngkarhan）”③，将清朝与伊斯兰世界最负盛名的奥斯曼帝国相提并论。

其次，厄鲁特人和土尔扈特人向清朝境内迁徙的新闻，同时也在中亚各地传播开，致使人们认为清朝皇帝统治的强大国度是能够接纳他人的王道乐土。厄鲁特人和土尔扈特人奔赴清朝边境的迁徙方向，更为意图投奔清朝的人指引了方向。

在厄鲁特人和土尔扈特人的带动下，中亚的俄罗斯奴隶纷纷受到感召，

---

① （托忒蒙文）《卡尔梅克诸汗简史》，甘肃省古籍文献整理编译中心编：《西北少数民族文字文献第四卷》，线装书局 2006 年版，第 521 页。

② ChokanValikhanov, “Alty-shahr: Historical Review,” in Capt. Valikhanof and M. Veniukof (eds.), John and Robert Michell (trans.), *The Russians in Central Asia*: *Their Occupation of the Kirghiz Steppe and the Line of the Syr-Daria*, London: Edward Stanford, 1865, p. 188.

③ 档案转引自小沼孝博《“控噶尔国”小考——18—19 世纪欧亚东部奥斯曼朝认识之一端》，《民族史研究第八辑》，中央民族大学出版社 2008 年版，第 153—163 页。

决定从奴隶主的控制中挣脱，为求自由和安宁的生活而奔向清朝的边境。乾隆三十六年（1771），塔尔巴哈台参赞大臣安泰将一位自哈萨克逃来之俄罗斯人伊万解至京城，军机处在审讯的过程中得知此人的经历：

> 我名为伊万（iban），今年三十四岁，乃俄罗莫伦（oromoron）地方俄罗斯人。记不清是八岁或几岁那年得空外出时，碰到哈喇卡喇（hara kara）鄂托克之哈萨克撒里克（sarik）后，我被劫走。数年后，撒里克又将我卖到洪果罗博罗特（honggoro borot）鄂托克之哈萨克库图伯克（kūtubek）处。在库图伯克家中，又是六七年。我被掳至哈萨克时尚幼，故而忘了俄罗斯语，唯懂得哈萨克语。不堪忍受库图伯克将我折磨役使，欲逃去我俄罗斯地方时，道路太远，且又未没差遣。察看得，在哈萨克游牧居住之厄鲁特等皆朝此来投，且我所居住之游牧又靠近这边的边境，故投奔大国（amba gurun）。[①]

自幼被绑架的俄罗斯人伊万在哈萨克当了20余载的奴隶后，发现"在哈萨克游牧居住之厄鲁特等皆朝此来投"，意识到清朝这样的"大国"（amba gurun）是可以容纳他的地方，而他的故乡俄罗斯与自己现在的距离实在太多遥远，所以伊万便沿着厄鲁特人走过的路途来到清朝的边境。另外，乾隆三十八年（1772）安泰又将阿克苏回子色提巴尔迪（setibaldi）购买的俄罗斯人伊万送到京城，他在军机大臣面前讲述了自己的故事：

> 我乃阿什达尔罕（asidargan）人，靠渔猎为生。我父母子妻兄弟皆无，今年四十五岁也。伊万我孤身一人，平日听闻我们俄罗斯地方之通事称，大国之大主子（amba gurun i amba ejen）甚是仁慈，地方颇为富裕，我即曾留意投顺。前年，我附近之土尔扈特人（turgūt）归顺大主子而来时，我在追随一喇嘛的途中，哈萨克将我掳走。居住将近一年，哈萨克让我放牧，因不堪忍受折磨役使，与彼处厄鲁特策木

---

① 乾隆三十六年，《军机大臣福隆安奏将自哈萨克逃来之俄罗斯人伊班送往福州赏给官兵为奴片》，中国第一历史档案馆藏《军机处满文录副奏折》，档案号：03－0184－2411－028。

本（cemben）商议后，我们二人自哈萨克逃走投来大国。[①]

这位伊万曾听伏尔加河流域的俄罗斯通事官（这名通事的消息许是来自土尔扈特蒙古人）描述过清朝皇帝的仁慈，以及其统治土地的富裕，是以很早就对清朝充满憧憬。两年前，在土尔扈特人东归时，伊万追随着他们前往清朝的路线行进，却在途中遭到哈萨克部落的掳掠。事实上，渥巴锡等人在迁徙的过程，确实曾遭到大玉兹的艾拉里苏丹的袭击，并被劫去属人近六千户。[②] 伊万或许亦是此次袭击的受害者。在为奴的一年时间里，伊万与厄鲁特人策木本计划逃离哈萨克，最终成功实现了这一目标。

值得一提的是，伊万供述所透露的经历与厄鲁特男子哈什坎极为相近，两者都被哈萨克所绑架，都祈求清朝的收留，并都尊称乾隆皇帝为“大主子”（amba ejen）。尽管伊万的投诚与土尔扈特东归有关，而哈什坎的归顺是伊犁厄鲁特营建立后的结果，但这恰好能够说明：准噶尔战争以及厄鲁特人、土尔扈特人的迁徙具有区域性（reigional）的重要意义。

清朝自乾隆二十年（1755）发起准噶尔战争，在最初并未预估到其会对中亚造成怎样的影响，亦未曾料到随后将引发土尔扈特人东归。这些区域性的事件带动的人口迁徙潮流，对每个挣扎于奴隶制度的俄罗斯人来说，无疑都是一种希望的福音，俄罗斯奴隶们万分渴望着大主子的“仁爱”（gosingga）；在厄鲁特人、土尔扈特人的带领下，他们为自己找到了自己以为的解放之路。

三　从新疆到广州和福州

在讨论中亚的俄罗斯奴隶们来到新疆后的生活之前，有必要先对本文预设的时间范围，即乾隆三十二年（1767）至四十五年（1780）的时段进行说明。本文的选择，并非由于在四十五年（1780）以后新疆就没有再接待过俄罗斯人，而是由于在这十三年间，清朝采取了独特而连贯的政策来

---

① 乾隆三十八年十月四日，《军机大臣舒赫德奏请将俄罗斯伊万发往广州赏给旗人为奴折》，中国第一历史档案馆藏《军机处满文录副奏折》，档案号：03－0186－2545－011。

② 郭文忠：《土尔扈特东归中哈萨克形象再研究——以阿布赉汗为中心》，《清史研究》2018年第5期。

处理边境地区抓获的俄罗斯人。[①] 无论这些俄罗斯人是否为中亚奴隶，也无论他们出现在新疆、蒙古还是黑龙江，在清朝官方的眼中，所有跨越边境来到境内的人都拥有统一的政治身份：逃人（满语作 ukanju）。而关于逃人的问题，清朝与俄国曾经分别于康熙、雍正年间通过《尼布楚条约》和《恰克图条约》后达成共识，约定双方都不得容留来自对方的逃人，必须通过正式的官方渠道交还属于彼此的逃人。但是，该渠道自乾隆二十九年（1764）以来遭到人为中断，直到四十五年（1780）才得以恢复。本文所关注的中亚俄罗斯奴隶处于这个被中断的时期以内。

乾隆二十九年（1764），清朝与俄国之间因边境纠纷而产生外交龃龉，最终发生了第一次恰克图闭关事件，其连锁反应则是清朝全面调整了以往的逃人政策，并提出新的规定：黑龙江、蒙古和新疆三边抓获所得的俄罗斯逃人，都不可随意放其归国，而是要解送北京由军机处统一负责管理。当然，各边启动的时间并不一致，率先被朝廷要求采取行动的官员只有蒙古库伦办事大臣、黑龙江将军，而乌里雅苏台定边左副将军、科布多参赞大臣及伊犁将军、塔尔巴哈台参赞大臣和天山南路回疆的各驻扎大臣，其实都是在三十二年（1767）才收到此类指示：“嗣后再获此等之人，不论其是否为俄罗斯，或有无情由，即解至京城。即或来投之人，亦俱令解来，切不可言送回之语。”[②]

逃人政策的根本原因是由于恰克图纠纷，但如果具体到各边，其直接原因却在于除蒙古库伦以外的黑龙江、新疆等边地缺乏俄语翻译人才——直到乾隆五十六年（1791）“萨迈林事件”发生后，伊犁才正式开设俄罗斯学馆以教授俄语[③]——地方官员无法搞清俄罗斯逃人来到清朝的真实意图，继而引发北京朝廷的忧虑，所以才将其统一押往北京。又自三十三年

---

① 有关这一问题，目前唯一的研究是我的一篇待刊于《清史研究》2019 年第 3 期的论文：《俄罗斯逃人与 18 世纪后期的清朝边疆》。本节除案例外，其余内容皆是对这篇论文的复述。

② 《军机处满文录副奏折》，乾隆三十二年闰七月二十五日，《定边左副将军成衮札布奏审讯辉迈拉虎卡伦缉获俄罗斯伊邦并派员解京折》，中国第一历史档案馆藏，档案号：03 - 0182 - 2238 - 046；《乾隆朝满文寄信档译编》第 7 册，乾隆三十二年闰七月初三日，《寄谕定边左副将军成衮扎布等著将拿获之疑似俄罗斯者即送京城》，中国第一历史档案馆编，岳麓书社 2010 年版，第 733 页。

③ 樊志强：《萨迈林事件考述——兼论乾隆朝中央对土尔扈特的控驭》，《内蒙古社会科学（汉文版）》2017 年第 6 期。

（1768）起，俄罗斯逃人被统一地流放到广州和福州。根据相关档案的记载："凡来投之俄罗斯人，前皆具奏后，分别交付广州、福州将军等后，使其披甲当差行走。越境而来被拿获者，若为人奴（niyalma aha），皆流放广州、福州，给兵丁为奴使唤。已记录在案。"① 这条规定构成此后清朝处理俄罗斯逃人的基本流程：先从边疆押解到北京，再从北京流放到广州和福州。造成新变化的原因在于，边境政策的调整给北京带来大量的俄罗斯逃人，致使清朝意识到北京的容纳量有限，且有必要将这些人与早在康熙时期北京旧有的俄罗斯佐领区分开，所以才会选择将逃人发往南部沿海地区的广州和福州。而对俄罗斯人的流放地点的选择又是基于两层考量：一方面，广州和福州与俄国相距甚远，可以防止逃人偷偷溜回故乡，再加上广州和福州都拥有八旗驻防，拥有足够的武力来控制好这些俄国人；另一方面，清朝视俄国人与新疆的厄鲁特人、回子均为内陆亚洲居民，而这类人的流放地点的选择，正是从北部的边疆发往南部省份。

乾隆三十三年（1768）的成案还规定：尽管同样身在广州和福州，有些俄罗斯人成为当地八旗驻防的披甲，并领受清朝赐给的俸禄，但有些人却要沦为驻防官兵的奴仆。这两种流放后的身份差异，完全取决于俄罗斯人在投奔清朝以前的身份。下面则以两个案例作为说明：

乾隆四十二年（1777）三月，一位名叫莽苏（mangsu）的俄罗斯人被伊犁将军解送至北京。随后，军机大臣们得知莽苏俄罗斯喀山城（kazansyake hoton）的士兵，某天沿着额尔齐斯河捕鱼时，被哈萨克人绑架。在中亚沦为奴隶的八年间，他因听说"归降大中国（tulimbai amba gurun）之人皆蒙大主子（amba ejen）厚恩，生活富足"，故而才逃出哈萨克。对于这样一位曾经沦落为中亚奴隶的俄罗斯人，军机处决定："本次抓获之俄罗斯莽苏（oros mangsu），原被哈萨克等执拿，因不堪折磨役使，遂脱出寻路来投时被拿获，著将俄罗斯莽苏照来投俄罗斯人例（dahame jihe oros sai kooli）发往广州，交给该管将军后使其披甲（uksin etubuki）。"② 莽苏虽然

① 《军机处满文录副奏折》，乾隆三十五年六月二十日，《军机大臣傅恒奏将自乌里雅苏台解京俄罗斯挑补广州福州披甲员缺折》，中国第一历史档案馆藏，档案号：03－0184－2378－013。

② 乾隆四十二年三月十四日，《军机大臣舒赫德奏将来投之俄罗斯莽苏送至广州充为披甲折》，中国第一历史档案馆藏《军机处满文录副奏折》，档案号：03－0187－2712－004。

曾作过哈萨克人的奴隶，但由于他被绑架前亦曾当过喀山的守军，所以没有被清朝当成是“人奴”（niyalma aha）出身，故而有资格成为广州八旗驻防的披甲士兵。

相较于莽苏的命运，另外一位名叫科吉斯克（kojiske）的俄罗斯人不可不谓之悲惨。科吉斯克的父亲是克拉斯诺亚尔斯克（keras noyar）的固毕尔那托尔（hūbirnador），该官职相当于省长。虽然出身显贵，但自幼年起科吉斯克就被土尔扈特人诱拐到伊犁河畔，随后转售于当地的厄鲁特人为奴。乾隆四十一年（1776）八月，科吉斯克被伊犁将军查出后解送至京。最终，作为官员之子的科吉斯克被军机处判定流放为奴：“现拿获解来之俄罗斯科吉斯克（keojiske），被土尔扈特掳走后，卖给厄鲁特格林（ūlet geliyen），逃脱后被卡伦人拿获。厄鲁特格林将伊役使数年，与家奴（booi aha）无异……著将科吉斯克即照家奴例（booi aha i kooli）流放福州，赏给兵丁等为奴。”①

尽管同样都曾身为中亚奴隶，但莽苏就适用于“来投俄罗斯人例”（dahame jihe oros sai kooli），而科吉斯克只适用于“家奴例”（booi aha i kooli），双方待遇的差别在于科吉斯克自幼起就沦为奴隶，并没有莽苏那样作为边境守卫的职业履历，所以便被认定为是家奴。俄罗斯奴隶在每个地方的生活经历都会成为清朝在进行裁定时的考量依据，并由此塑造了个体的最终命运。

值得一提的是，广州和福州地处气候炎热、潮湿的南方，对于俄罗斯人而言着实不是一个适宜的居住地点，再加上有许多俄罗斯奴隶被流放以后仍然要承担劳役，这就导致了逃旗的现象。中亚的俄罗斯奴隶，无论是成为广州和福州八旗驻防的披甲，还是沦为当地驻防的披甲兵之奴，都没有随意迁徙的自由。一旦私自离开广州和福州的满城，便会被视作逃旗，清朝将处以最严厉的惩罚，抓捕归案后就在被抓获之地即行正法，这条规定直到乾隆四十五年（1780）废除将俄罗斯人解京并流放的政策后仍然在继续执行。

---

① 乾隆四十一年八月初三日，《军机大臣舒赫德奏伊犁押送俄罗斯人奏伊犁押送俄罗斯人科吉斯克流放福州折》，中国第一历史档案馆藏《军机处满文录副奏折》，档案号：03－0187－2691－005。

乾隆四十五年（1780），在第二次恰克图闭关结束之时，俄国扎什图拉城（jasi tura hoton）的边境官员将其守卫拿获的阿勒坦淖尔乌梁海总管布图克斯（ltannooruriyanghaiiuheri da butukesi）之子送还给清朝。乾隆收到相关报告后，考虑到清朝与俄国的政治关系已经回暖，并鉴于广州和福州的俄罗斯人逃旗人数过多的情况，便决定废除二十九年（1764）以来的俄罗斯逃人解京政策暨三十三年（1768）以来的流放政策。自四十五年（1780）六月起，各边抓获的逃人如无特殊情况，一律移交库伦办事大臣送回俄国："将此通谕乌里雅苏台（uliyasutai）、科布多（kobdo）、伊犁（ili）、塔尔巴哈台（tarbahatai）、库伦（kuren）、黑龙江（sahaliyan ula）等边将军、大臣，嗣后皆遵旨一体办理。"① 自此以后，倘若再有俄罗斯奴隶从中亚投奔到新疆，清朝就会将他们送还故乡。而此前已经被流放的俄罗斯人，不在这道谕旨的优待范围内，他们将永久地成为清朝的一员。

纵观中亚俄罗斯奴隶在这十三年间的生活过程，我们或许可以把他们从俄国到中亚、从中亚到新疆、再从新疆到广州和福州的集体经验，提炼为某种跨国（transnational，虽然民族国家尚未形成）乃至跨区域（transregional）的宏伟式范畴。但若从本质上讲，他们的生活体验反而是以基层、微观、跨越地方（translocal）的形式实现的，即自由或非自由地迁徙到诸多不连续的地点（discontiguous locations）。② 这其实正是清朝官员写在奏折上的内容，即俄罗斯人某在哪个地点发生的故事：

（1）俄国：a. 例如喀山、莫斯科等地点，事件即俄罗斯人的原职业；b. 包括额尔齐斯河等边境地点，事件即在边境发生的人口绑架。

（2）中亚：诸如哈萨克草原的某鄂托克、塔什干、费尔干纳盆地等地点，事件为俄罗斯人被奴役或被贩卖的过程。

（3）新疆：地点为类似前面提到的乌里雅苏台的通哈尔海卡伦、乌什的沙图卡伦等边防哨所，事件就是如何被清朝官兵抓获。

---

① 乾隆四十五年八月二十八日，《伊犁将军伊勒图等奏嗣后脱出无关紧要之俄罗斯人勿庸问话即可遣回折》，《清代新疆满文档案汇编》第 144 册，广西师范大学出版社 2012 年版，第 102—104 页。

② Melissa Macauley, "Entangled States: The Translocal Repercussions of Rural Pacification in China, 1869 – 1873," *The American Historical Review*, vol. 121, no. 3, 2016, pp. 755 – 79; Matthew A. Cook, *Annexation and the Unhappy Valley: The Historical Anthropology of Sindh's Colonization*, Leiden & Boston: Brill, 2016, pp. 2 – 3.

（4）a. 北京、福州和广州等城市：在恰克图闭关的影响下，俄罗斯奴隶被清朝流放的生涯；b. 库伦：乾隆四十五年（1780）以后，新疆卡伦抓获的俄罗斯人都通过库伦回归俄国。

但关键在于，每个分散的地点都处于众人无法轻易察觉的18世纪的贸易网络、信息流动和政治关联之中，以俄罗斯奴隶个体的经历为载体，在形塑个体命运的同时，又反映出散点之间的相互联系（interconnected）——在全球性和区域性贸易利润的驱动下，中亚始终都对奴隶保持着极高的需求量，由是成为俄罗斯人屡屡在俄国边境遭到绑架的原因。随后，受到准噶尔战争及厄鲁特人投诚、土尔扈特人东归等区域性事件的影响，俄罗斯奴隶搭乘这波移民潮流来到新疆。然而，与同时期厄鲁特人归入伊犁厄鲁特营、土尔扈特人被安置于天山南路的裕勒都斯草原的待遇相比，他们的命运分别受到三个地方因素波及，即恰克图的边境纠纷、新疆的俄语人才匮乏、北京已有归化日久的俄罗斯佐领，是以被流放到广州和福州，并因其身在俄国、中亚地方时原本与新疆、北京、广州和福州等地方无关的初始身份，而分别领受披甲和奴隶的不同待遇。

不仅如此，乾隆四十三年（1778）三月广州驻防八旗发生的一起俄罗斯人逃旗案件，还能够提供更为直观的说明。逃旗的俄罗斯人是一对父子，分别名为德米特里（timeiterei）和雅各布（yakab），二人于乾隆四十年（1775）正月被发往广州披甲，目前尚无法确定这两人最初的来历。德米特里和雅各布的逃旗经历，引发了清朝官员的疑惑，他们竟然是想逃到阳江通过海路回俄国：

> 又追问道，你们认错路了啊！即便到了阳江（yang mederi），如何能回俄罗斯呢？
>
> 他们回答：因先前在我处时，知曾有你阳地之人，来我俄罗斯地方贸易。我父子逃到阳江后，若搭乘你阳地人之船，则可逃回去。①

清朝官员和德米特里父子之间的对话，揭示出广州、恰克图等表面上

① 《军机处满文录副奏折》，乾隆四十三年三月十九日，《广州将军永玮奏广州俄罗斯披甲雅喀布等潜逃拿获正法折》，中国第一历史档案馆藏，档案号：03－0188－2740－032。

不连续的散点之间的联系：恰克图贸易的闭关是俄罗斯人相继来到广州的根本动因，以极南、极北的千山万水之阻隔避免俄罗斯人逃回俄国；但是，18 世纪的广州和恰克图都处于全球贸易网络之中，内陆与海洋并不是如大家想象般地彼此隔绝。广州和恰克图之间表面上看似毫无瓜葛，却保持着许多人未曾察觉的联系。[①] 正如德米特里父子所言，“你阳地之人，来我俄罗斯地方贸易”。无独有偶，在乾隆五十八年（1795）马戛尔尼访华前后，俄国官员甚至还担心英国如在中国南部沿海地区开辟通商口岸，或将威胁恰克图贸易。[②] 地方之间的联系导致清朝的逃人流放策略失效。

清朝遂于同年五月修改政策，“嗣后此等俄罗斯人，皆不得流放于福州、广州、杭州等有海船（mederi jahūdai）之处”，转而将俄罗斯人流放到江宁、西安、宁夏等无法出海的城市；与此同时，“亦不再给食钱粮（inu caliyan uleburakū）”，一律发给驻防披甲为奴，意味着从四十三年（1778）五月到四十五年（1780）六月的时间里，包括中亚俄罗斯奴隶在内所有逃人的命运再次被改变。

这种整体性的调整只是由于清朝因为一件发生在广州的地方性案件而对 18 世纪的全球贸易网络和联系的力量有了微弱认识的结果。由此可见，在俄国边境、中亚、新疆、北京、广州和福州、非沿海地区的驻防城市、库伦等地发生的与俄罗斯奴隶有关的故事，其实是早期全球化和欧亚大陆的交流和联系在全球（Global）、区域（Region）和地方（Local）三个维度上的交互作用的体现，并影响到每个底层民众的在地日常生活。

余　论

18 世纪的全球性联系、网络已经成为一个大家都心知肚明的既定事实。不过，在欣喜于联系、网络与交流如此普遍的同时，其实仍然有必要通过多重视角来检验它们的意义。在不同的视角之下，故事的版本也许就会有所差异。

---

① Matthew W. Mosca, “The Qing State and Its Awareness of Eurasian Interconnections, 1789 – 1806”, *Eighteenth-Century Studies*, vol. 47, no. 2, 2014, pp. 103 – 116.

② Gregory Afinogenov, “Jesuit Conspirators and Russia’s East Asian Fur Trade, 1791 – 1807”, *Journal of Jesuit Studies*, vol. 2, no. 1, 2015, pp. 56 – 76.

就俄罗斯人的案例而言，如果我们剥离开奴隶制度和奴隶贸易的背景，或许会构拟出一个清朝如何参与世界互动的积极故事。毕竟，流落中亚的俄罗斯奴隶投奔新疆的这件事本身确实是准噶尔战争和土尔扈特人东归的连锁结果，而以史家濮德培的《中国西进》为代表的研究成果，早已注意到清朝在中亚的军事行动所具有的世界性特征和意义。[①] 除此以外，在清朝官方的审讯记录中，俄罗斯奴隶还向清朝提供了许多有价值的资讯。例如，乾隆三十八年（1773）五月在辉迈拉虎卡伦（hūi mailahū karun）抓到的又一位中亚俄罗斯奴隶，就将俄国与奥斯曼土耳其之间的第五次俄土战争的细节告知于清朝官员。[②]

倘若故事的主角不是俄罗斯奴隶，而是聚焦于区域及全球性的信息、知识和资讯流动，那么这则案例确实将有助于我们重新理解和评价清朝在现代早期全球化阶段的参与程度。但是，这种只为论证宏观式的全球交流存在的分析，在某种程度上无异于漠视了微观、底层社会的民众所遭受到的各种苦难。本文对1767—1780年间自中亚而来的俄罗斯奴隶的经历探究，或许揭示了故事的另一种版本，或者说早期现代全球化对于下层民众来说可能亦存在阴暗的一面。

在不同维度的联系、网络与交流中，其实都有清朝在不同程度上的参与和介入。最终，有些俄罗斯奴隶因清朝而得到解救，有些人则继续承受着折磨，生活的悲喜交加着实令人感叹全球化对于个体命运的这般捉弄。

（惠男，中国人民大学清史研究所博士研究生）

---

① Peter Perdue, *China Marches West: The Qing Conquest of Central Eurasia*, Cambridge, Mass: Harvard University Press, 2005; Kwangmin Kim, *Borderland Capitalism Turkestan Produce*, *Qing Silver*, *and the Birth of an Eastern Market*, Stanford University Press, 2016.

② 乾隆三十八年五月二十四日，《塔尔巴哈台参赞大臣伊勒图奏拿获俄罗斯逃人送往京城折》，中国第一历史档案馆藏《军机处满文录副奏折》，档案号：03－0185－2527－014。

西风拂粤：近代中西互动视域下的安森环球航行及在华行纪

徐桑奕

摘要 1742年底，英国海军将领乔治·安森的“百夫长”号开入珠江畔，开始了其前后近一年的在华经历。在此期间，安森一行多次和澳门、广州的地方官员及民众进行各种形式的互动，这成为他日后《环球航行记》一书的重要内容；同时，中国文献也对安森此次来华做了记载。然而从双方资料的对照来看，中英两国的记载对此事件有着不同的解读，显示出它们相异的国际视野和处世态度。从更高的维度看，安森事件还体现了当时中英在对待外事和贸易问题上的国家心态及语境，隐晦勾勒了未来历史发展的脉络。

关键词 中西互动　乔治·安森　环球航行　中国

时至18世纪，随着地理知识和造船、航海技术的普及和提高，世界上不同地区之间的交往互动已较为普遍。最初，出于对财富及宗教的渴望与热忱，此类互动通常由西班牙、葡萄牙及荷兰等欧洲国家发起，目的地也开始从地中海沿岸、北美洲东海岸和非洲西海岸，逐渐延伸到南亚次大陆、东亚、东南亚，乃至大洋洲沿岸等更遥远的范畴。作为一个以海立国的国家，英国自然不会坐视上述国家在“新世界”的坐大，遂也积极开展远洋贸易和军事行动。1730年代，英国海军中将爱德华·弗农（Edward Vernon）率军力挫加勒比海地区的西班牙势力，夺取了巴拿马的波托贝洛（Portobello）要塞，这激发了英国军政界和社会的战斗热情和未来畅想。

其时，身为一名海军上校的乔治·安森（George Anson）[①] 也跃跃欲试，随即受命前往南半球海域清剿西班牙船只。从其结果来看，作为一次军事行动，它不可谓不成功，其最大的收获就是劫掠了敌国西班牙的“马尼拉大帆船”[②]，获得了巨额的财富。然而，它在各种外力的作用下，最终演变为的一次环球航行，才是其最为时人和后人提及和铭记之所在。

有国外学者评论道：“马尼拉帆船的行驶航线开启了人类历史上第一次真正意义是全球交流。”[③] 而安森的这次环球之旅，则是“反其道而行”，从美洲一路“溯源”而来，不啻为全球交流的另一次尝试；在这当中，中国也扮演了重要角色，并体现了它当时的外事态度和在世界所处的地位。近年来，我国学界也开始对此问题有所关注[④]，现有成果主要是从信息不对等带来的文化误解及国家形象构建的方面来切入和分析，并和其他事件对照，做比较研究；亦即，将此事件作为探究 18 世纪欧洲人、英国人的中国观和中国形象变迁的案例和证据。但既有论著较少从中外互动、海路交通和航海史等视角对这一案例进行研究。本文将对安森来华事件的时间线和文献资料进行梳理，并进一步展现该事件在中西交往、中国与世界的经贸关系中的意义。

一　安森、环球航行和中国

有国外历史学家如是评论道：“如果将爱德华·弗农比作是纳尔逊海军的亚伯拉罕，那么乔治·安森就是后者的摩西。”[⑤] 如此之高的评价道出了乔治·安森在 18 世纪英国海军史中的重要地位。年仅 14 岁就投身海事

---

① 我国部分文献和论文也作“安逊”。

② 西班牙组织的、开始于 16 世纪下半叶的航行于菲律宾马尼拉与墨西哥阿卡普尔科（Acapulco）之间的货运船只，以木制帆船为主，载重或可高达上千吨。

③ 卡洛斯·布拉索·布洛基：《马尼拉大帆船与全球化的思考》，戴娟译，《世界近现代史研究（第十辑）》，社会科学文献出版社 2013 年版，第 89 页。

④ 可参见赵欣《〈安逊环球航海记〉与英国人的中国观》，《外国问题研究》2011 年第 3 期；程章灿：《想象异邦与文化利用：“红毛国”与大清朝——前汉学时代的一次中英接触》，《南京审计学院学报》2004 年第 1 期；叶向阳：《西方中国形象成因的复杂性初探——以 17、18 世纪英国旅华游记为例》，《国际汉学》2012 年第 2 期。

⑤ Arthur Herman, *To Rule the Waves: How the British Navy Shaped the Modern World*, New York: Harper Perennial, 2005, p. 255.

的安森在其早期的军旅生涯中曾受到乔治·宾（John Byng）和约翰·诺里斯（John Norris）等海军高级将领的帮助与提携，令其获益匪浅并迅速成长，军职也被一再擢升；辉格党的背景使他能够在无战事时期也统领一些轻型船队，进一步被海军部所关注。在西班牙王位继承战争中崭露头角后，又经过了多年的历练，安森在“詹金斯之耳”战争（War of Jenkins' Ear）中受命，率“百夫长”（*Centurion*）号等8艘战舰赴南美西岸的太平洋海域巡航游弋，并伺机攻击西班牙船只。

18世纪中期，欧洲人对太平洋的认识水平较以往有了一定提高。西班牙、荷兰航海家数次完成了环球航行，对太平洋的岛屿做了命名和一些勘测。英国自然也不甘人后，它的计划甚至更加具有侵略性。1739年，沃波尔内阁曾倡议和假设了三个作战方案，着眼点分别在加勒比海、南美和太平洋海域。有人主张在巴拿马东部的达连（Darien）海岸开拓殖民地；另有官员则主张进行远洋航行，范围大致在南太平洋地区，以便在胡安·费尔南德斯群岛（Juan Fernandez）设立基地并且劫掠往返于此的西班牙商船；第三种建议是径直远征太平洋，通过东印度群岛直捣马尼拉，毕其功于一役。[①] 可见，所有这些计划都着眼于英国所能获得的长期自由贸易及其所能带来的利润，安森此次主导的军事行动实则有其背后的经济动因。

百余年前，安森的前辈弗兰西斯·德雷克（Francis Drake）曾穿过南美洲以南的广阔水域[②]，并成为完成环球航行的首位英国人。安森此行的目的和选取航线与德雷克有相近之处，但在技术、装备等方面，实则是要强于后者的。然而虽有8艘舰船供调遣，他面临的局面却并不乐观。第一，加勒比和地中海等舰队的行动调用了大部分富有经验的海员，只留给安森一些不熟练、不堪用的海员，其中一些人是囚犯身份，有的甚至还身患残疾。其中数十人听说自己即将出海时，竟连夜从朴次茅斯的军港逃跑[③]，低下的兵员素质将给他的指挥调度带来较大隐患。第二，舰队中共有战船6艘，另有2艘商用船只运载辎重；作为一支“偏师行进”的队伍，规模较小的舰队能否抵御敌方攻击也是一个未知数。第三，南方水域诡谲的天

---

① Margarette Lincoln, *Science and Exploration in the Pacific: European Voyages to the Southern Oceans in the 18th Century*, Suffolk: Boydell & Brewer Ltd, 1998, pp. 20 – 21.

② 今德雷克海峡。

③ Arthur Herman, *To Rule the Waves: How the British Navy Shaped the Modern World*, p. 255.

气和水文形势，以及随之可能爆发的食品短缺和疾病潮亦是对安森指挥和统筹能力的巨大考验。

事实证明，事态发展的确可用“祸不单行”来形容。舰队用了 6 周时间到达马德拉群岛[①]，而后，斑疹伤寒（typhus）和痢疾（dysentery）席卷了所有船只，到达巴西海岸时，仅“百夫长”号就有超过 80 名海员要被送上岸治疗[②]。船员们只得通过用醋清洁船舱的方式来试图驱除病菌，然而这并没有阻挡疟疾（malaria）的再度肆虐。当舰队到达合恩角（Cape Horn）时，“百夫长”号上的初始海员仅有 4 人幸存。[③] 同时，海上的风暴也重创了几乎所有舰船。

1741 年，安森的舰队抵达智利沿岸，始发舰船已经寥寥无几：“塞文”（*Severn*）号和“珍珠”（*Pearl*）号已因受损严重而返航，“维格尔”（*Wager*）号则已失事；剩下的“百夫长”号、“格洛斯特”（*Gloucester*）号和“审判”（*Tryal*）号等均遭受不同程度的损耗，人员的伤亡形势更为严峻。此时，他开始率部自南向北袭扰智利海岸，掠夺物资以作补充。在恢复了一定的实力后，安森不甘心空手而归，于是决心劫掠“马尼拉大帆船”及其丰富的物资和财宝作为对此行的弥补。

1742 年春，安森舰队在阿卡普尔科附近海域逡巡了 3 周左右[④]，毫无收获。他料定，自己的行踪可能已被西班牙方面侦知，此刻又适逢坏血病（scurvy）流行，他遂孤注一掷，将所有资源和人员集中到“百夫长”号和“格洛斯特”号上，横渡太平洋，并在“格”舰失事的情况下，于该年年底到达关岛，并随即前往澳门。

那么为何是澳门？这和它在贸易中的地位有很大关联。作为葡萄牙人在东亚地区最主要的商埠之一，澳门已在 17 世纪中期发展成为一个繁忙的贸易中心，是一艘名副其实的“贸易大船”[⑤]。由欧洲、印度和摩鹿加群岛等地而来的各类货物，都要经由澳门中转，再运往其他地方。由此可知，澳门在西欧各国中应具有较高知名度，安森也必然希望在此地得到更多更

---

① 通常只需两周。

② Arthur Herman, *To Rule the Waves: How the British Navy Shaped the Modern World*, p. 256.

③ Ibid.

④ Ibid., p. 258.

⑤ 唐纳德·弗里曼：《太平洋史》，王成至译，东方出版中心 2011 年版，第 72 页。

好的补给和修整条件。还有学者认为，虽然英国船只到达中国沿海是偶然，但其选择中国港口进行停靠和补给却是必然的①。从宏观看，18 世纪，受外界推动，英国社会对中国的好奇和热衷之情方兴未艾，但却极少有人能一睹中国的真正风貌；此时的中国时值“康乾盛世”期间，其国力达到了清朝统治时期的顶峰，于周边地区的国际影响更是一时无两。就实际情况看，当时安森的船队已经抵达关岛（Guam），故对他来说，选择中国作为长期的补给和整修之地也属情理之中。

经过在中国约半年的停驻，“百夫长”号逐渐恢复了其原有实力，意图捕获“马尼拉大帆船”的事宜又被提上了日程。其间，他还雇佣并训练了一些中国人和马来人，教授他们如何使用船上的火器。② 1743 年初，在受知情人的提点后，安森前往菲律宾，在圣埃斯皮里图角（Cape Espiritu Santo）附近海域静候了约 3 周，于 6 月 20 日发现了西班牙帆船“卡瓦东加”（*Covadonga*）号的踪迹。虽然人员有所匮乏，但在吨位和武器装备上，“百夫长”号都占有优势，因而结果显而易见，英方以阵亡 4 人的代价结束了战斗。安森随后接收了西班牙商船，并清点了船上的货物：共计 131 万余枚西班牙银币和 3.5 万盎司的秘鲁和墨西哥白银，其总价值或高达 100 万英镑。③ 一年后，“百夫长”号满载而归，安森自然也被奉为民族英雄，受到国王的接见。此后，安氏一路青云平步，于 1751 年出任海军大臣（First Lord of the Admiralty），并在若干年后的七年战争中再度起到了重要作用。

二　安森一行在南中国的见闻与互动

回国后，乔治·安森将其航行中的见闻撰写成书并出版，题为《环球航行记：1740—44》④。此书一经付梓即受到广泛关注。一方面，安森崇高

① 赵欣：《〈安逊环球航海记〉与英国人的中国观》，第 55 页。

② Arthur Herman, *To Rule the Waves: How the British Navy Shaped the Modern World*, p. 259.

③ Ibid.

④ George Anson, *A Voyage Round the World* 1740 – 44, London: Echo Library, Unabridged Reprint of an Earli ed. Edition, 2015. 以下有关安森一方的记录和引述若无特意注明，均出自该书，不再赘述。

的地位令其言论具有充分的可信度；另一方面，他的描述也迎合了当时社会的“中国热”和大众对于中国真实面貌的猎奇心理。此外，该作不是以传统的回忆录的方式记述，而是由实地考察时的日记整理而成的，因此在英国社会看来很具真实性和说服力。[①] 与此同时，安森的随行人员中亦有人撰写了类似主题的著作[②]，足见此事以及“中国热”的影响之大。

安森的书中涉及中国的部分颇多，观其目录，大致有：第三部分（Book Ⅲ）的第六章“从提尼安岛到澳门”、第七章“在澳门的见闻”、第八章“自澳门前往圣·埃斯皮里图角、马尼拉帆船和重返澳门”、第九章“在珠江口的事务”和第十章“在广州的见闻、乘‘百夫长’号返回英国”。这些章节的标题基本勾勒了安森一行在中国的活动范围和时间线；其中，澳门和广州作为当时南中国最重要的两个商埠，成为英人此次一窥的窗口，他此行的见闻和体验都在这两地获取，并最终形成于文字。这种国家形象的构建、扩散和误植，以及随之产生的影响，也是他所始料未及的。同时，中国的官修史籍和民间论丛中也不乏对安森此行的记叙，且在描写上更为细致。双方截然不同的立场、心态和思想贯穿在文本中，是研究此次不同文明之间互动的基础文献之一。

“百夫长”号先于1742年年底到达澳门，后又前往广州，历经了约半年的修整和恢复期；1743年6月，安森得胜而还，在归途中亦在粤地有所停留，最后回国。在此行开始前，安森一度憧憬能得到“方便的生活”“专门的商店”以及遇到“众多同胞”，然而现实的中国社会却和他所预期的大相径庭。安森也明白，这是英国海军战舰首次出现在中国海域，所以他希望给中国留下一个好的第一印象。他让海员们都换上整洁的着装，并将船上的一些残破之物都掩藏起来。

最初，安森希望能在澳门得到补给和修整，但澳门官员不敢擅自答应，告知他须获得两广总督的批文。但当他正欲租船赴广东求总督批文时，澳门海关官员却不给其颁发通行证。一番周折后，安森到达广州，但却被东印度公司告知，批文只能由商会进行调停来获取。在一个多月杳无音信的

---

① 赵欣：《〈安逊环球航海记〉与英国人的中国观》，第55页。

② 可参见 Richard Walter, *A Voyage Round the World in the Year* 1740 *to* 1744, London: the Narrative Press, 2001。

等待后，安森只得亲笔写信上呈总督，该信又经翻译转送，始有中国地方官员前来验船。安森向官员提出补给的要求，并投诉了澳门海关的推诿和玩忽行为，官员应允在其职权范围内予以支持并责成澳门方面进行整改。

类似的情况还发生在安森从菲律宾返回、“百夫长”号驶入广州港时。安森因自己代表的是英国海军，而不是普通商船，遂不愿为缴获的战利品纳税，和中国方面又产生了龃龉。另外，此前地方官员曾经承诺过的补给事宜，也没有按期进行。这次等待的时间更长，足有 4 个月之久。[①] 最终，还是安森一行在一场火灾救援中发挥了作用，才使一切手续得以推进和完成。

烦琐的程序和漫长的等待，加之船员被无故抢劫殴打、官员的贪财好利和中国百姓在买卖时的缺斤短两等状况，令安森对中国顿生失望之感。因此，在安森余下的有关中国的记述中，对中国的制度、文化、民风及器物等方面，几乎都采取了大加批判的态度。例如，他指出，中国“地方官都腐败不堪，法庭也是诡计多端和贪污成风，这个国家的宪法也不例外。这种形式的政府首先没有为公众提供安全的防御外侮的保证，当然是一个最具缺陷的组织”。中国的人民“智慧和政策而徒有虚名”。汉字“粗俗而笨拙”，中国文学和艺术“生硬呆板”“不值一提”……至于中国的海防，据安森的随从沃尔特所言，完全不足挂齿。他们相信，“只需‘百夫长’一舰，即可摧毁广东所有海军设施”[②]。安森对此持相近的看法，他认为，正是忌惮于“百夫长”号的威力，中国官员才会一再妥协。[③] 但即便如此，英方也一直秉持着“极其谦逊和克制的态度”，在俘获“卡瓦东加”号返回广州时，“百夫长”号还礼节性地鸣炮 15 响，向围观人群以示致意。[④] 然而，只因“饥饿不能容忍”[⑤]，中方又百般拖沓，所以才会酿成双方的摩擦。

对安森在华的具体细节，中方文献的描述也比较详尽。关于其首次入

---

① 何芳川主编：《中外文化交流史（下卷）》，国际文化出版公司 2007 年版，第 879—880 页。

② Richard Walter, *A Voyage Round the World* , p. 348.

③ Ibid. , pp. 302 – 303.

④ Arthur Herman, *To Rule the Waves: How the British Navy Shaped the Modern World*, p. 261.

⑤ Richard Walter, *A Voyage Round the World*, p. 303.

华，各类文献中的记载大同小异："乾隆七年冬十一月，英巡船遭风，飘至广东澳门，总督策楞令地方官给资粮，修船只，遣之。"[①] "乾隆七年十一月，英吉利巡船遭风，飘至澳门海面，遣酋目至省城求济。广东总督策楞，令地方官给资粮，修船只……"[②] 后人有云："……东印度公司乃于1742年遣安孙提督率'百总'号军舰来广东，是为英国军舰至中国之始。安孙排除一切障碍，与广东总督会晤……"[③] 但在英方的记述中，似乎未见有"遭风"的线索与迹象，只是提到安森自关岛"出发"（set out），并到达澳门[④]；且安森抵达澳门时间为11月，似也与风乱时节相差甚远。至于将安森来华原因归为东印度公司的派遣，则更是一种臆断或道听途说。由此可知，对安森来华的原因和目的，清政府并不了解，或本不在意。地方官员对英船入境的陈述，也似在掩饰或推诿自身的行事不力。于此，乾隆帝也敕令切责道："上年十一月内，英吉利国巡哨船只遭风坏船，飘到澳门海面……沿途水塘汛弁，绝无盘诘稽查……俟风信便时，饬令出口……"[⑤] 可见，清朝自上而下对"外夷"的态度都以反感和排斥为主，而将国境紧密封锁，对周边海域的动态或见闻并不感兴趣。

对于安森的再次入华及离开，《澳门记略》记载："（乾隆）八年六月，吕宋兵败，红夷将归献俘，被飓飘，二戈船入狮子洋[⑥]……（中国官员）然后为之给廪饩，葺帆橹，严周防，至九月风便乃去……"[⑦] 关于此次航行，英方记录中也提到了有躲避飓风而等待季风的考量[⑧]，清朝官员的态度也有了一定的转变。究其原因，英人刚在菲律宾取得大胜且俘获甚众，导致"粤东大骇"，又眼见"其众顺帆泊虎门"，官员们不得不聚集以商讨对策[⑨]，遂不敢轻易怠慢凯旋的安森一行。又载："癸亥（1743）六月，海大风，有二巨舶进虎门，泊狮子洋……（中国官员）直晓之曰：'天朝柔

---

① 王之春：《清朝柔远记》，赵春晨点校，中华书局2008年版，第90—91页。

② 魏源：《海国图志》，卷五十二大西洋，清光绪二年魏光寿平庆泾固道署刻本，第655页。

③ 束世徵：《中英外交史》，商务印书馆1931年版，第8页。

④ Arthur Herman, *To Rule the Waves: How the British Navy Shaped the Modern World*, p. 259.

⑤ 《清高宗实录》，卷一九八，华文书局1982年版。

⑥ 是为珠江口内水域，位于东江口和珠江口之间。

⑦ 印光任、张汝霖：《澳门记略（上卷）》，清乾隆西阪草堂刻本，第22页。

⑧ 何芳川主编：《中外文化交流史》，第879页。

⑨ 袁枚：《记富察中丞四事》，《小仓山房文集》，卷八，凤凰出版社；转引自程章灿《想象异邦与文化利用》，第77页。

远，一视同仁……汝能献所俘五百人，听中国处分，则米禁立开，当唤造船者替修蓬桅，送汝归国'……（英酋）无可奈何，伏地唯唯。所俘五百人焚香欢呼，其声殷天……"① 地方官员以中国传统政治纲常为出发点，又以粮草和修船为挟，化解了一场至少在他们看来的潜在外交纠纷，同时文献记录里无不体现了中国"柔远"及"仁德"的基本立场，亦即将此事件上升到了历史学者所称的"文化利用"②，昭彰了中华帝国的气度。安森则因为有求于人，且金银财宝已成功到手，故也顺水推舟，既给了中国官员充分的面子，也省却了归途中看管俘虏的麻烦。

总的看来，中国官员对异邦人态度的倨傲抑或冷淡，一方面是出于其"天朝上国"的优越感；另一方面则是政令上行下效产生的惯性保守。当时，在广州或其他地方进行贸易的首要条件是，必须服从中国的法律和行政命令；官员的立场一向是，若外国人对其地位不满，他们可以走，因为"处在王权之下，就要绝对服从"③。而这种立场，实际上是朝廷态度的反映。朝廷即便对朝贡国家也存在诸多防备之意，对于"不请自来"的安森一行，自然怀揣着更为强烈的疑心和警觉；特别是，英国人在他们的经验中也绝非守法之人。《海国图志》称，"（雍正年间）广东碣石镇总兵官陈昂奏言……遍观海外诸国，皆奉正朔；惟'红毛'一种，奸宄莫测……请饬督抚诸臣设法防范……"所以数年后又有官员提出，令"丝斤禁止出洋，可抑外夷骄纵之气……"④"红毛"一开始专指荷兰人，但在英国人出现后，中国对荷、英两国人的认知出现了混淆，故也将英国人称为"红毛"⑤。在华期间，"百夫长"号几次"兵械森列"地驶入珠江口的行为，包括鸣炮示意在内，在中方看来无疑都是滋事和挑衅，这就进一步加深了英国人乃至所有"红毛"在中国的不佳印象。在清朝官员看来，将丝绸等物品纳入禁止出口的物品范围内，是为对"红毛"的一种惩戒和警告；他们或许还认为，一旦失去了丝绸等中国制品的供应，"红毛"就会一蹶不

---

① 袁枚：《庆远府知府印公传》，《小仓山房（续）文集》，卷三十四，凤凰出版社，《袁枚全集》，第二册，第628页。

② 程章灿：《想象异邦与文化利用》，第79页。

③ 赫德逊：《欧洲与中国》，李申等译，中华书局2004年版，第218页。

④ 魏源：《海国图志》，卷五十二大西洋，第655页。

⑤ 龚缨晏：《鸦片战争前中国人对英国的认识》，《东西交流论谭》，上海文艺出版社1998年版，第240页。

振，继而就能恭敬侍奉，以大清为尊。此类看法，正如各类文献中所呈现出的，虽与实际有所出入，但几乎成为一种普遍认识。

应该说，安森的环球航行固然非其本意，但客观情势的变化发展最终促成了这一颇具传奇色彩的事件。安森的“误入”中国是近代中英、中西交往史的一个早期而特殊之案例。首先，安森存在着身份上的特殊性，他以及“百夫长”号并不是作为国宾受邀前来，而是带有一定“落难者”形象的不速之客，清政府和官员对此一贯持警惕态度；同时，安森也具有心理上的复杂性：他非仰慕“天朝”的朝贡者，但却又受到其社会风气的熏陶，对中国存在一定的期许和愿景，正如他所坦陈的：“……依据这些神父们善意的描述，诱使我们相信，整个中华帝国是一个管理规范的热情的大家庭，唯一的竞争是谁会发扬最人性和最善良的美德……”① 同时，他也保有英国人、英国海军一贯的傲慢态度，并以此来打量中国这陌生的一切。而事实是，尽管他自称怀有善意，但他并没有得到期待中的那种礼遇，他的处世方式也和中国社会格格不入，皆可归因为其几度“未经许可”的“持械闯入”加深了当地人的成见；所以，他的记述中存在不少有失偏颇之处，也不乏对中国的贬低之语，有的甚至是恶意的污蔑和毁谤。然而，它作为对18世纪中国社会的一种独特视角的呈现，仍具有一定的参考与研读价值。另外，中国的文献无论是官方史论还是民间著述，几乎全是居高临下，对“英夷”不无戏谑与讽刺之语，乃至使用了“伏地唯唯”这样夸张的描述，显然也不够客观。同时，事件记录者亦把此事作为宣扬中华帝国形象的契机加以演绎和附会，最终成为史籍中所呈现的那样。如今也有一些看法认为，安森的记述纯粹是为自己“不文明行为进行的辩解和掩饰”②。

三　作为政治和航海事件的安森之行

通过对英、中两国文献记载的分析和比对可以发现，双方都将自己塑造为“礼仪之邦”，大力渲染本国在处理对外事务中克制与忍让的品质，

① 赵欣：《〈安逊环球航海记〉与英国人的中国观》，第56页。

② 何芳川主编：《中外文化交流史》，第885页。

宣扬“大国风范”，而有意无意地将对方形容成“肇事者”，并不时以奚落的口吻加以攻讦。但事实是，双方在具体的交涉中都作出了一些妥协和让步，如英方的献俘和中方因此提供的补给等，才有后来安森的安然离开。当然，在各自的记述中，这些细节都着墨不多，或以其他形式委婉表述。这些描写不全是信史，但非常符合18世纪中期雄心勃勃向外拓张的英国和家大业大、持重守成的中国的国家心态和语境，甚至也可称是有学者所归纳的：一种“臆语”和“臆想”出来的“文化潜意识”[①]。

虽然双方在对该事件的叙述上各执一词，但它在近代世界史、中外交流史和航海史等方面还是留下了诸多客观影响。首先，安森此行可被视为此后中英长时期互动交往的序幕和前奏，同时反映了当时两国处理对外事务的特点。安森来华时正值“詹金斯之耳”战争和奥地利王位继承战争之时，与以往战争不同的是，此时的欧洲各国已开始将战场开辟到世界各地。一方面，加勒比海的争夺愈演愈烈，各国的私掠船只竞相出动，爱德华·弗农未能延续其在波托贝洛的胜绩，在卡塔赫纳（Cartagena）受阻；另一方面，英法在印度相持不下，交火也不可避免。在这种国际背景下，安森劫掠西班牙商船的行动虽然不能从根本上打垮后者，却是对英国士气的一次巨大提振，其本人也被冠以“不朽的安森”之名，乃至可以和德雷克比肩。[②] 此外，安森的“误打误撞”也让英国军队首次出现在中国的视野里，其坚船利炮也给中国统治阶层留下了印象。此后，安森的著述又让英国社会对中国的了解进一步加深，亦有更多英国人步其后尘来华，例如米勒斯（1788）、马戛尔尼使团（1793）等，他们对中国的不同论断开始见闻于英国和欧洲。更重要的是，中国开始被英国视为潜在的市场，与中国通商的尝试逐渐开展。

与英国截然相反，此时的中国并未将对外交往和贸易置于一个重要位置，甚至自上而下地阻挠这种势头的发展，并伴随着浓厚“华夷之辨”思想。史籍有言：“今当安反侧之心，后须防难制之势。红毛夹板船……往来频仍，异时恐生衅。”[③]“红毛人尚武刁暴，多力而巧然。”[④] 在处理和安

① 程章灿：《想象异邦与文化利用》，第79页。

② Arthur Herman, *To Rule the Waves: How the British Navy Shaped the Modern World*, p. 260.

③ 赵尔巽：《清史稿》，列传六十，民国十七年清史馆本，第3322页。

④ 曹晟：《夷患备尝记》，民国刻上海掌故丛书本，第1页。

森一行的关系上，上述倾向表现得较为显著。有记载称，安森在广州面见两广总督时[①]还曾指出，英国商人对在中国被课收的苛捐杂税的待遇十分不满，希望总督对此施以援手，或加以干预，但是并未得到直接答复。更为戏谑的是，这次会晤最终以总督祝愿安森航行顺利而结束。[②] 如此顾左右而言他的回复，在英国人看来，或许是安森在华“殊多不易”（considerable difficulties）[③] 经历的其中一个注脚。

有学者认为，19 世纪前的中欧关系史中，最令欧洲人感到愤慨的是中国人“只责人”而“不责己”的特质。[④] 然而在此问题上，双方实则相似，中方的“不责己”令人不悦，欧洲人也未尝做到设身处地。例如，英船习惯以鸣炮来表达致意，但某一次鸣炮曾造成两位中国官员的殒命。此事造成了中英间的关系紧张和后续处理上的分歧：英方认为该事件是为一次意外，肇事者罪不至死，但最终还是在中方的压力下交出肇事炮手。而在往后的类似事件中，英国就不再将人交予中国处理了。[⑤] 另外，英国人还抱怨中国商人地位太低，被权力所桎梏[⑥]，故一直要求中国官员给予其更多的优惠和特权。这种罔顾对方国情、政体，而一味索取的态度，也不啻是一种“不责己”行为。

18 世纪的中国已在国际贸易中占有一席之地，而安森一路的经历恰好见证了中国当时的国际贸易参与和潜力，为未来英国与中国进行贸易的尝试做了铺垫。此时，广州已经成为中国对外贸易的主要港口，而英国业已在此类贸易中占据主导地位。据统计，在安森抵华前的 1736 年，有 12 艘商船在广东进行贸易，其中英国占 5 艘[⑦]，领先于同期的欧洲同侪。同时，中国的丝绸等商品还能由商船运至马尼拉或巴达维亚，或在安南、日本等地转口。[⑧] 之所以能保持如此大量的丝绸出口，应归因于明清之际中国广袤

---

① 一说安森并未真正面见过两广总督。

② Peter Auber, *China: An Outline of Its Government, Laws, and Policy*, London: Ulan Press, 2012, p. 165.

③ https://en.wikipedia.org/wiki/George_ Anson, _ 1st_ Baron_ Anson.

④ 赫德逊：《欧洲与中国》，第 221 页。

⑤ H. Pritchard, *Anglo-Chinese Relations during 17th and 18th Century*, London: Octagon Books, 1969, p. 148.

⑥ Peter Auber, *China: An Outline of Its Government, Laws, and Policy*, p. 99.

⑦ 赫德逊：《欧洲与中国》，第 215—216 页。

⑧ 同上书，第 216 页。

及先进的生丝培植面积和技术，西方人已经意识到，“中国的浙江省”是“全世界最大的产丝区”，它的产量约等于“欧亚两洲的总和”[①]。由此可知，安森所劫掠的“卡瓦东加”号上应装载有数量可观的中国产品，如生丝、丝绸、瓷器、茶叶等；这些商品若不被安森所获，如无意外，也将行销北美大陆，甚至还有可能破坏后者的宗主地——西班牙的丝绸生产。有学者注意到，在当时，“中国往往是大帆船贸易货物的主要来源，故对于新西班牙人民来说，大帆船就是中国船，马尼拉就是中国与墨西哥之间的转运站。作为大帆船贸易的最重要商品的中国丝货，都以它为集散地而横渡太平洋。在墨西哥的西班牙人，当无拘无束地谈论菲律宾的时候，有如谈及中华帝国的一个省那样……”[②] 可见，虽然没有主动参与，但中国已在不知不觉中牵涉进了东西方的经济互动当中，并且还扮演了重要角色。

此中的巨大商机无法不引起英国的注意。立足于南亚的东印度公司自成立以来，就在欧洲对华贸易中占据大量的份额，18 世纪后期一度高达欧洲各国对华贸易输入总值银的 80%、输出的 60% 强。[③] 可见，英国在长时间内都是中国的最大贸易对象之一，以至于有学者称：“中国的领海在 16 世纪是葡萄牙和西班牙人的，在 17 世纪是荷兰人的，而 18 世纪则是英国人的。”[④] 安森来华之后数年，英国政府中的对华贸易呼声也渐有成气候之势。1787 年，英国组成了以卡思卡特（C. Cathcart）为首的访华使团，欲和中国政府商讨通商事宜；后又以马戛尔尼（G. Macartney）取代了病逝的卡氏，继续这一行动。

第三，安森的经历也促进了海上交通与航海活动中的技术进步。舰队在南大西洋的混乱经历很大程度上要归结为定位不准导致的误入风暴海域。18 世纪中期，德国数学家托拜厄斯·迈耶创制的以月相表来确定经度的方法获得了《经度法案》（*Longitude Act*）所设立的赏金[⑤]，进一步保障

---

① 赫德逊：《欧洲与中国》，第 216 页。

② William Schurz, *The Manila Galleon*, Boston: Dutton, 1939.

③ 严中平等编：《中国近代经济史统计资料选辑》，科学出版社 1955 年版，第 4—5 页。

④ 赫德逊：《欧洲与中国》，第 214 页。

⑤ 英国国会在 1714 年 7 月通过该法案，以高额奖金征求能在海上精确测量经度的实用方法，该方法必须在大不列颠驶向西印度群岛的船只上测试，如果误差在 1 度以内（时间误差 4 分钟）可得奖金 10000 英镑；误差在 0.75 度以内（时间误差 3 分钟）可得奖金 15000 英镑；误差 0.5 度以内（时间误差 2 分钟）可得奖金 20000 英镑。

了航海活动的安全。同时，为抑止坏血病等远洋航行中的流行病，相关的尝试也在展开。18 世纪 50 年代，海军军医詹姆斯·林德（James Lind）在其实验中经过反复对照和遴选，最终将食用柠檬等柑橘属水果归结为克制坏血病的有效手段。然而，林德的成果并没有立即得到重视；直到 18 世纪末，该法才被规模化地应用于海军的防疫工作中。

结　语

总的来说，安森颇具传奇色彩的环球航行及由此而写成《环球航行记》，是 17、18 世纪的英国首次出现的猛烈抨击中国政府腐败及所谓中国国民性卑劣的体悟和著作，给英国乃至整个欧洲对中国“乌托邦”持怀疑态度的人士提供了难得的证据，对同时代及后世西方人眼中的中国形象或中国观产生了不小的影响。[①] 但也有人认为，中国幅员辽阔、人口众多，若仅以珠江边上居民的习气来概括中国人总体的性格，那将会对后者极为不公。一个贸易港口仅给西方人提供接触海关官员、经纪人、小商人的机会，旅行者没有资格就此判断整个民族。[②] 还有人类比到，若以澳门、广州的部分人来评价所有中国人甚至是中国文明，就好像以法尔茅斯（Falmouth）或阿伯丁（Aberdeen）的状况来概括整个英国一样。[③] 无独有偶，《海国图志》中亦曾论述道：“（荷兰）创立法度、谨慎严明，所以能久远也。”“（英国）刀、铳、器皿为西北诸国之冠。”[④] 这证明，尽管有些相对滞后，清代的中国世界对西方也并非完全没有辩证的眼光。

安森的这次航行也是近代早期中西交往的一个侧影。当时的西方正处在大规模向世界进发的前夜，公司是新一轮“全球化”的助力者[⑤]，欧洲

① 叶向阳：《西方中国形象成因的复杂性初探》，第 386 页。

② John Meares, *Voyage Made in the Year* 1788 *and* 1789 *from China to the North West Coast of America*, London: Printed for J. Debrett, 1795, p. 24.

③ John Barrow, *Travels in China*, London: Cadell and Davis, 1804, pp. 27 – 28.

④ 魏源：《海国图志》，卷十三东南洋，第 145 页。

⑤ 托马斯·弗里德曼：《世界是平的——一部二十一世纪简史》，何帆等译，湖南科学技术出版社 2006 年版；转引自何平《全球化 1.0 时期英国的全球治理》，《经济社会史研究》2017 年第 1 期。

的混战已然将前线推进到北美、南美和亚洲等地。思想、制度和技术的发展已经让欧洲国家有能力、有动力前往世界其他角落，辟植新的经济增长点。在这一背景下，安森“偶然”选择中国落脚，并在其中与中国官民的一系列互动与交涉，亦体现了历史进程中的一些“必然”端倪。

（徐桑奕，南京大学历史学院、中国南海研究协同创新中心博士研究生）

19 世纪末 20 世纪初美国报纸中的中日留学生

赵可馨

摘要 在亚洲国家“民族—国家”的历史书写中，留学生群体因作为各国“近代化的先驱”而受到关注。然而在异国他乡，他们还拥有“移民”的身份。19 世纪末 20 世纪初，在美国限制亚洲移民的相关政策中，同样来自亚洲的留学生群体被“豁免”了。然而政策上的接受并不一定等同于整个社会的接纳，排亚背景下美国大众话语对亚洲留学生的反应如何是值得探究的——在何种程度上留学生是一个被豁免的群体？美国社会如何看待该群体？该群体又对美国社会产生了怎样的影响？本文试图通过考察 1860—1909 年间美国报纸中有关中日留学生的报道，以综合比较的方式研究上述问题，在展现中日留美学生大众形象的同时，阐明美国视角下亚洲学生与劳工、种族与民族间的复杂关系。

关键词 中国留美学生　日本留美学生　美国报纸

引　言

“必有多人往来奔跑，知识就必增长。”[①] 1872 年的一份美国报纸引用了《但以理书》来描述当时日本留学生来美的现象。同年，中国史上第一次官派留学活动开始了。19 世纪后半期留学生群体的出现是当时世界联系

① “The Japanese Students”, *Congregationalist*, 28 November 1872, p. 4.

加强的结果，而同时他们也在不断建立与加强这样的联系。在当时的美国语境中，以学习为目的奔赴海外的学生被笼统地称为“学生”（student）。但实际上“学生”概念之下的群体是复杂多样的，甚至这一词语本身在跨语言语境中也需要检验与讨论。

1880 年《安吉尔条约》第二款规定劳工以外的中国阶层如教师、商人等可免于入美限制。在条约的英文版本中，“学生”（students）被明确表述于条款之中，与中文版本的“学习……人等”相对应。① 值得注意的是，当时的中文语境中存在很多可以直接对应 student 的词汇，如“学生”“游学生”以及“留学生”。故中文条约中的表述相较 student 这一身份可能包含了更多含义。② 同时代的日语语境中也存在类似情况，即“学生”更像是一种包含很多关联词汇/身份的概括性概念。留学生在日语中即“留学生”（ryugakusei），该词早已用于描述公元 7 世纪赴中国学习的日本人。③ 对于留美日本人中常见的“半工半读”现象，日本人多用“书生”（shosei）或“出稼ぎ书生”（dekasegi-shosei）来称呼此类学生，而后加州人与日裔美国人则称其为“学童”（schoolboy）。④ 但是有时这一群体又会被归为广义上的“学生”（student）。例如，新渡户稻造（1862—1933）在

① 中文原文：“中国商民、如传教、学习、贸易、游历人等，以及随带并雇佣之人，兼已在美国各处华工，均听其往来自便，俾得受优待各国最后之利益。”《续约附款》，王铁崖编：《中外旧约章汇编》第 1 册，生活·读书·新知三联书店 1957 年版，第 380 页。英文原文：“Chinese subjects, whether proceeding to the United States as teachers, students, merchants or from curiosity, together with their body and household servants, and Chinese laborers who are now in the United States shall be allowed to go and come of their own free will and accord, and shall be accorded all the rights, privileges, immunities, and exemptions which are accorded to the citizens and subjects of the most favored nation. ” William Malloy (ed.), *Treaties, Conventions, International Acts, Protocols, and Agreements between United States of America and Other Powers*, 1776 – 1909, Washington, D. C. : U. S. Government Printing Office, 1910, vol. 1, p. 238。

② 有学者指出英语词语意思的模糊性在法律中十分常见，参见 Kitty Calavita, “The Paradoxes of Race, Class, Identity, and ‘Passing’: Enforcing the Chinese Exclusion Acts, 1882 – 1910”, *Law & Social Inquiry*, vol. 25, no. 1, 2000, p. 33。

③ John William, Herbert Passin and Robert McKnight, *In Search of Identity: The Japanese Overseas Scholar in America and Japan*, Minneapolis, MN: University of Minnesota Press, 1958, p. 27.

④ Brian Niiya (ed.), *Japanese American History: An A-to-Z Reference from* 1868 *to the Present*, Los Angeles, Calif. : The Japanese American National Museum, 1993, pp. 127 – 128; Roger Daniels, *Asian American: Chinese and Japanese in the United States since* 1850, Seattle and London: University of Washington Press, 1988, pp. 103 – 104.

1891 年谈论留美热潮时将日本留学生划分为三类："首先是由政府派出的：这些人经过选拔因而也更有前途。其次是富人之子，被家族送出留学以接受自由、道德的教育，这类人充分利用自身资源学习或享乐。第三种，没有什么资源但却不乏雄心壮志的年轻人，其中一些草率地出国并奢望自己可以'出人头地'"；另一些真挚、耐心且坚忍不拔地获取知识，蔑视着"赤贫"带来的障碍。[①] 第三种学生无疑指的就是所谓的"学童"，而在 1891 年的语境中他们也被视为"学生"。在中日语境中，英语"学生"（student）一词指涉的是由在海外学习这一行为/经历联系在一起的多样化群体。中日留美学生群体一直受到历史学家的普遍关注。[②] 然而在有关中日留美学生的历史研究中，学者们常常忽视对历史语境下"学生"（student）这一概念的检验。

在留美学生的研究中主要存在三种研究方法。第一种方法也是最为传统的一种即从国家近代化的角度将留学生群体视为"近代化的承载者/先驱"。在日本学术界，传记式的研究比较典型，而在中国有关容闳的研究一直热度不减。[③] 第二种方法关注留美学生在亚裔美国人中的地位与作用。纵观史学史，美国历史中亚洲人的定位总是围绕"模范少数裔"（model

---

① Inazo Nitobe, *The Intercourse between the United States and Japan: An Historical Sketch*, Baltimore: The Johns Hopkins Press, 1891, p. 168.

② 代表性研究参见 Edward J. M. Rhoads, *Stepping forth into the World: the Chinese Educational Mission to the United States*, 1872 – 1881, Hong Kong: Hong Kong University Press, 2011; Thomas LaFargue, *China's First Hundred: Educational Mission Students in the United States*, 1872 – 1881, Washington: Washington University Press, 1987; Weili Ye, *Seeking Modernity in China's Name: Chinese Students in the United States*, 1900 – 1927, Stanford, Calif.: Stanford University Press, 2001; Stacey Bieler, "*Patriots*" *or* "*Traitors*": *A History of American-Educated Chinese Students*, Armonk, NY: M. E. Sharpe, 2004; 李喜所、刘集林等：《近代中国的留美教育》，天津古籍出版社 2000 年版；Madeline Hsu, *The Good Immigrants: How the Yellow Peril Became Model Minority*, Princeton and Oxford: Princeton University Press, 2015; 寺沢龍『明治の女子留学生一最初に海を渡って五人の少女』東京、平凡社、2009; James T. Conte, *Overseas Study in the Meiji Period: Japanese Students in America*, 1867 – 1902, PhD diss., Princeton University, 1977; William, Passin and McKnight, *In Search of Identity*; Chih-ming Wang, *Transpacific Articulations: Student Migration and the Remaking of Asian America*, Honolulu: University of Hawaii Press, 2013; Stephanie Hinnershitz, *Race, Right, and Civil Rights: Asian Students on the West Coast*, 1900 – 1968, New Brunswick: Rutgers University Press, 2015。

③ 松邨賀太『明治文明開化の花々一日本留学生列伝 3』東京、文芸社、2004、9—70. 关于容闳的研究可参见刘中国、黄晓东《近代中国留学生之父：容闳》，广东人民出版社 2005 年版；吴文莱主编：《容闳与中国近代化》，珠海出版社 2006 年版。

minority）的模板展开，即关于受排斥的“苦力”融入美国社会并以此实现/展现“美国梦”的故事。[①] 但是“有关亚裔美国人以及移民史的研究有省略学生的倾向，因为学生常常被视为短暂的停留者而没有参与到为了获得安顿与接纳而进行的奋斗与挣扎当中”[②]。第三种方法一反前两种方法中采用的“民族—国家”框架，将学生与其他排他时代（exclusion era）的“豁免阶层”（exempt class）一同置于跨国视角下进行研究。如克莱默（Paul Kramer）将移民史与帝国史相结合，认为排他法案并非针对种族而是“帝国反排他政治”的一部分：“作为国家功能，选择性地、等级制地融入外来人口，以共同投射一种全球性的力量。”[③] 换言之，亚洲留学生成为美国软实力的代言人。上述三种研究方法无疑从不同角度展现了 19 世纪末 20 世纪初中日留美学生这一群体的历史图景，然而由于方法所限，呈现出的画面并不完整。

除去有关个别群体（如留美幼童）的研究，多数采用第一种方法的著述仅仅研究了“上层”学生。此类研究采用两种手段定义历史语境中的“学生”。第一种主要使用政府记录或教育机构的注册名录这类“精确”的统计资料。然而持有学生签证的并非一定是“真正”的学生，如半工半读的“学童”群体既是学生也是劳工，法律上的身份很难界定。同时也存在着劳工假冒学生进入美国的情况。中国方面有关留学生的官方记录并不可靠，因为“直到 1911 年护照的发放才变得标准化”[④]。教育机构的记录也非随手可得，“大型的、著名的机构通常比小学校有更完善的记录。而有关已经关闭的学校的信息又少之又少”[⑤]。康特（James T. Conte）的研究对象是 655 名记录清晰的日本学生，对此他承认：“（研究）可能内含了对于在小型学校机构学习的学生的偏见。”[⑥] 第二种研究方法先入为主地将留学生视为“精英阶层”。例如，叶维丽（Weili Ye）一开始便将学生归为“受

① 关于“模范少数裔”，可参见 Ellen Wu, *The Color of Success: Asian Americans and the Origins of the Model Minority*, Princeton and Oxford: Princeton University Press, 2013。

② Hsu, *The Good Immigrants*, p. 9.

③ Paul Kramer, “Empire against Exclusion in Early 20th Century Trans-Pacific History”, *Nanzan Review of American Studies*, vol. 33, 2011, pp. 16 – 17.

④ Ye, *Seeking Modernity*, p. 40.

⑤ Conte, “Overseas Study”, p. 76.

⑥ Ibid.

过外国教育的精英阶层”，并且通过研究正规教育机构的学生进一步强化了这一观点。[①] 两种方法最终导致我们所了解的更多的是在美国高等教育机构学习的（精英）学生而非在美国学习的群体。美国亚裔移民史框架下的学生研究也存在不足。马德琳·许（Madeline Hsu）的《好移民》关注 1872—1925 年这一时段，此时正值“黄祸论”的高峰而学生却是种族歧视政策下的例外。但是与叶维丽相似，许没有定义学生，而作为她研究对象的留美幼童以及宋氏姐妹无疑就是歧视政策下的例外——因为他们本来就是身份毋庸置疑的“好移民”。在移民政策和相关法规中，有关“好移民”的故事是相似与一成不变的：“好移民”被接纳，而被接纳者即为“好移民”。但实际上，在他们进入美国之后，有关其身份的讨论仍在继续。“阶层和教育将学生置于劳工之上，种族又将他们拉回到一起。”[②] 留美亚洲学生的身份是复合而非单一的，既有民族、种族的一面——中国、日本、黄种人或蒙古人种——也有法律上“学生”的一面。“‘豁免’阶层远没有豁免于种族主义的法律与暴力，日常社会中的边缘化使得他们于移民与公民权禁令的豁免更加令人震惊，并且值得历史研究的关注。”[③] 作为“好移民”，学生被允许进入美国，这使得他们根本性地区别于本国劳工；但是作为亚洲人，他们在日常生活中遭受着同样的恶意。然而阶层和种族的分界并不总是泾渭分明：学生在何种情况下被豁免又在何种情况下被一视同仁是不甚清晰的。这一点在大众话语中尤其明显。美国人以一种混合而复杂的方式不停地讨论着学生们的身份——有时种族压倒了阶层，有时反之；有时二者之一被特别强调。社会话语（social discourse）反映出在何种程度上学生区别于“苦力”以及在何种程度上他们是中国/日本人或者（甚至）“美国人”。有关学生的讨论不断继续，在这一过程中他们的“最终身份”，即“人们自称的身份与其所处社会环境允许他们拥有的身份二者间商定出的结果”[④]，也得以形成。通过分析大众话语，我们可以看出学生们在何种

---

① Ye, *Seeking Modernity*, p. 4.

② Ye, *Seeking Modernity*, p. 95.

③ Paul Kramer, “Imperial Openings: Civilization, Exemption, and the Geopolitics of Mobility in the History of Chinese Exclusion, 1869 – 1910”, *The Journal of the Gilded Age and Progressive Era*, vol. 14, no. 3, 2015, p. 320.

④ Melissa Brown, “Changing Authentic Identities: Evidence from Taiwan and China”, *Journal of the Royal Anthropological Institute*, vol. 16, no. 3, 2010, p. 466.

情况下（不）能够占据舆论优势。

然而这一维度的研究经常被忽视。柳追纯子（Sylvia Yanagisako）认为，在关于亚裔美国人的研究中，“社会阶层……被建构为一种排他的、稳定的位置而非一个历史过程”，并且将亚裔美国人的历史限定为一部工人阶层（working-class）的历史使得社会阶层的边界更加牢固化与自然化。[①] 对于学生的研究同理亦然：视“学生”为恒定的阶层概念会导致学生的历史被限定为一部精英“好移民”的历史。总之，导致无法掌握19世纪末20世纪初中日留美学生整体图景的原因主要有二。第一，将学生群体宽泛化以及简化为“精英”群体；第二，重视法律、移民政策等传统研究视角，忽视对于美国大众观念研究。但是不应苛责历史学家没有检验“学生”这一概念，因为美国官方也没有对这一群体定义清楚的把握。直到1907年美国官方才澄清了中国学生的身份认定。[②] 二战后，对于“学生”身份定义的模糊依然存在。“……因为‘学生’可以从多方面定义，无论他们是否真正上学。”[③] 如克莱默所指出的那样，“世界中的身份和职业并不是整齐地归入劳工、商人、教师、学生以及旅行者这样的分类中……这些范畴都是滑动的……在个人生活中它们是偶然而可变的”[④]。用职业来定义人群本就不切实际，更何况无论是认定相对劳工而言的豁免阶层还是执行模糊的法律，文化上的假设都起到了重要作用——即使这样一种假设与社会现实相冲突。[⑤] 然而文化假设的观点又暗含增田一（Masuda Hajimu）所批评的“深嵌的文化”——他认为这样的观点不足以作为一种有力的解释，因为“文化”不是一种给定的现象而是社会建构的结果。增

---

① Sylvia Yanagisako, “Rethinking the Centrality of Racism in Asian American History,” in Lon Kurashige and Alice Yang Murray (eds.), *Major Problems in Asian American History: Documents and Essays*, Boston: Houghton Mifflin, 2003, p. 22.

② “Chinese Students Defined”, *New-York Tribune*, 2 March 1907, p. 2.

③ Paul Kramer, “Is the World Our Campus? International Students and U. S. Global Power in the Long Twentieth Century,” in Richard Garlitz and Lisa Jarvinen (eds.), *Teaching America to the World and the World to America: Education and Foreign Relations since* 1870, New York: Palgrave Macmillan, 2012, p. 26.

④ Kramer, “Imperial Openings”, p. 323.

⑤ 参见 Calavita, “The Paradoxes”。

田认为保存与活化所谓“文化传统”的是日常社会话语的使用。① 而在社会讨论中被建构的不仅仅是参与评判、定义学生的“文化”，同时也包含学生这个范畴本身：他们的定义、特征以及作用。美国政府倾向于将“学生”与（未来）精英画等号，这也是为什么学生移民受到欢迎。但是在社会层面，即本文中以报纸为例的大众媒体所代表的领域，使用“学生”这一术语所指代的往往是更为宽泛的“学习之人”群体，从而也更加准确地反映了当时留学生群体多样化的历史现实。在这个意义上，从报纸中得到的学生形象指涉着一个更加丰富的学生概念。在这里，“学生”的含义接近所谓的“无意识意象”（Imago），即介于形象化的描述与想象之间，具有一定历时的稳定性但是并非永久的意象——构成“学生”的内涵是一直被商议的。② 社会话语中的“学生”指涉的是一种历史过程而非静止的状态，这种状态虽不稳定但是可以在具体语境中定义。研究社会话语不仅填补了既往研究中的空白，而且也为整合研究当时大量涌入美国的各种求学之人（尤其是那些身份并不明确的“学生”）提供了一种途径。

本文的研究对象是美国报纸中的中日留美学生形象，研究时段为 1860 年代（第一批中日留学生的到来）至 1909 年（第一批庚款留学生的到来）。本文试图证明，虽然关于“学生即精英与好移民”的刻板印象一直存在，报纸中的“学生”一词实则包含了范围更广的赴美求学人群，而美国社会话语也一直在商议与建构这些人的身份。19 世纪末 20 世纪初也是美国报纸业蓬勃发展的时代。虽然报纸经常被用于亚洲移民研究，但是常常或是作为零碎化的补充材料，或是用于佐证“黄祸论”而非关注豁免阶层。③ 本文主要内容由三部分组成。第一部分总体论述了中日留美学生的历史以及同一时期中、美、日三国交互的历史。第二部分是关于报纸中“学生属于‘更好阶层’（better class）”这一想象/刻板印象以及与之相左的报道。可以看到非精英学生也被报纸归于“学生”的范畴，并且被积极

---

① Hajimu Masuda, “Rumors of War: Immigration Disputes and the Social Construction of American-Japanese Relations, 1905 – 1913”, *Diplomatic History*, vol. 33, no. 1, 2009, p. 3.

② Ilaria Serra, *The Imagined Immigrants: Images of Italian Emigration to the United States between 1890 and 1924*, Madison, Teaneck: Fairleigh Dickinson University Press, 2009, pp. 9 – 10.

③ 一个过于宽泛地使用报纸作为材料并采用社会学方法的例子，参见 Chiung Hwang Chen, *Mormon and Asian American Model Minority Discourses in News and Popular Magazines*, Lewiston, Queenston, Lampeter: The Edwin Mellen Press, 2004, pp. 141 – 231。

评价。总体而言，因为非精英学生身份的模糊性，大众媒体关于他们的定义是不稳定的，主要取决于个体情景。第三部分通过性别、阶层两方面更加深入的探究“学生”这一概念，美国社会正是通过这些标签区别看待不同学生。而“学生”的形象又以“包容”与“排他”两种模式拼凑而成。在“包容”模式中，美国舆论将中日学生的特征分为“本族的”或“美式的”——美国人希望看到的是学生本民族的优点、对于美国文化的适应以及他们本人的成就等，而这可视作美国包容性的体现；在“排他”模式中，学生们被期待学成之后离美归国以发挥他们作为美国利益代表的作用。可以看出，虽然学生作为“好移民”被豁免于排亚的相关法案，他们依然从属于一种排他性的话语体系中。学生们离开美国之后产生的好处才是他们被接受的原因。

一　早期中日学生留美概况与相关背景

1871 年 9 月 3 日，曾国藩上奏同治帝曰：“窃臣国藩上年在天津办理洋务，经前江苏巡抚丁日昌奉旨来津会办，屡与臣商榷，拟选聪颖幼童，送赴泰西各国书院，学习军政、船政、步算、制造诸书，约计十余年业成而归。使西人擅长之技，中国皆能谙悉，然后可以渐图自强。”[①] 次年 8 月，30 名幼童赴美留学。在留美幼童之前，鲜有中国学生留学美国，大部分由传教士带入。容闳便是由传教士萨缪尔·罗宾斯·布朗（Samuel Robbins Brown，1810—1880）带至美国，并成为已知第一个毕业于美国大学的中国人。至 1881 年清政府决定召回所有学生为止，共有 120 名幼童分批抵达美国接受教育。1906 年美国有大约 300 名中国学生。随着门户开放政策的实行，美国政府决定返还部分庚子赔款以资助中国学生留学美国。[②] 1909 年第一批庚款留学生抵达美国。至 1911 年，留美中国学生人数达到

① 曾国藩：《拟选聪颖子弟出洋习艺疏》，李书源整理：《筹办夷务始末：同治朝》第 82 卷，中华书局 2008 年版，第 46—50 页。

② 关于门户开放政策与庚款兴学，参见 Qingjia Edward Wang，“Guests from the Open Door：The Reception of Chinese Students into the United States，1900s – 1920s”，*The Journal of American-East Asian Relations*，vol. 3，no. 1，1994，pp. 55 – 75。

650 左右。[①]

日本学生在幕末时期已开始留学欧美，1865—1885 年，超过 290 名学生在美国学习。[②] 1868 年伴随明治政府的成立，官方的留学计划也重新进行了规划。[③] 美国一直是日本留学生的热门留学地之一。20 世纪的第一个十年留美人数快速增长，部分原因在于日本国内将美国描绘为平民的留学天堂。这种早期“美国梦”的变体激励了许多日本人至美国半工半读，这个群体在日语中被称为“苦学生”（kugakusei）[④]。然而此类留学运动中止于 1908 年日美“绅士协定”的达成，此后日本政府对于本国移民采取了更严格的控制。

1850 年代的淘金热使美国见证了大量中国移民的到来。[⑤] 中国劳工的涌入引发了当地仇视，部分原因在于种族主义。此外中国劳工以低报酬抢占了经济低迷时期当地的劳动力市场也是诱因之一。“黄祸论”由此产生。而不断增加的国内压力最终导致了 1882 年《排华法案》的推出。虽然劳工被禁止进入美国，但是学生与其他一些群体一起被归为“豁免阶层”。然而，由于排华运动的种族导向性，在海关或是美国国内，学生们依旧遭受歧视。直到 1905 年左右，当罗斯福开始正视学生、商人等群体在中美关系中的作用之时，“豁免阶层”在入关时面临的恶劣对待才得到修正。大量日本人涌入美国发生在 1880 年代，他们的到来填补了《排华法案》造成的劳工短缺。然而此外留给他们的还有种族仇恨：1890 年代的日本人很快发现他们成为不断散播的“黄祸论”的攻击目标。1905 年，“排日排朝联盟”（Japanese and Korean Exclusion League）建立了。1906 年旧金山地震之后，加州教育部通过了隔离日本学生的规定。吸取《排华法案》的教训，为了阻止事态恶化，日本政府与美国方面进行了一系列商议并最终自

---

① Ye, *Seeking Modernity*, p. 9.

② Robert Schwantes, *Japanese and Americans*: *A Century of Cultural Relations*, New York: Harper, 1955, p. 199.

③ 关于幕末时期的海外留学史以及明治早期官派留学计划的重新整备，可参见石附実『近代日本の海外留学史』京都、ミネルヴァ書房、1972。

④ 即“学生劳工”的同义语。辻直人『近代日本海外留学の目的変容：文部省留学生の派遣実態について』東京、東信堂、2010、115。

⑤ 关于淘金热时期的中国移民，可参见 Elizabeth Sinn, *Pacific Crossing*: *California Gold*, *Chinese Migration and the Making of Hong Kong*, Hong Kong: Hong Kong University Press, 2013。

愿控制移民，即达成“绅士协定”。然而日本方面的妥协只是“协定”达成的动力之一。与此同时，美国开始以不同的目光审视日本，将其视为世界舞台上的一个新帝国。[①] “1900 年的日本不再是 1800 年的日本。曾经与世隔绝的岛国已成为世界中积极、富于侵略性的参与者，自豪于自己的成就，坚持自己的位置，准备好进入欧洲同盟的体系之中，热切地期盼亚洲大陆上的立足之地。”[②] 日本在甲午战争中的胜利从政治与大众观念两方面改变了美国人对日本及日本人的看法。一般而言，美国人很难区分日本人与中国人，然而在甲午海战之后，一名日本医学生偶然听到了两名美国男孩间的如下对话。一个男孩向他喊道：“那边的中国佬！嗨，中国佬，开洗衣店的?”“闭嘴，蠢货。”另一个说道，“那个不是中国佬，是个日本佬。搞他你会吃亏的。日本佬都是狠角色”[③]。而后日本在日俄战争中的胜利进一步提高了日本的国际声望。在这种背景之下，罗斯福才与日本商议移民事宜并达成协定。

日本的帝国主义野心在 19 世纪末愈发膨胀，而同时代美国的帝国主义也在发展之中。“1865 年之后的时代，美国历史的主题是国家发展成为世界强权。”[④] 在 19 世纪的最后十年中，美国较此前更多地参与到国际事务中，如干涉古巴独立战争、进行西美战争以及签订《巴黎合约》。占领菲律宾是美国开始向东拓展帝国的标志，随后美国又参与了镇压义和团运动以及调和日俄战争中日俄双方的工作。在美国帝国主义中，种族主义也起到了重要作用。斯宾塞及达尔文的进化理论无疑帮助塑造了美国人的种族观。这种观点认为，在美国国内，“低等种族”的人不应为美国社会所接受；在国际上，美国应肩负起领导、开化“未开化”种族群体的责任，而这一点使得美国帝国主义变得合理化。

总而言之，1860 年代到 1909 年，中、美、日三国的关系经历了许

---

① 关于日本帝国主义，可参见 Mark Peattie，“The Japanese Colonial Empire，1895 – 1945，” in Peter Duus（ed.），*The Cambridge History of Japan Volume 6：The Twentieth Century*，Cambridge：Cambridge University Press，1989，pp. 215 – 270。

② Marius Jansen，“Introduction”，Marius Jansen（ed.），*The Cambridge History of Japan Volume 5：The Nineteenth Century*，Cambridge：Cambridge University Press，1989，p. 5.

③ “Rise of the Jap”，*Milwaukee Journal*，18 October 1894，p. 4.

④ Walter LaFeber，*The New Cambridge History of American Foreign Relations*，*Vol. 2*，*The American Search for Opportunity*，1865 – 1913，Cambridge：Cambridge University Press，2015，p. 223.

多变化。中国的清王朝在崩溃边缘，面对着国内动荡并进行着改革；日本成功经历了近代化转型并走上了军国主义的道路；美国经过内战洗礼，正在蜕变成一个世界强国。中日留美学生是这样历史背景的产物，同时又在塑造着环境本身。如许多民族史学家写过的那样，（精英）学生参与到了母国的近代化或帝国主义之中。如詹天佑设计了京张铁路、津田梅子（1864—1929）成为日本女性教育的先驱、新渡户稻造成为“台湾制糖业之父”。从移民史的角度讲，中国学生虽然被允许进入美国，但有时仍会遭受无视其社会地位的歧视与区别对待。如宋霭龄在前往美国留学时曾被迫滞留于旧金山，在华盛顿移民局的干涉之后才得以进入美国。1905 年的一次接待会上，她就此事与罗斯福交谈。[①] 虽然对日本移民的限制直到 1907 年才出现，日本学生在日常生活中也会遭遇相似的种族仇恨，虽然很多时候歧视的原因是与中国人的混淆。[②] 然而或许是由于日本在 20 世纪初期的国际声望，日本学生也享有了一些“特权”。如在哈佛大学，日本人可以加入社团俱乐部而犹太人与黑人学生则被排斥在外。[③] 最后，中日学生在一定程度上的确起到了国家间媒介的作用，帮助维持两国与美国间的友好关系。如留美幼童之一的唐国安（1858—1913）担任了清华学校的第一任校长、留学哈佛的金子坚太郎（1853—1942）协助罗斯福调和日俄战争并在 1900 年成立了第一个美国友好社团。

以上是对中日学生留美历史背景事实的勾勒。接下来笔者将关注于美国大众话语中对留学生群体的想象与建构，这些想象与建构或与上述事实相违或强化了上述事实本身。

二　建构“学生”：作为“更好阶层”的学生

“移民政策是民族国家建立的一部分”并且“部分地决定了一个民

---

① Hsu, *The Good Immigrants*, pp. 38 - 39.

② Conte, “Overseas Study”, pp. 147 - 151.

③ Ken Gewertz, “History of the Japanese at Harvard”, *Harvard Gazette Archives*, 26 February 2004, https: //news. harvard. edu/gazette/story/2004/02/history-of-the-japanese-at-harvard/ 2019 年 6 月 14 日。

族/国家的身份"。[①] 虽然"美国身份（American identity）为一系列有关人类本质的普遍宣言所定义，但它同时……限定了可接纳的成员的种族与民族"[②] ——白人（盎格鲁—撒克逊男性）。[③] 亚洲学生的种族身份虽然与之不符但是却为美国社会所接纳，并且比起同族的劳工在整体上受到了欢迎。比起中国劳工，"构成（学生）生活的外部环境是截然不同的"[④]。以留美幼童为代表的早期中国留学生并没有被反华情绪所影响。[⑤] 日本方面，早期日本移民没有导致大规模反日运动，原因在于当时的"美日关系十分冷淡"[⑥]。此外，在美日本人的数量并不多且基本都是"热切学习美国文化与社会"的学生也是原因之一。[⑦] 至于学生们被接纳的原因，一种解释指向作为公民民族主义（civic nationalism）与种族民族主义（racial nationalism）折中结果的阶层歧视。[⑧] 公民民族主义由一系列政治观点组成，如平等与自由的权利，由此所有人都有权成为美国的一分子；种族民族主义则认为只有白人（男性）是"自由的"且有权获得公民权。而针对亚洲学生的移民政策便是两种民族主义互相妥协的产物——非白人的上层阶层可以进入美国而低阶层则不可。[⑨] "我们应该竭尽所能向中国人展示……这个国家想要看到更多属于更好阶层（better class）的中国人。"[⑩] 亚洲学生不

---

① Keith Fitzgerald, *The Face of the Nation: Immigration, the State, and the National Identity*, Stanford, Calif.: Stanford University Press, 1996, p. 9.

② Adam I. p. Smith, "American Political Culture," in Howard Temperley and Christopher Bigsby (eds.), *A New Introduction to American Studies*, London: Pearson Longman, 2006, p. 63.

③ 关于传统盎格鲁—撒克逊民族身份认同与移民带来的身份认同间的张力及调和，可参见 Desmond King, *Making Americans: Immigration, Race, and the Origin of the Diverse Democracy*, Cambridge, Mass. and London: Harvard University Press, 2000, pp. 11 – 49。

④ Daniels, *Asian American*, p. 26.

⑤ Rhoads, *Stepping forth*, pp. 169 – 170.

⑥ Izumi Hirobe, *Japanese Pride, American Prejudice: Modifying the Exclusion Clause of the* 1924 *Immigration Act*, Stanford, Calif.: Stanford University Press, 2001, p. 3.

⑦ Ibid.

⑧ 关于美国民族主义，参见 Gary Gerstle, "The Contradictory Character of American Nationality: A Historical Perspective," in Nancy Foner and Patrick Simon (eds.), *Fear, Anxiety, and National Identity: Immigration and Belonging in North America and Western Europe*, New York: Russell Sage Foundation, 2015, pp. 33 – 58。

⑨ Gary Gerstle, *American Crucible: Race and Nation in the Twentieth Century*, Princeton and Oxford: Princeton University Press, 2001, p. 61. 原文背景是罗斯福如何处理日本移民相关事宜，但是同样的逻辑也可以用于解释更早的中国移民问题。

⑩ "At the White House", *Washington Evening Star*, 17 March 1906, p. 2.

仅在政策上被区别对待，在大众话语中也有别于低阶层。

在留美幼童来美之前，1870 年的一份报纸针对入读霍华德大学的 3 名中国学生宣称：“中国在向我们输送学生以及劳工。”① 但是报纸媒体很快“发现”了两类人群的不同。例如有报道称留美幼童“比之前来到美国的中国人肤色更浅”②。许多报纸都积极地报道留美幼童，如 1881 年 6 月 23 日的《纽约时报》评论道：“他们是机警、好奇、开朗、聪明的……没有美国学生可以在攻克一门陌生的语言的同时像中国学生一样在学习上有如此大的进步。”③ 同年 9 月的报纸也给予了留学生很高的评价：“大多数学生，尽管有不得不面对的缺点，是聪慧的学习者，在预备学校中名列前茅，在之后的学院学习中也将大有前途。”④甚至可以说幼童们“到哪里都深受喜爱”⑤。甚至在反华情绪的发源地西海岸旧金山，对于又一批留美幼童的到来，当地报纸也没有任何负面言论。“自他们抵达以来，这些年轻人在各处被热情款待，对于这座城市与市民们的招待他们的喜悦溢于言表。”⑥ 虽然学术界基本认为美国国内的反华情绪并不是清政府召回学生的主要原因，当时的一些美国媒体却不这么认为。⑦ “召回中国学生并不只是因为他们接受了共和理念……丹尼斯·吉尔尼（Denis Kearney，1847—1907，加州劳工领袖，代表言论：‘中国人必须离开！’）使中国政府相信美国的公众情绪对中国是不友好的。”⑧ 但是这种观点被当时的日本领事否认了，在一次报纸采访中他称：“有指责称针对中国人的不友好情绪导致了这样的命令（学生召回）……这里并没有不友好的情绪——如果指的是这片地区（纽约）的话……我不认为他们有理由抱怨他们的处境。”同时，日本学生也被提及。“少男少女们都进步迅速，在各州的学校学院中都被热情友好地对待。”⑨ 上述的回答可能反映了当时反华情绪的地域差异，因

① “Educational Items”, *Congregationalist and Boston Recorder*, 17 March 1870, p. 5.

② “Chinese Students in America”, *Lowell Daily Citizen and News*, 25 September 1872, p. 2.

③ “China in the United States,” *New York Times*, 23 June 1881, p. 4.

④ “China's Backward Step,” *New York Times*, 2 September 1881, p. 5.

⑤ “The Chinese Students”, *Congregationalist*, 24 September 1874, p. 3.

⑥ “The Chinese Students”, (San Francisco) *Daily Evening Bulletin*, 26 October 1874, p. 2.

⑦ 关于幼童召回的原因，可参见潘向明《留美幼童撤回原因考略》，《清史研究》2007 年第 2 期。

⑧ “Multiple News Items”, *Southwestern Christian Advocate*, 4 August 1881, p. 2.

⑨ “Chinese Students”, *Daily Inter Ocean*, 29 July 1881, p. 1.

为移民问题在东部要相对缓和得多。而从最后一批离美学生登载于旧金山一报纸的感谢信中可以看出，直到在美国停留的最后一刻，甚至在发生过反华暴乱并造成人员伤亡的旧金山，学生们一直受到较好的待遇。[①]

综上所述，即使在反华情绪高涨的时期，留美幼童们也免于敌意，针对他们的报道多是正面积极的。然而留美幼童的“学生”身份是毋庸置疑的，在某种意义上甚至可以称得上是原型（prototype）一般的学生。而在之后，当“学生”身份不再清晰之时，媒体建构“学生”身份的作用便凸显了。

19 世纪的中日留学生经常被媒体认为是贵族或者来自上层社会。1880 年，新教讲师约瑟夫·库克（Josephus Cook，1838—1901）号召东岸的美国人关注西部的中国移民问题。他对比了东西部中国移民的差异：“在美国西海岸有 10 万中国人，在东海岸，在我们最好的学校中有 100 名或 120 名来自天朝上层阶级的中国学生。”[②] 根据讲话时间可以推断，库克指的是留美幼童。然而实际上留美幼童们并非出自上层社会。招生之时，有关西方野蛮残暴的谣言在中国流传，鲜有上层家庭愿意送孩子出国。最终幼童们多来自平民或者曾与外国人有过接触的家庭。[③] 幼童们被召回之际，《申报》曾刊载日本人批判幼童们的文章：“中国第一次出洋并无故家世族，巨商大贾之子弟，其应募而来者类多椎鲁之子，流品殊杂，此等人何足以与言西学，何足以与言水师兵法等事。性情则多乖戾，禀赋则多鲁钝，闻此辈在美有与谈及国家大事及一切艰巨之任皆昏昏欲睡，则其将来造就又何足观。”[④] 历史无疑证明了幼童们的资质与品行，但学生们并非出自上层家庭却是事实。1882 年，一份美国报纸称：“我们大多认为他们（留美幼童）是王子之子、公爵而非穷人的孩子——然而这才是他们的真实身份。”[⑤] 但是此类比较正确的认识并没有能够扭转美国人对中国学生的刻板印象。如 1887 年，在报道留美幼童之一李恩富（Yan Phou Lee，1861—

① “Letter of Acknowledgment at the Chinese Students”，(San Francisco) *Daily Evening Bulletin*, 9 September 1881, p. 2.

② “Joseph Cook's Lectures Fifth Series Lecture Xiv”, *Congregationalist*, 11 February 1880, p. 3.

③ 刘志琴等编：《近代中国社会文化变迁录》第 1 卷，浙江人民出版社 1998 年版，第 295—296 页。

④ 《书日本报论中国学徒事》，《申报》1881 年 9 月 22 日，第 1 页。

⑤ “The Chinese Students”, *Congregationalist*, 9 August 1882, p. 8.

1938）的婚礼时，报道仍称：“（李）在 1873 年与其他一些出身高贵的男孩一起由中国政府送往美国接受教育。”① 日本学生也同样被认为出身高贵。1871 年的一篇报道写道：“这个国家（美国）的日本人几乎都是 18—23 岁间的年轻男性，看起来聪慧举止得体。他们全部都是学生但是并不都是贵族。”② 但一年之后，对于 1868 年以来美国接受的 300 余名日本学生，《公理会教友报》却称：“按规定这些年轻人来自所谓的日本社会上层。”③ 1877 年纽黑文市的一名日本学生谈及自己在美国的生活表示：“似乎所有在这里（美国）的日本人都被认为是贵族。”④ 至于导致这种观点的原因，或许是因为美国人过于自信，认为自己的国家过于先进以至其他国家的贵族皆来求学；或许是因为这一点对于日本来说正是事实——早期留学美国的日本人多出自社会上层，这也是中日留学生在留美历史早期的不同之一。⑤ 而日本的情况被延伸至了其他（所有）亚洲学生。来自社会上层的学生学成回国之后在国家事务中可能拥有更多话语权，这也是为什么美国人期待来自社会上层的学生。这样的期待糅合进了新闻报道中，虽然很多时候报道内容与事实相违。《排华法案》之后，不仅到来的留学生不一定来自上流社会，他们的身份甚至开始与劳工混同，从而挑战了美国社会“学生即更好阶层”的观念。

可以确定的是，在美国既存在通过劳动工作争取学费的学生，也存在劳工将自己伪装成学生以进入美国的情况。鉴于 19 世纪末 20 世纪初的中国自费学生多来自富裕家庭⑥，第一种情况多发生在日本学生身上，而后者则两国兼有。⑦ 1897 年的一份报纸警告：“很多蒙古人（Mongolians）以

---

① “Yan Weds a Yankee”, *Milwaukee Sentinel*, 13 July 1887, p. 4.

② “An Ex-Mikado in America”, *Milwaukee Sentinel*, 9 March 1871, p. 3.

③ “The Japanese Students”, *Congregationalist*, 28 November 1872, p. 4.

④ “Japanese Away from Home”, *Boston Daily Advertiser*, 9 November 1877, p. 2.

⑤ 张明洋：《中日近代留学教育比较》，《日本研究》1992 年第 3 期。

⑥ Y. C. Wang, *Chinese Intellectuals and the West*, 1872 - 1949, Chapel Hill: University of North Carolina Press, 1966, p. 79. 半工半读现象在 1920 年代的中国留法学生中比较常见，可参见 Marilyn Levine, *The Found Generation: Chinese Communists in Europe during the Twenties*, Seattle and London: University of Washington Press, 1993。

⑦ 关于排华时期中国移民为进入美国而采取的法律方式，参见 Erika Lee, “Defying Exclusion: Chinese Immigrants and Their Strategies During the Exclusion Era,” in Sucheng Chan (ed.), *Chinese American Transnationalism: The Flow of People, Resources, and Ideas between China and America during the Exclusion Era*, Philadelphia: Temple University Press, 2005, pp. 1 - 21。

商人和学生的身份进入（美国）”，并称：“在过去的 5 个月中大约 400 名中国劳工抵达了这座城市（旧金山）并伪装成‘商人和学生’而被准许进入。”[①] 1899 年有报道称在旧金山发现了用于伪造中国商人与学生身份证明的工具。[②] 在日本方面，1896—1898 年间《夏威夷公报》刊登了 3 篇有关“学生”涌入的报道。1896 年的第一篇报道质疑道：“夏威夷一定是学生阶层的天堂。学生们是来接受高等教育的吗？他们没有去种植园，而仆人的需求也在减少……（那么）他们在干什么？或者进一步说，他们将要干什么？一些人回到了日本但是这些人的比重不是很大。”[③] 文章坚定地认为这些“学生”就是劳工。1897 年的报道虽称“又一批日本学生抵达了夏威夷，可以认为他们是来接受夏威夷的高等教育”，但是依然假设这些人为劳工：“……他们没有提高劳作的条件，他们除了抹黑我们的城市以外毫无其他影响。”[④] 最后一篇报道是关于 30 名“农业学生”被证实为旧金山的合同劳工而被拒绝入境的新闻，“很多公众认为他们的出现与中国人一样对美国工人不利”[⑤]。虽然可以质疑是否有学生被误认为是劳工的情况出现，无论如何有关学生劳工身份混淆的问题还是引起了官方注意。最终日本政府决定采取措施加强对学生身份的审查以限制劳工的输出。美国报纸则认为此举是“日本对美国友好的表现”[⑥]。

对于真正通过劳动工作赚取学费的中日学生而言，他们有着学生与劳工的双重身份。尤其是日本典型的“学童”（schoolboy）以及“学生劳工”（student-laborer）现象。但是比起将两种身份视为一个人不可分割的整体，美国人更倾向将二者割裂开来，由此造成了进一步的混淆。一份报纸将日本“劳工”与“学生”分别定义为“不学习的学生”与“不工作的劳工”。[⑦] 媒体在何种情境下将工读学生视作劳工或学生是值得注意的，毕竟

① “Chinese Evade the Law”, *Milwaukee Journal*, 1 October 1897, p. 7.

② “Chinese Smuggling Scheme”, *Morning Oregonian*, 28 June 1899, p. 8.

③ “Judging from the Number of Free Japanese ‘Students’ Arriving on Every Steamer from the Orient”, *Hawaiian Gazette*, 1 December 1896, p. 4. 虽然夏威夷此时尚未被美国兼并（1898 年），但考虑到夏威夷在日本人移民美国的历史中的关键作用，本文依然引用该报为史料。

④ “Another Delegation of Japanese Students has Arrived”, *Hawaiian Gazette*, 1 January 1897, p. 4.

⑤ “Said Students”, *Hawaiian Gazette*, 12 April 1898, p. 7.

⑥ “The Japs Will Help”, *The Roswell Daily Record*, 21 January 1908, p. 1.

⑦ “Annexation Thoughts”, *The Pacific Commercial Advertiser*, 4 July 1901, p. 4.

二者在政策与舆论上的待遇截然不同。1903 年《旧金山呐喊报》报道了一名名叫潘荣（Pon Yung）的学生由于打工补贴留学经费而被遣返的新闻，标题为“学生不准劳作”①。而 1908 年，一位名叫刘合方（Liu Hop Fong）的学生则较为幸运——1899 年作为学生来美却被发现一直在工作但是最终没有被法院遣返。后者的幸运或许和美国希望维持与中国友好关系的政策转变相关。但是对于后者，媒体报道的标题却是“不被遣返。中国劳工是主日学校的一名‘学生’”②。因此可以说，在报道“学生劳工”的相关事件时，报道对象身份的认定取决于媒体。

日本方面的情况更为复杂。“在 1880 年代中期之后，学生们如果想在美国生存下去，打工是至关重要的。”③ 在美国报纸的求职版面上经常可以看到日本学生寻找兼职的信息。④ 然而在 1909 年的报道中，“学生劳工”被视作劳工而非学生。“日本劳工中的很大比例是好学的学生。学会英语之后，他们的业余时间被阅读我们的历史、传记、科学作品所占据。这点不见于其他移民。他们通过农场与家政工作为自己闯出通往公共学校和大学的道路。”⑤ 即使最初并非以求学为目的来美的日本人有时也会学习，这种现象在 1920 年代到 1930 年代更为常见。⑥ 但是有关学生与劳工身份混淆的问题依旧复杂。1898 年有报纸报道了一名为学习英语以及谋生而在旧金山某俱乐部打工的日本年轻人因讨薪而遭遇恶劣对待的新闻。⑦ 文中并没有提及他的身份（学生或劳工），但这样的日本年轻人很可能正处在“学生劳工”的第一阶段。1904 年一篇题为“我们学院中的日本人”的文章详细描述了“学童”的典型生活。⑧ 虽然“他们大多来自不错的家庭。很多人出身武士阶层”，但是却没有足够的金钱支持留学生活，所以不得不一边打工一边学习，首先学习的是语言以及一些初级课程。“他以一种

① “Students May Not Labor”, *The San Francisco Call*, 8 October 1903, p. 10.

② “Will Not Be Deported”, *The Bemidji Daily Pioneer*, 21 April 1908, p. 3.

③ Conte, “Overseas Study”, p. 139.

④ 例如，“Work Wanted”, *New-York Tribune*, 28 July 1908, p. 9。

⑤ John P. Irish, “Reasons for Encouraging Japanese Immigration”, *The Annals of the American Academy of Political and Social Science*, vol. 34, no. 2, 1909, p. 78.

⑥ Conte, “Overseas Study”, p. 29.

⑦ “To Learn English”, *Macon Telegraph*, 17 October 1898, p. 2.

⑧ “The Jap in Our Colleges”, *The National Tribune*, 4 August 1904, p. 8.

白人无法承受的速度年复一年的加紧学习。”在六七年之后，“他从初级课程起步，通过了高中课程，维持了生计并且依靠假期打工存够了大学四年的学费”。“学童”的大学校园生活十分低调。“除非看见他出现在教室，否则没有白人学生会注意到他的存在。他住在伯克利或帕罗奥多的便宜屋子里，做着自己的米饭和燕麦粥然后学习、学习……”某一天，他的大学同学可能读到了他被日本政府任命要职的新闻，但是没人记得起他的长相甚至存在。虽然“他们完全没有融入学生生活……但是每个人都热爱、忠于母校，感情真挚不亚于对自己的祖国日本”。这篇文章里，“学童”的学生身份以一种尊重的口吻被强调了。但是文章开篇却提到“日本‘学童’的问题正在引起工会的注意……”从而进一步揭示出“学生劳工”的身份模糊所带来的问题。

“学生作为‘更好阶层’”这一印象在学生被法律认定为豁免阶层之前（即留美幼童时代）便已存在，并在公众话语中将学生置于正面、有利的位置。这样的观点可能源自19世纪的早期日本留学生多是贵族出身、来自上层社会的历史现实。但是当留学变得更加普遍之时，“更好阶层”的神话被挑战了。虽然身份难以界定，但不论学习方式与领域，求学美国的亚洲移民有着积极的形象。美国报纸中所见的中日“学生”虽然并不总是属于“更好阶层”，但是他们依然享有由学生身份与品质带来的良好社会评价。

三　解构“学生”：他们是谁？

劳工与学生的社会评价有着天壤之别。虽然模糊的学生身份也能获得社会宽容，但是进一步细分学生群体并给予不同评价却是美国报纸呈现出的一大特征。性别、阶层……这些都成为评判的依据并反映出美国人的内在价值观。在这个意义上，留学生群体在美国民族身份的塑造中起到了一定作用。至于“他们是谁”这个问题，在美国人眼中，学生们是未来的美国“代理人”与“文化大使”。

性别化的移民政策对中国移民群体产生了深刻影响。1875年的《佩奇法案》禁止所谓“不受欢迎的”中国女性（大部分是妓女以及劳工之妻）入美。《排华法案》之后允许入境的女性均属于豁免阶层。如此的移民政策导致了移民群体中性别比的失衡，形成了“单身汉”的中国移民群体。① 日本移民中的性别比相对平衡（虽然男性依然多于女性且女性多为妓女），原因在于“绅士协定”虽然禁止了劳工移民，但是在美日本男性可以将妻子、孩子接至美国——“照片新娘”由此产生。② 有关这一时期女性移民的研究或针对底层女性（如妓女）或涉及作为豁免阶层男性妻子的女性，有关女学生的研究极少。③ 然而在美国报纸中她们吸引了更多的注意力。

19 世纪也是美国女性教育多方面发展的时代——既出现了第一位获得学士学位的女性也实现了高等教育机构中的男女共同教育。“1870 年之后的三十年是女性在教育中开阔视野的时代。到 1900 年，公立高中里女学生的数量超过男性近三分之一，学院中有五分之一的学生为女性。这可能是美国历史上首次女性较男性受到了更好的教育。”④ 虽然对于女性应该接受教育的原因仍有争论，但至少在当时，女性接受教育被看作进步与文明的标志并且是值得被传播推广的。⑤ 故而报纸媒体也将目光集中于留学生群体的性别组成上，并且尤其关注女留学生的出现。早在 1873 年便有报纸宣称“密歇根大学只有九名中国学生，其中并无女性”⑥。然而学校官方档案显示，密歇根大学直到 1892 年才首次接收中国学生且三名学生中有两人为女性。⑦ 虽然报道有误但是从中不难看出媒体对于女性留学生的关注。1875 年的一篇关于留美幼童的报道亦是如此：“寻求光明——另外 33 名中

① 虽然文化传统、经济考量等因素都可能对性别比造成影响，但有学者坚持认为移民政策与劳工雇佣结构是关键原因，参见 Yen Le Espiritu, *Asian American Women and Men: Labor, Laws, and Love*, Lanham: Rowman & Littlefield Publishers, 2008, pp. 20 – 25。

② 有关日本移民中的妓女研究，参见 Kazuhiro Oharazeki, “Listening to the voices of ‘other’ women in Japanese North America: Japanese prostitutes and barmaids in the American West, 1887 – 1920”, *Journal of American Ethnic History*, vol. 32, no. 4, 2013, pp. 5 – 40。

③ 少有的关于 1880 年代到 1920 年代中国女留学生的研究可参见 Ye, *Seeking Modernity*, pp. 114 – 152。

④ John Rury, *Education and Women's Work: Female Schooling and the Division of Labor in Urban America*, 1870 – 1930, New York: State University of New York Press, 1994, p. 11.

⑤ 金莉：《19 世纪美国女性高等教育的发展轨迹及性别定位》，《美国研究》1999 年第 4 期。

⑥ “All Sorts and Sizes”, *Bangor Daily Whig & Courier*, 31 October 1873, p. 4.

⑦ The University of Michigan, An Encyclopedic Survey, http://quod.lib.umich.edu/u/umsurvey/AAS3302.0004.001/1:3.2.13?rgn=div3;view=fulltext;q1=Chinese+students#hl2 2019 年 6 月 14 日。有关两名女生入学的报道：“Said of Women”, *St. Paul Daily News*, 19 October 1892, p. 4; “Multiple News Items”, *Southwestern Christian Advocate*, 5 October 1893, p. 4。

国学生的到来——其中有三名女士”[①]。采访特意询问了三人是否为学生，然而答案却令人失望——她们是一名官员的妻子。而后对于女留学生的报道也并不罕见[②]，且女学生往往（更）被视作勤奋好学的典范，更受媒体垂青怜爱，如对于金雅妹（1864—1934）的报道题为“甜美的中国女毕业生”[③]。

更加细致的阶层划分以及相应的区别对待在有关留学生与美国人跨国婚姻的报道中最为显而易见。虽然学生群体受到欢迎，但是整体而言他们与当地人的婚姻结合并不被看好。早在1860年代，俄勒冈、亚利桑那等州就已出台法律禁止中国人与美国白人间的通婚。1880年加州的异族通婚法律中，“蒙古人”一词是否包含日本人成为问题，因为至少在立法者看来“蒙古人”一般即为“中国人”[④]。故在通婚问题上，法律上“蒙古人”的种族身份高于包括学生在内的任何其他身份。同时，基于确保留学生归国的考虑，通婚问题也是中日政府关注的重点。如1910年中国政府决定禁止中国学生与外国人通婚[⑤]；对于留在美国的留美幼童，梁启超在其旅美日记里写道：“人人皆有一西妇，此亦与爱国心不相容之一原因也，一叹！”[⑥]亦有日本父母认为，“如果儿子倾心于美国女孩，那么他们便会失去对祖国的忠心”[⑦]。

然而跨国婚姻依然存在。容闳与美国妻子玛丽·凯罗克（Mary Kellogg，1851—1886）于1875年成婚。1887年，有报纸以“一个中国人赢得了纽黑文‘白富美’的芳心”为副标题报道了李恩富与美国妻子的婚事，

① “In Search of Light”, *St. Louis Globe-Democrat*, 5 December 1875, p. 10.

② 可参见“Notes about Women”, *Milwaukee Sentinel*, 12 December 1897, p. 24；“Chinese Girl Student Here”, *Washington Evening star*, 24 August 1906, p. 17。

③ “A Sweet Chinese Girl Graduate”, *Galveston Daily News*, 4 October 1885, p. 5.

④ Peggy Pascoe, *What Comes Naturally: Miscegenation Law and the Making of Race in America*, Oxford University Press, 2009, pp. 75 – 91. 在1909年“日本人”一词被明确加入通婚法当中。

⑤ 《学部：奏禁止游学生与外国人结婚片》，陈学恂、田正平编：《中国近代教育史资料汇编——留学教育》，上海教育出版社1991年版，第74页。

⑥ 《梁启超：哈佛之中国学生》，陈学恂、田正平编：《中国近代教育史资料汇编——留学教育》，上海教育出版社1991年版，第168页。

⑦ “Japanese Husbands the Best in the World”, *The Evening Statesman*, 22 April 1909, p. 2. 关于明治早期日本人的跨国婚姻可参见小山腾「明治前期国際結婚の研究：国籍事項を中心に」『近代日本研究』11（1994）：121 – 73. 1873—1897年，有13位美国男性与日本妻子结婚，12位日本男性与美国妻子结婚。小山「明治前期」158—160。

并称："李在年轻女孩中十分受欢迎……（1881 年的幼童召回）对于许多纽黑文女孩而言是一个噩耗。"[①] 有学者指出李恩富的婚事受到宽容对待是因为他属于相较劳工而言的高社会阶层。[②] 但是学生群体内部存在着进一步的阶层划分。1887 年一名在大学就读的日本留学生与美国女性的婚事引起了当地的骚动。[③] 1891 年新渡户稻造与玛丽·埃尔金顿（Mary Elkinton，1857—1938）被形容为"无视反对而结婚"[④]。然而同年的另一场婚礼则大为不同。有报纸称，一位名叫科拉·邓恩（Cora Dunn）的美国女性因与康奈尔大学在读的一位日本贵族结婚而收到了"许多祝福"[⑤]。由此可见，与贵族留学生的通婚较普通留学生而言更容易被接受。1904 年有报道称一个美国女孩无视知情人的提醒，坚持认为自己的丈夫是日本贵族并与之成婚。"她以她的日本丈夫——她的假日本王子为傲。"[⑥] 这则新闻不仅反映出美国人关于留学生皆出身贵族的普遍想象，同时也试图向读者灌输贵族/皇室地位是与日本人通婚的唯一（合理/可被理解的）理由。而对于青木军次郎（Aoki Gunjiro，1878—1932）与海伦·格拉迪斯·艾莫瑞（Helen Gladys Emery，1888—1947）婚事的一系列追踪报道却显现出与普通亚洲留学生（或者"学生劳工"）的跨国婚姻极易成为众矢之的，以及此时"学生"身份的苍白无力。在 1909 年的报道中，青木仍可被称为"学生"[⑦]，但是在种族歧视色彩浓厚的文章中，他常常被报道为是"仆人"[⑧]。虽然青木的确可能既是艾莫瑞家的仆人同时也是一名学生（即"学生劳工"），但

① "Yan Weds a Yankee", *Milwaukee Sentinel*, 13 July 1887, p. 4.

② Emma Teng, *Eurasian: Mixed Identities in the United States, China and Hong Kong*, 1842 – 1943, Berkeley: University of California Press, 2013, p. 40.

③ "Weddings", *St. Louis Globe-Democrat*, 27 March 1887, p. 22.

④ "Married in Spite of Protests", *Milwaukee Sentinel*, 2 January 1891, p. 1.

⑤ "A Japanese Prince Ensures an American Bride", *Daily Picayune*, 25 September 1891, p. 4.

⑥ "Silly Yankee Maid", *Richmond Planet*, 11 June 1904, p. 5.

⑦ Pascoe, *What Comes Naturally*, p. 87; Eunhye Kwon, "Interracial Marriages among Asian Americans in the U. S. West, 1880 – 1954", PhD diss., University of Florida, 2011, p. 60.

⑧ "青木，前家仆" 于 "Daughter of Prelate Wed to Japanese", *Los Angeles Herald*, 28 March 1909, p. 1; "青木军次郎是她父母此前在西雅图家中的仆人" 于 "Tires of Her Bonds", *Washington Evening Star*, 28 May 1910, p. 5. 关于青木夫妇婚姻，可参见 Margaret Thomas, *Picture Man: The Legacy of Southeast Alaska Photographer Shoki Kayamori*, Fairbanks: University of Alaska Press, 2015, pp. 23 – 31。

是反对其婚姻的媒体试图将他"丑化"为下等仆人。[①] 此时"学生"的身份并没有给予他保护，甚至被直接无视否定了。当然，社会舆论的整体变化也是不可忽视的。针对 1909 年青木的婚事，《晚间政治家报》称，同样是与日本人的通婚，1888 年的一场婚礼"虽然引发了关注但是并没有收到如此多的反对之声"[②]。从这点考虑，或许在容闳与李恩富的时代，学生的身份与（美国人想象中的）阶层在跨国婚姻中尚可以抵消作为黄种人在种族上的"原罪"。

19 世纪末 20 世纪初，种族等级的概念存在于美国大众话语之中。根据肤色，白人等级最高，黑人最低，而黄色、红色以及混合人种居中。"每一种肤色暗示着某个等级的生理、精神以及道德发展水平。"[③] 亚洲人即所谓"蒙古人种"，被认为是"值得信赖、干净以及勤勉的"，但同时又是"低人一等却又狡猾，冷漠却又内怒，胆怯颓废却又有能力去征服"[④]。然而作为建构的概念，种族是可变的。如日本人在其国力大增之后便从一开始的"蒙古人种"摇身一变成为白种人雅利安人的后裔。[⑤] 那么被美国人认为是"更好阶层"的中日留学生在种族问题上是否也存在类似的变化呢?

在美国人眼中，留美幼童的"中国性"体现在"对权威的服从，对上位者的尊重，举止温和，沉默寡言与外交才能"上。因为这些特质，留美幼童是"典型的中国人"[⑥]。一篇比较中日学生的文章提到了二者的相似之处，如"记忆力的强大为一般美国学生所不能及"以及"礼仪礼貌的典范"[⑦]。这类民族/种族性的特点也被带入对学生的分析中。对于金雅妹优

---

① 有学者认为青木是"学生劳工"，参见 Kwon, "Interracial Marriages", p. 58；而有观点坚称青木为仆人并认为"军次郎敢于跨越种族和阶层的界限与海伦结婚"，参见 Diane Fujino, *Samurai Among Panthers: Richard Aoki on Race, Resistance, and a Paradoxical Life*, Minneapolis and London: University of Minnesota Press, 2012, p. 7。

② "Japanese Husbands the Best in the World", *The Evening Statesman*, 22 April 1909, p. 2.

③ Michael Hunt, *Ideology and U. S. Foreign Policy*, New Haven and London: Yale University Press, 1987, p. 48.

④ Ibid., p. 69.

⑤ Joseph Henning, *Outposts of Civilization: Race, Religion, and the Formative Years of American-Japanese Relations*, New York and London: New York University Press, 2000, pp. 150 – 162.

⑥ "Dr. Bancroft", *St. Louis Globe-Democrat*, 14 February 1880, p. 11.

⑦ "Japanese and Chinese", *New York Times*, 27 June 1880, p. 4.

异的学术表现，有报道称："像她的同胞一样，她有着出色的记忆力，而这种天赋是使她优于一般学生的显著品质之一。"① 类似的特质也将中日学生与美国人区分开来，如有报纸认为蒙森学院的日本学生"体贴、谦逊、有礼貌，展现出了一种精致而有文化的得体，这是我们不寄希望或是很少看到美国学生所拥有的"②。而被视作国家/民族代表的留学生们的一举一动也影响着本国形象。如留美幼童的优异表现"反映了他们国家的信誉，并且使他们成为美国年轻人的榜样"③。1905 年，《旧金山呐喊报》以一整版的幅面报道了美国的中国女学生，并认为"中国正在进步"。值得注意的是，文章试图区分学生的"中国"特征与"美国"特征。"中国城有它的外围与核心，有它好的一面与它地下交错的坑道，而被解放的中国女性——美国的成果——属于好的一面。"④ 故可以看出，虽然女学生的出现被看作民族进步、近代化的象征，但同时这种进步性更多地被归属于美国而非中国。明确区分中国/日本性与美国性的叙述并不少见。如对于留美幼童，《（旧金山）每日晚报》写道："他们的英语说得轻松而流利，如果不是他们的衣着和肤色，没人能从与他们的对话中猜到他们曾讲另一种语……"⑤金雅妹则被形容为"在姿态与外表上完全东方——在才华与举止上完全西方"⑥。一名日本学生被形容为"除了他的肤色和乌黑的头发，他很难与美国学生区分开来…他有着毋庸置疑的美国大学的气质，拥有大学生特有的自信与个性……他充满了美国精神与原创性"⑦。西化/美国化不仅仅指外表与举止的变化，更是一种对于自身民族/国家属性的超越——学生们部分地（或者精神上）成为"美国人"。他们说着流利的英语，穿着西式服饰，象征且拥有着进步精神。而美国人在试图辨别、评判外国学生身上"优秀""进步""美国"的特质之时，实际上也是在认清自己，即从他者身上确立自己的"美国性"。因此可以说，亚洲留学生对美国人的民族身份认同产生了影响。

---

① "A Sweet Chinese Girl Graduate", *Galveston Daily News*, 4 October 1885, p. 5.

② "The Japanese Students", *Vermont Chronicle*, 5 December 1868, p. 1.

③ "Chinese Students", *New York Times*, 7 June 1874, p. 9.

④ "A Bevy of Chinese High School Girls", *The San Francisco Call*, 2 July 1905, p. 11.

⑤ "Chinese Students", (San Francisco) *Daily Evening Bulletin*, 5 October 1881, p. 3.

⑥ "A Bevy of Chinese High School Girls", *The San Francisco Call*, 2 July 1905, p. 11.

⑦ "Japan's Richest Man A Colombia Student", *The San Francisco Call*, 27 January 1907, p. 10.

留学生还被美国人视作潜在的美国利益代表，接受、教育亚洲学生的好处不言而喻。早在 1869 年，对于逐渐增多的日本留学生，有报纸称："不断接收日本的年轻人……对于两国未来的关系是十分重要且远超预期的。"① 1876 年对于留美幼童，有报纸称："他们不断转向美国寻求帮助以学习文明之术，这显示出了美国外交政策的明智，因为这样做有利于与东方帝国的贸易与无限制的交流。"② "友好关系"不仅仅体现在政府之间派出与接收留学生的举动之上。在美国人看来，留学生是母国的代表，但在美国接受教育之后，他们有望成为具备"美式特质"的"美国人"，并作为美国的代表帮助维护两国关系，从而为美国谋求利益。早在 1870 年便有美国报纸将日本留学生称为"改造后的日本人（reconstructed Japs）"并认为"将'改造后的日本人'引入他们的国民当中能够改善我们与该国的商业关系"③。1908 年，《华盛顿先驱报》将庚款留学生称为"和平与善意的使者"，认为他们"将催化两国更为亲近的贸易与友好关系"④。《华盛顿时报》则直言中国学生"将成为真正的使者与商业旅客，在未来于东方代表美国的利益"⑤。留学生的归国是被期待的，而这也是他们受到美国社会欢迎的重要原因。这一点又与劳工形成了对比——劳工饱受诟病的原因之一在于作为赚足金钱后便会离开的短暂逗留者，他们（至少在美国人看来）拒绝融入美国社会。亚洲劳工在美国依旧是"亚洲人"，而接受美国教育的亚洲学生回到亚洲之后则会成为"美国人"。

如前文所述，亚洲留学生的存在在一定程度上深化了"美国性"的内涵。故而留学生的任何成功也不仅是他/她个人或民族/国家的成功，更是美国制度优越性的体现，并由此产生了"模范少数裔"叙事的原型。1903 年《华盛顿时报》报道了两名非洲学生、一名中国学生以及一名日本学生获得高等荣誉的新闻，标题为"外国人在古老的耶鲁占有一席之地。大学世界性特征（cosmopolitan character）的体现。一种民主的精神"⑥。20 世

① "More Japanese Students", *North American and United States Gazette*, 15 December 1869, p. 2.

② "The Chinese Students", *Boston Daily Advertiser*, 29 February 1876, p. 2.

③ "Reconstructed Japanese", (San Francisco) *Daily Evening Bulletin*, 15 December 1870, p. 3.

④ "Our Aid to China", *The Washington Herald*, 12 June 1908, p. 6.

⑤ "Chinese Students in American Schools", *Washington Times*, 29 September 1909, p. 8.

⑥ "Foreigners Set a Pace at Old Yale", *Washington Times*, 29 June 1903, p. 3.

纪初，所谓“世界性特征”在美国被格外强调与称赞，甚至有关种族的问题也似乎可以暂时搁置一旁。而实际上，在美国“步入世界”成为帝国的背景之下，种族主义的措辞不过有了新的变体，被“移植于有关‘秩序’、‘发展’、‘负责的政府’、‘经济效率’以及‘自由与民主’的一系列词汇之上”，以新的形式发挥着作用。① 1910 年，《纽约论坛报》直言：“很多外国学生，特别是在我们的大学学习的东方人会连着几个小时向你倾诉痛苦的孤独、无人陪伴的思乡之情。现在这些必须改变：因为我们美国人需要这些男孩，而最稳妥的吸引他们的方式就是让他们感到舒适。我们可能仅仅出于自私的原因需要他们。”② 文章接着引用了当时伊利诺伊大学校长埃德蒙·詹姆斯（Edmund James，1855—1925）的话：“（我们可以不接受中国劳工，但是我们可以好好对待中国学生……哪一个国家能做到教育这一代的青年中国人，哪一个国家就将由于这方面所支付的努力，而在精神的和商业的影响上，取回最大可能的收获……）商业追随道德精神上的支配，是比追随军旗更为可靠的。”③ 虽然贸易十分重要，但文章同时也提道：“通过世界主义，通过与不同国家、种族个人明智的友好关系带来和平精神的增长也是同等重要的。”在文章插图中，以美国人为中心，印度人、日本人、中国人以及墨西哥人身着各自民族服饰（而非“西式”服装）面带笑容手拉手站成一排。就外交关系而言，插图显示着美国人观念中留学生建立母国与美国友好关系的作用；就美国社会内部而言，则象征着彰显美国多样性与包容性的“熔炉”式政治叙事手法④——留学生的存在又一次展现了美国特性。中日留学生在美国的停留与取得的成绩有助于加强美国的“公民民族主义”，而基于美国希望留学生离开之后作为美国利益代表（即留学生已知且“必然”的离开），美国人的种族身份不会受到威胁。在美国人眼中，中日留学生首先永远都是“中国人”和“日本人”，他们离开之后会成为理想的美国特使，作为优秀的归国移民在美国

① Thomas Bender, *A Nation among Nations: American's Place in World History*, New York: Hill and Wang, 2006, p. 211.

② Burt E. Powell, “Rah! Rah! Round the World”, *New York Tribune*, 3 April 1910, p. 33.

③ 李长久、施鲁佳主编：《中美关系二百年》，新华出版社 1984 年版，第 66—67 页。

④ 关于移民角度的大熔炉与美国化（Americanization）问题，可参见 King, *Making Americans*, pp. 14 – 27。

“让世界喜爱我们（美国）”的愿景中发挥重要作用。①

结　论

19 世纪末 20 世纪初美国报纸中报道的中日“学生”基本上泛指在美国学习的中国/日本人群体。舆论对待他们是友好积极的，他们受到欢迎并因为自身的勤奋而得到赞扬。虽然负担学费的方式与学习机构并不相同，有些人甚至有着模糊的被美国社会所排斥的劳工身份，但是总体上针对“学生”的正面评价并没有因此受到影响。然而，学生们并没有被一视同仁。女学生受到了更多关注，而来自社会地位较高家庭的学生在跨国婚姻问题上更能被接受。在社会话语中，种族的标签紧贴着他们。虽然学生可以拥有一种“肉体上”亚洲/东方而“精神上”美国的混合身份，然而离开美国并在家乡作为美国的代表才是被期待的。由此可见，学生虽然是移民政策中的“豁免阶层”，但是从美国大众话语的角度而言，他们最终被排斥了。19 世纪末 20 世纪初美国报纸中的中日留学生形象是正面的，但并不是基于学生对美国社会的融入，而是由于他们可以传播美国价值的角色定位。同时，对于中日留学生身份的不断讨论也明确、加强了美国人对自身身份、文化的认同。可以说，亚洲留学生参与了美国人的民族身份建构。留学带来的从不只是知识上的增加，《但以理书》的表述无疑有些简单化了。

（赵可馨，北京大学历史学系博士研究生）

① Liping Bu, *Making the World like Us: Education, Cultural Expansion, and the American Century*, Westport, Conn.: Praeger, 2003.

可口可乐与特许经营：经济全球化冲击下的近代中国商业模式变革

姚　靓

摘要　1946 年《中美商约》的签订掀起了“爱用国货，抵制美货”的风潮。1948 年作为美货代表的可口可乐受到上海工商业界，特别是汽水饮料行业的强烈抵制。然而，上海可口可乐瓶装代理厂——屈臣氏汽水公司的档案资料显示，屈臣氏汽水公司自 1919 年起已经完全由中国企业家持股、经营和管理，并通过“特许经营”这一新兴的商业模式，在 20 世纪初深度融入了全球化商贸体系中。不同于殖民地语境下的民族主义视角对抵制美货运动的分析和讨论，本文从商业全球化和科技进步的视角切入，展示了中国民族企业在 20 世纪初经济全球化冲击下出现的商业模式变革，并探讨了“特许经营”在经济全球化进程中的作用以及对近现代中国社会产生的深远影响。

关键词　可口可乐　屈臣氏汽水厂　特许经营　全球化

引　言

特许经营（franchise）是基于交通、通信、媒体等现代科学技术的发展，于 20 世纪诞生和兴盛的一种现代商业组织模式，对推动经济全球化产生了巨大影响。美国的可口可乐是最经典、最早使用特许经营模式的商业品牌之一。通过特许经营，可口可乐在 20 世纪 20 年代进入中国，并很快成为中国最流行的汽水饮料之一。20 世纪同时又是民族主义浪潮风起云涌的时代。频繁爆发的“国货运动”“抵制洋货运动”一直是中国近现代史的重要主题之一。然而，当“国货运动”遭遇经济全球化时，民族主义遇到了前所未有的困境。本文以1948年发生在上海的可口可乐抵制事件为中心，分析了可口可乐在中国的特许经营模式，进而讨论了在经济全球化冲击下，商业民族主义面临的困难和挑战。

在研究中国近现代“国货运动”时，很多学者从民族主义的视角出发，剖析国货运动在近现代中国的兴起、经过、意义和影响。① 1948年爆发于上海的抵制可口可乐事件本质上是殖民主义语境下抵制洋货运动中的一个重要组成部分。然而，档案资料显示可口可乐的瓶装代理上海屈臣氏汽水厂是中国商人在20世纪初通过特许经营模式开办的一家民族企业，并且进口和使用外国设备和原料在当时的饮料行业中非常普遍。从而，1948年的看似华商和洋商之间的抵制运动实际上变成了华商之间的冲突。对国货运动中商人、商会和企业的研究，史学界不乏佳作。例如高家龙（Sherman Cochran）和柯博文（Parks Coble）等学者深入讨论了在近代中国，商人们如何利用民族主义在半殖民地社会中寻求生存和发展，但这类研究始终没有脱离殖民主义这一大的话语体系。②

殖民主义、帝国主义是中国近现代史，以及世界体系中的边缘国家历史研究中不能回避的主题③，如果超越民族国家的边界，从全球化视角来审视历史，则会发现除了帝国主义和殖民主义建构下的世界体系，科技和社会的进步早就把世界各国紧密地联系在一起。全球化的商业使民族和国

---

① 相关专著有：潘君祥：《近代中国国货运动研究》，上海社会科学院出版社1998年版；张存武：《光绪卅一年中美工约风潮》，《中央研究院近代史研究所专刊》第13期，“中央研究院”近代史研究所1986年版；王敏：《从土货到国货：近代消费行为政治化与民族主义思潮》，知识产权出版社2014年版；Karl Gerth, *China Made: Consumer Culture and the Creation of the Nation*, Cambridge, MA: Harvard University Press, 2003等。相关论文有：耿云志：《1905年反美爱国运动中的资产阶级》，《近代史研究》1985年第1期；朱英：《晚清商人民族主义爱国思想的萌发及其影响》，《史学月刊》1991年第3期等。

② 相关著作有Sherman Cochran, *Chinese Medicine Men: Consumer Culture in China and Southeast Asia*, Cambridge, MA: Harvard University Press, 2006; S. Cochran, *Big Business in China: Sino-Foreign Rivalry in the Cigarette Industry*, 1890 – 1930, Cambridge, MA: Harvard University Press, 1980; Parks Coble, *The Shanghai Capitalists and Nationalist Government*, 1927 – 1937, Cambridge, MA: Harvard University Press, 1980; p. Coble, *Chinese Capitalists in Japan's New Order: The Occupied Lower Yangzi*, 1937 – 1945, Berkeley: University of California Press, 2003。

③ 关于世界体系的“中心—边缘论”，参阅伊曼纽尔·沃勒斯坦《现代世界体系》，郭方等译，社会科学文献出版社2013年版。

家的边界变得模糊；特许经营模式使商品的国别属性变得难以界定。这些变化给近现代的“国货运动”和“抵制洋货运动”带来了困难。因此，1948年上海可口可乐抵制事件最后的不了了之，除了殖民主义和帝国主义的强势霸权，以及当时民国政府的软弱无能，它也体现了中国民族企业家在20世纪全球化商业中的深度国际化融合，以及传统的民族主义与现代的全球化经济之间的矛盾。

一 反对美货倾销和上海可口可乐抵制事件的爆发

可口可乐早在1927年就进入了中国，并先后在上海、天津和青岛三个洋人集中的通商口岸开设了瓶装厂：分别是上海屈臣氏汽水公司、天津山海关汽水公司和青岛崂山汽水公司。起初，由于东西方饮食文化的差异，可口可乐在中国的发展不是非常顺利。二战前后，伴随着可口可乐现代营销方式的运用以及成为美国军队军需品的身份变化，可口可乐在中国的销量激增，成为中国，尤其是上海最受欢迎的饮料之一。1948年上海成为可口可乐在美国本土之外最大的海外销售市场，年销售量超过一百万箱。第二次世界大战后的上海，可口可乐独霸了饮料界，“不但啤酒、汽水、橘子水望尘莫及，连海宁洋行的美女牌冰淇淋也不能和它争一日之短长”。就连上海的老牌正广和汽水与其相较之下“也没有了地位”。[①] 凭借可口可乐的成功，上海屈臣氏汽水公司在二战后成为中国最具实力的汽水生产商之一。

在可口可乐的冲击下，中国的汽水行业惨淡经营。中国汽水商认为他们不敌可口可乐的主要原因是中美之间的不公平竞争。“制造可口可乐的洋商在广告方面下极大资本，同时遍赠美丽的冰箱给经销可口可乐的酒楼、咖啡馆及洋酒店。从外国运来‘侍应学’的影片，输流在各酒楼、咖啡馆开映，意为讨好那些店主使他们可以免去训练侍者的麻烦……二战后，由外洋运沪巨型机器两座，日出千万打，打击各种汽水的行销。用这样的魄力经商，只有洋商办得到，中国商人目光浅近，欲在商战上争夺，

① 海人：《可口可乐的秘密》，《礼拜六》1947年第88期。

失败是必然的，只好眼睁睁地瞧着洋商来做经济上的侵略。"①

华商和洋商的矛盾，在1946年中美签署《中美剩余物资购买合同》后变得更为激烈。该合同将美国在亚洲的战争剩余物资廉价让售给国民党政府，使得战后大量美国剩余物资充斥中国市场，给中国的民族工业一个沉重的打击。1946年5月的《新民晚报》哀叹道："美国的军用罐头和克宁奶粉，大批到了上海，中国梅林罐头公司的出品便立刻失去市场。美货改装的'味示'在上海出现，天厨味精厂便立刻感到大难临头，依梅克、派克、黛维丝，这些外国药品涌到了，信谊药厂每月花上一万万元广告费，还是难于与之竞争。骆驼、幸福之类的香烟，充满市场，把上海的蓝吉字、美丽牌赶到了四川……目前工业中心的上海，在外货打击下，也正是风雨飘摇，挣扎在垂死线上。"②

面临民族工业的危机和内战的威胁，国内有识之士发起了"抵制美货倾销，不买美货运动"，得到了广大民族资产阶级的支持。在汽水行业，美国品牌的可口可乐成为这次抵制美货运动的主要目标。1948年6月上海市参议会第六次大会提出提案，禁止奢侈饮料可口可乐原料进口，随即受到上海市各大汽水厂商的联名响应，并参呈参议会会、市府、社局，要求迅速执行。联名信拥护把可口可乐划归为奢侈饮料，认为可口可乐的生产和消费与当时厉行节约、节约外汇的国策背道而驰。信中提道："美国可口可乐厂携其雄厚资金，运输可口可乐原料进口，由屈臣氏汽水厂装瓶大量倾销，以致本国出品之饮料销路大受打击，汽水厂被迫几濒停工，岌岌可危；本届参议会通过为外货者奢侈饮料大量倾销，摧残固有工业，有悖于厉行节约之旨，应请市府转函主管官署限制进口，以节外汇，而维国本……参议会为民意机关，代表全体市民意见，以节约外汇而维国本观点立论，主张取缔奢侈品进口自属切要，而敝厂等饱受可口可乐倾销打击，深感威胁，尤应拥护参议会主张，促求贯彻。"③

参议会提案和联名信一出，迅速得到了上海屈臣氏汽水公司的反驳。同月，屈臣氏汽水公司在《大公报》上公开写信驳斥提案中关于可口可乐

---

① 小春：《可口可乐商战奇术》，《海潮》1947年4月13日第44期，第12页。

② "请看我们的经济现状！"《新民晚报》1946年5月28日第一版。

③ "禁可口可乐原料进口，沪市各汽水厂商响应"，《工商法规》1948年6月5日第12期，第469—470页。

属于奢侈品，浪费外汇的说辞。屈臣氏公司认为：第一，可口可乐是世界公认的普通饮料；第二，国内各汽水厂的原料都来自国外，可口可乐并非例外；第三，可口可乐销售所缴纳的货物税对国库收入贡献非常大，而且可口可乐缴纳的营业税、筵席税等其他税种的纳税额也相当可观；第四，可口可乐进口原料的价值只是售价的百分之八；第五，屈臣氏汽水公司是华商，并非洋商；第六，屈臣氏公司的所有机器等固定资产都是国人投资和经营，如果原料限制进口，那么国人商务、工人收入和生活一样受到严重打击。①

从提案和屈臣氏汽水公司的反驳信中可以看出，双方争论的焦点实际上聚焦在可口可乐生产商的民族属性以及可口可乐是否威胁中国经济等问题上。对于商品的民族属性问题，国民政府在1928年对国货的定义给出过官方解释。其中，资本、经营、原料和工作是考量是否国货的四条原则。根据这四个方面，民国政府暂定了七条国货标准：

第一等：国人资本，国人经营，完全本国原料，国人工作。

第二等：国人资本，国人经营，大部分本国原料，国人工作；国人资本，国人经营，大部分本国原料，外国技师。

第三等：国人股本借用外款，国人经营，完全本国原料，国人工作；国人股本借用外款，国人经营，完全本国原料，外国技师。

第四等：国人资本，国人经营，大部分外国原料，国人工作；国人资本，国人经营，大部分外国原料，外国技师。

第五等：国人资本借用外款，国人经营，大部分外国原料，国人工作；国人股本借用外款，国人经营，大部分外国原料，外国技师。

第六等：国人股本借用外款，国人经营，大部分外国原料，国人工作；国人股本借用外款，国人经营，大部分外国原料，外国技师。②

此外，民国政府还制定了参国货的标准：“外国在中国经营之工厂，

① “可口可乐是奢侈品，屈臣氏汽水厂否认”，《新民晚报》1948年7月3日，第4页。或上海市外滩档案馆，档案号U1-12-316。

② 潘君祥主编：《中国近代国货运动》，中国文史出版社1996年版，第497—498页。

雇佣我国工人并采用我国原料者，则其出品虽不得视为国货，然究与完全外国货有别，名之参国货。”① 外国货则是指标准中的四要素都来自外国。从民国政府工商部这个暂定标准来看，屈臣氏汽水公司及其产品的性质不能算纯国货，但也不能归入外国货。

上海屈臣氏汽水公司的前身是在香港注册的英商屈臣氏药房的汽水部。1916 年由郭惟一等四名广东商人集资向英商屈臣氏药房购入机器设备和商标，并于 1924 年改组，在上海成立屈臣氏汽水股份有限公司。1929 年后屈臣氏汽水公司与美国可口可乐公司签约，成为中国大陆地区可口可乐瓶装商。1940 年公司向广东银行借入一万英镑购入新厂房和新机器，由此公司的经营状况开始逐渐转好。② 根据民国政府制定的国货标准，屈臣氏汽水公司及其附属的制冰厂，在“国人资本”“国人经营”“国人工作”三方面完全属于华商和国货，但对于原料属性的争议较大，这也是 1948 年上海可口可乐抵制事件中的斗争焦点之一。抵制可口可乐的华商认为屈臣氏汽水公司的三台汽水机、一台压盖机和一台灌水机等设备都是从美国进口的，制备可口可乐的原浆也来自美国。然而，事实上 20 世纪初汽水行业在中国还是一个新兴行业，几乎所有在华的汽水厂商，不管是华商还是洋商，他们的设备和部分原料都依靠进口。例如，在上海的卫生汽水厂和天河汽水厂的水处理机是从英国进口的。美华汽水厂和四维鲜橘水厂的过滤和其他设备来自日本。此外，20 世纪初中国的化工产业刚刚起步，所以当时中国汽水厂所用的柠檬酸、糖精、小苏打等有相当一部分必须依靠进口。③

二　美国公司对上海可口可乐抵制事件的反应

对于上海的可口可乐抵制事件，美国可口可乐公司公开声明他们并没有参与可口可乐在中国的生产和经营。他们说，美国可口可乐公司在上海的代表及其上海办事处与美国可口可乐公司没有直接的官方联系，更不隶

① 潘君祥主编：《中国近代国货运动》，中国文史出版社 1996 年版，第 497—498 页。

② 上海外滩档案馆，“屈臣氏汽水公司调查研究资料报告，1954 年 8 月 25 日”，卷宗号 B163 - 1 - 135 - 58。

③ 上海外滩档案馆，“上海汽水果汁业之沿革”，卷宗号 S117 - 3 - 1。

属于美国总部的某个部门。他们的工作主要是对中国进行市场调查。抵制事件发生时，当时可口可乐公司驻华代表是查尔斯·卡罗尔（Charles T. Carroll）。他的办事处位于上海江西路170号汉密尔顿大楼101号（Hamilton House）。查尔斯多次在官方文件以及媒体中强调，他们在中国不经营任何商业，也不拥有公司。他说："办事处没有账本，不购买商品，也不进口用于在中国市场上销售的任何货物。中国的瓶装厂商直接向位于美国纽约的可口可乐公司总部购买原料和货物，与上海办事处没有任何关系。"①

当提及办事处的作用时，查尔斯说他们在法律上不代表美国可口可乐公司。首先，办事处是以查尔斯个人名义承租，主要用于通信、文件保存和面试。办公室的速记员和勤杂工也是查尔斯个人，而不是可口可乐公司雇佣。其次，办事处没有可口可乐公司名下的账户，而是查尔斯的个人账户。办事处的来往信函的落款也只用查尔斯个人名字，不带可口可乐公司代表等字样。最后，办事处的主要工作是在技术上和业务上指导中国的可口可乐瓶装商，以及监督他们遵循严格的生产标准。他们不帮助瓶装商获得进口许可证和维护外汇条款，更不帮助瓶装商在中国进行商品宣传和推广。②

对于上海参议会提出的禁止可口可乐原料进口的提案，美国可口可乐公司认为这是中国商人利用政治而不是商业手段来消除可口可乐的竞争。他们指出，中国所有瓶装饮料诸如沙士水、柠檬饮料、樱桃汽水和可口可乐等原浆都是外国进口。如果可口可乐原浆因为是奢侈品而被禁，那么中国所有用进口原料制造的汽水饮料都要被禁。他们特别指明屈臣氏汽水公司是华商，可能因为屈臣氏的成功招来竞争者的妒忌，所以，对手试图用政治的方法来压制。美国可口可乐公司提醒中国政府，禁运可口可乐将会严重影响中国本土工业，因为除了可口可乐原浆是进口的，屈臣氏公司所用其他原料和劳动力都是中国本土的。也就是说，很小一部分的进口可以大大促进本土经济的发展和创造就业。最后，他们警告中国可口可乐禁运甚至会影响整个中外经贸关系，因为可口可乐不是唯一一个含有进口成分

① 上海外滩档案馆，"立信会计事务所与可口可乐公司往来信函"，档案号Q90－2－619。
② 上海外滩档案馆，"立信会计事务所与可口可乐公司往来信函"，档案号Q90－2－619。

的商品。中国的汽车、电灯泡等现代工业中有很大一部分都是国外进口。如果可口可乐被禁了，那么“所有带有进口成分的本土制造业都要被禁，因为他们也多多少少阻碍了中国民族工业的发展。最后，中国将会闭关锁国，拒绝任何对外贸易，回归手推车时代”①。因此，美国公司认为上海市参议会通过禁运可口可乐提案是非常不明智的，因为这会让中国商人认识到，在商业竞争中，用政治手段与参议会建立密切关系比想方设法提高生产效率和降低成本的常规商业手段更有用。

三　上海抵制可口可乐事件的结果和现代特许经营模式

有关可口可乐禁运的提案，上海参议会、屈臣氏汽水公司以及美国可口可乐公司各执一词。在各方压力下，上海市政府最终出面协调，作出最后决定。上海市政府宣称，可口可乐原料是油脂腊类，属于内混合香料的一种。根据海关进出口数据，上海地区 1948 年 5 月和 6 月两个月的油脂腊类的进口限额是 489907.22 美元，即每月 244953.61 美元。而当年 4 月的限额是 690180.00 美元。两者相比，5、6 两月的月进口量只有 4 月的三分之一。由此可见，针对这类货品的进口国家已经有了限制，并且目前尚未超出限额。所以，同属于油脂腊类的可口可乐原料不应当再加限制。另外，根据上海工商输导处的调查，中国还不能自己制造这类混合香料，因此，可口可乐原料暂不拟禁止进口。②

上海屈臣氏汽水厂的经营模式实际上是一种非常现代的商业组织形式——特许经营。现代特许经营的雏形最早出现在 19 世纪中期的德国。当时德国酿酒商与酒馆签约，授权酒馆特约经营他们品牌的啤酒。特许经营真正发展壮大是在 20 世纪的美国。美国的特许经营首先出现在缝纫机、收割机等与家庭劳作相关的机器生产行业中。这些产品价格昂贵、科技含量高，对消费者的使用技术要求也高。制造商授权销售商展示、售卖产品和提供用户培训和售后服务，大大降低了经营成本和均摊了风险。1851 年胜家缝纫机厂（Isaac Singer）授权销售商为其推销产品，诞生了美国最早的

① John B. Sherwood, “Incident in Shanghai”, *Coca-Cola Overseas*, October 1948.

② 上海外滩档案馆，档案号 U1－16－316。

现代意义上的特许经营。汽车行业中，福特和通用汽车公司也通过授权独立经销商特许经营他们的汽车品牌来减少公司在销售环节的资金投入。①

除了大型家用设备和汽车行业外，特许经营模式在20世纪上半叶的美国很快扩散到了便利店、汽车旅馆、干洗店、快餐业等服务行业，并且成为现代服务业发展的主要模式。② 以餐饮业为例，特许经营最早出现在1935年的马萨诸塞州。霍华德·约翰逊（Howard Johnson）首先在麻州成功开设了一家餐饮店。之后，他觉得麻州的奥尔良市（Orleans）处于两条高速公路的交界，地理位置绝佳，因此他想在那里再开一家分店。可是因为时间和资金有限，分店迟迟不能开张。最后，约翰逊和奥尔良的尤金·雷金纳德（Eugene Reginald）合作，把餐馆品牌使用权卖给雷金纳德，并且要求使用与总店同样的原料和出售同样的商品，从而形成了特许经营模式。在汽水行业，可口可乐公司是率先使用特许经营模式的企业之一。1899年在两位来自查塔努加（Chattanooga）的瓶装商人本杰明·汤姆斯（Benjamin F. Thomas）和约瑟夫·怀特海（Joseph Brown Whitehead）的一再游说下，可口可乐公司第一次与瓶装厂商开始特许经营合作，同意瓶装厂在一定地域范围内特约生产、包装和销售可口可乐，而可口可乐公司则出售糖浆。特许经营不但大大拓展了可口可乐的销路，把可乐从城市带到了乡村，从发明地亚特兰大带到了全国，还大大降低了可口可乐公司的生产和营销成本。③

由此可见，特许经营是一种产品和服务的分销模式。其中，授权方（franchisor）把他（们）的商标、品牌或者业务体系有偿出借给许可方。许可方（franchisee）则必须根据契约规定专营授权方的品牌和产品。根据契约上的条文细则不同，特许经营有着多种模式。有的特许经营包含了授权方整个经营模式，例如，塔可钟（Taco Bell）就从商标到市场营销、从商品到分销方式等方方面面沿用了授权方的模式。有的特许经营只使用了

---

① Scott Andrew Shane, *From Ice Cream to the Internet: Using Franchising to Drive the Growth and Profits of Your Company*, FT Press, 2005, pp. 5－8.

② Thomas KMcCrawand William R. Childs, *American Business Since* 1920: *How It Worked*, Third ed, The American History Series, 2018, pp. 176－177.

③ Bartow J. Elmore, *Citizen Coke*, *The Making of Coca-Cola capitalism*, New York: W. W. Norton & Company, 2015, pp. 28－30.

授权方的商标，特许方保留了很大的自由生产和经营的空间，产品和商业的本土化程度很高。[①] 本文讨论的可口可乐公司属第二类。美国可口可乐公司只出让可口可乐商标和原浆，剩下的所有生产、经营和销售都由许可方进行。但不管是哪种形式，授权方和许可方都是独立的企业。特别是如可口可乐公司这类松散的特许经营模式更是充分发挥了许可方的自主性和能动性，极大利用了本土的资源和人力，从而使商品的国别属性更加难以界定。

20 世纪上半叶，美国的商业管理模式从钱德勒的垂直型大公司结构转变为以特许经营为代表的分散型模式离不开现代科学技术的进步。[②] 收音机、电视的发明和普及，以及铁路和高速公路等交通运输的发展是推动特许经营在 20 世纪上半叶飞速发展的主要动力之一。首先，特许经营的前提是商标必须是拥有经济价值的品牌。当授权人没有时间、精力、资金、能力和意愿在某一地区经营时，他可以把品牌作为“商品”有偿借予许可方。在品牌的建立过程中，广告宣传，特别是电视广告起到了举足轻重的作用。斯科特·谢恩（Scott Shane）认为：“全国范围的电视广告成为建立品牌的可行途径，从而，基于一个可识别的品牌名字建立一个全国性的连锁企业成为可能。”[③] 1927 年，年仅 21 岁的菲洛·泰勒·法恩斯沃斯（Philo Taylor Farnsworth）发明了第一台用电的电视机。1940 年代开始，电视在美国迅速普及，电视频道如雨后春笋一般涌现。到 1941 年末，美国有 32 个高频电台（Very High Frequency，VHF）投入使用或者正在建设。[④] 当时的财富杂志评论道“电视是至今发现的最好的广告媒介”。[⑤] 借助全国范围电视网络的宣传，商标的可识别度大大提高，品牌价值在广阔的地域范围建立了起来。

---

① Honey V. Gandhi, “Franchising in the United States,” *Law and Business Review of the Americas*, vol. 20, no. 1, winter 2014, pp. 3 – 24.

② 有关垂直型管理结构大企业的讨论详见 Alfred Dupont Chandler, *The Visible Hand: The Managerial Revolution in American Business*, Cambridge, Mass.: Belknap Press 1977。

③ Scott Andrew Shane, *From Ice Cream to the Internet: Using Franchising to Drive the Growth and Profits of Your Company*, FT Press, 2005, p. 7.

④ 有关更多美国电视台在 20 世纪三四十年代的建设和发展见 Joseph H. Udelson, *The Great Television Race: A History of the American Television Industry*, 1925 – 1941, University, Ala.: University of Alabama Press, 1982, pp. 133 – 135。

⑤ “Television II: ‘Fade in Camera One!’”, *Fortune*, vol. 19, no. 5, May 1939, p. 162.

其次，美国20世纪初铁路和公路网的发展加大了人口流动，从而把创造全国性甚至更广范围的品牌变成一种需求。交通的便利让人们到不熟悉的地方旅行和生活变得普遍。在陌生的地方，熟悉的品牌对于游客有更大的亲和度，并且品牌能更好地向客户展现和保证商品的质量。① 19世纪和20世纪初是美国铁路发展的鼎盛阶段。1916年美国铁路里程已经达到40.6万公里，成为当时世界上铁路里程最多的国家。② "一战"后，当铁路发展速度减慢后，美国又进入了高速公路高速发展时期。1925年的联邦资助高速公路法案（the Federal Aid Highway Act of 1925）开启了美国建立全国高速公路网络的时代。1954年的联邦高速公路法案，艾森豪威尔更是投入了1.75亿美金建设跨州高速公路。与此同时，福特利用标准化流水线大生产大大降低了汽车的成本，把美国变成了车轮上的国家。随着人口流动的增加，铁路和州际公路沿线成为快餐、饮料、旅馆、便利店等特许经营的重要地理空间。在这个时期迅速发展的麦当劳、肯德基、温迪（Wendy's）等品牌都采用了特许经营方式。二战后随着全球化的加速，特许经营企业更是迅速扩张到了世界各地。

在美国，可口可乐是典型的且最早使用特许经营模式的企业之一。在现代媒体和交通设施发展的推动下，可口可乐成为一个家喻户晓的品牌和现代化的标志。通过特许经营，可口可乐不仅畅销美国，二战时还跟随美国大兵走向了全世界。在全球众多可口可乐瓶装商中，上海屈臣氏汽水公司是可口可乐特许经营网络中的一员。它形成和发展于西方特许经营蓬勃发展的时期，是华人在中西交流和中国现代化过程中的尝试和努力，也是当时中国与世界深度融合的重要表现。

结　论

1948年上海的抵制可口可乐事件显示了民族主义在面对现代经营模式时面临的困难。从特许经营的性质可以看出，特许者和授权者通过契约关

---

① Scott Andrew Shane, *From Ice Cream to the Internet: Using Franchising to Drive the Growth and Profits of Your Company*, FT Press, 2005, p. 7.

② 马超、郭军利、张晓东、李向国：《美国铁路发展历史及现状》，《铁道运输与经济》2011年第9期。

系形成合作，而本质上在经营、财务、人员等各方面都是独立的，是两个完全不同的公司。无论在本国还是海外，为了适应市场，特许经营的本土化程度非常高。案例中的屈臣氏汽水公司从企业资本、人员、管理等都完全来自中国，一直是一个独立的民族企业。它与美国可口可乐驻上海办事处没有隶属关系，只是业务咨询和技术指导的合作伙伴关系。虽然屈臣氏汽水公司的可口可乐原浆和一些机械设备是从美国进口，但是20世纪初大部分民族汽水企业也都是从海外进口很多原料和设备。上海屈臣氏汽水公司不仅是可口可乐这一舶来品的生产者，也是实践特许经营这一现代企业组织模式的先驱。特许经营模式证明了在20世纪上半叶民族主义高涨的国货运动中，“国货”和“洋货”并非像葛凯（Karl Gerth）所描述的有着清晰的边界，相反商品的民族性和国家属性是模糊的。① 这些问题对当时的政府和国人来说，都是毫无先例的。可是，提案仍然依据了传统的经验，把企业和商品简单看成华洋之分，没有认识和了解到特许经营这一新兴的企业组织和管理模式已经超越了地域和民族国家的界限，把企业和商品的属性变得更为综合和复杂。

从上海屈臣氏汽水公司的华商董事和经理利用特许经营模式来组织企业可以看出，中国民族企业家在20世纪上半叶就已经深度融合在全球化的商业体系中。特许经营诞生于西方，是20世纪上半叶世界最显著的商业发展趋势。在全球化过程中，以特许经营为代表的分散化组织模式紧紧把世界联系在一起。当时的屈臣氏汽水公司的民族企业家不仅致力于生产新型的工业产品，引进先进的技术和机器，他们还学习和吸纳了世界新兴的企业组织和管理模式和先进的经营理念。20世纪初的中国商人通过特许经营深深地嵌入在一种新型的世界商业经济体系网络中，成为世界经济不可分割的一部分。与此同时，1940年代特许经营模式还未曾被国人广泛了解和熟识又展现了中国内部现代化进程的不均衡，以及这种不均衡带来的商业中的误解和矛盾。

这个案例表面上是经济和商业全球化的体现，更深层次展示的是科技发展对社会的影响，体现了科技与社会之间的相互关系。特许经营虽然在

---

① Karl Gerth, *China Made: Consumer Culture and the Creation of the Nation*, Cambridge and London: The Harvard University Asia Center and Harvard University Press, 2003, p. 366.

历史上早就存在，但它的繁荣兴盛得益于20世纪上半叶美国铁路、公路、汽车以及收音机和电视等科学技术的快速发展。瓶装商能够成为可口可乐特许经营的一部分，也有赖于瓶装技术的成熟和完善。科技进步带来商业模式的变革，通过全球人口的流动和交流从西方传到了中国，促进了世界的融合，也给当时的中国带来了新的机遇和挑战。

（姚靓，北京大学医学人文学院助理教授）

19世纪后半叶欧洲城市规划思想的传播与澳门半岛的城市化

赵崧杰

摘要 16世纪中叶，澳门被纳入葡萄牙帝国的全球贸易网络，开启了早期城市化进程。与同时代的多数口岸城市一样，全球贸易令澳门拥有了西式建筑、多元的城市文化以及不同的移民族群。当葡萄牙帝国的贸易活动衰退后，澳门的港口优势已不复存在，它开始向工商业城市转型。澳葡政府借由城市改造来实现对原澳门城墙外香山县华人村落的管理。通过对西方城市规划理念的运用，澳门的城市建设方案兼顾了规范街道、建筑设计与市政管理的需要，并在此基础上形成了多元城市景观。同时，近代中西方城市治理理念的差异也在澳门城市开发的过程中有所反映。

关键词 澳门史 城市规划 殖民贸易 全球化 中西交流

自19世纪后半叶以来，为改善城市市容与空间布局，西欧国家相继进行了城市规划与改造，并逐步完善了市政运作机制。① 近年来，中国学者也开始关注近代城市发展中的市政问题。既有研究表明，进行城市规划是完善市政管理机制的重要前提，二者又在一定程度上相辅相成。②

① 比如一些学者关注到市政当局通过城市建设将私有土地产权纳入管理。参见 Jeffry M. Diefendorf, *In the Wake of War*: *The Reconstruction of German Cities after World War II*, Cary: Oxford University Press, 1993, p. 222。

② 参见黄素娟《从省城到城市：近代广州土地产权与城市空间变迁》，社会科学文献出版社2018年版。

巴黎在 1850 年代进行的城市改造工程为欧洲各国所瞩目，并引发了包括葡萄牙首都里斯本在内的诸多城市仿效。① 伴随着欧洲国家在世界范围内的殖民活动，近代西方城市规划思想也产生了全球性的影响。② 19 世纪后半叶澳葡政府对澳门半岛的城市规划和改造工作就是在西方规划理念的指导下进行的。由于原有的城市空间已经无法容纳日益增长的人口，市政当局以城市改造为名，将原属清政府香山县管辖的村落纳入到市政管理下。这一特殊的城市化进程为澳门带来了兼具中西方特色的城市景观。学界对澳门的早期城市发展不乏研究，但在此基础上对城市空间功能、市政管理、中西方城市发展差异等问题的讨论则较少。③ 事实上，中西方知识的差异在清政府与葡方的界务交涉中得到了具体的反映。为保证城市改造的顺利实施，澳葡当局预先对城区展开了详细的调查，在此基础上制定了规划方案。现藏于澳门档案馆的《葡国宪报》《澳门帝汶宪报》中收录了 19 世纪后半叶澳门议事会、辅政司④、物质改善委员会等机构实施城市规划与建设的文献。本文将考察 19 世纪后半叶澳葡当局借用西方城市规划理念实施城市改造及市政管理的过程，以期为解读澳门中西交融的城市文化内涵提供不同的视角。

一　巴黎城市规划的实践与传播

从 1853—1869 年间，在行政长官乔治·尤金·奥斯曼（Georges-Eugène Haussmann）的主持下，巴黎进行了大规模的城市建设，彻底改变了其中世纪城市的面貌。在此之前，巴黎与许多欧洲大城市都面临着较为

① Brian Chapman, "Baron Haussmann and the Planning of Paris," *The Town Planning Review*, vol. 24, no. 3, 1953, pp. 177 - 192.

② David H. Pinkney, *Napoleon III and the Rebuilding of Paris*, Princeton: Princeton University Press, 1958, p. 4.

③ 相关的研究有：严忠明：《一个海风吹来的城市：早期澳门城市发展史研究》，广东人民出版社 2006 年版；郭声波、郭姝伶：《近代澳门半岛北部的市域扩张与道路建设》，《中国历史地理论丛》2012 年第 3 期；严忠明：《澳门城市规划的历史与现代困境》，林广志、吕志鹏主编：《“澳门街道：城市纹脉与历史记忆”学术研讨会论文集》，澳门，2013 年，第 54—77 页；陈伟明：《管而不控：澳门城市管理研究（1840—1911）》，社会科学文献出版社 2014 年版。

④ 辅政司设立于 1734 年前后，是处理澳门总督府行政事务的机构。Criação da Secretaria Geral do Governo de Macau, 24 March 1734, MO/AH/AC/SA/01/00052, Archives of Macau, Macau。

相似的问题，城市设施无法满足大量涌入的人口，市内充满杂乱无序的街道和建筑，治安、供水、排污、住房等问题也日益突出。

为了改善城市环境，奥斯曼坚决拆除那些破败且拥挤的街区，以宽阔平直的林荫大道来取而代之。[①] 整个改造期间，市政当局总计新建了约137公里的城市道路，平均路宽达为24米，是此前市中心道路平均宽度的3倍多，行道树也从5万棵增加到了9.6万棵。[②] 为了同步解决城市排污问题，奥斯曼制定了一个庞大的下水道修建计划，将管网总长度从106公里增加到563公里。[③] 在旧街区被拆除后，市政当局将新释放出的建设用地划分为不同的功能区域[④]，并将其中的一部分土地用于建造市政设施与公共空间，诸如公园绿地、百货商店、咖啡馆这些新生事物越来越多地出现在巴黎街头。在这场改造中，巴黎新建了超过10万栋建筑，整座城市仿佛巨型的施工现场。[⑤] 为保持城市风格的统一有序，市政当局针对新建建筑物制定了严格的外观设计规范，比如，凡是宽度不超过8米的老街道，两侧建筑的屋檐高度被限定为12米，在宽10—14米的新建道路两侧，屋檐高度则被限定为17.54米。[⑥]

经过10余年的建设，巴黎的城市面貌焕然一新，并成功解决了环境问题的困扰，为城市的持续繁荣和发展奠定了基础。巴黎的城市建设也推动了近代城市规划学科的产生，诸如道路、建筑、功能分区等设计理念后来都成为城市规划理论的重要组成部分。巴黎的实践也为其他城市提供了可供借鉴的宝贵经验。1864年12月31日，葡萄牙国王签署了一项关于城市开发的法令，大致包括了以下原则：第一，法令强调了制定规划对于城市发展的重要性，无论是原有或是新建的街道、广场、花园及建筑物，都应被纳入“城市改善总体规划”；第二，政府在进行城市建设时，有权因开

---

① Michel Carmona, *Haussmann: His Life and Times, and the Making of Modern Paris*, Chicago: I. R. Dee, 2002, pp. 426 – 427.

② Stephane Kirkland, *Paris Reborn: Napoléon III, Baron Haussmann, and the Quest to Build a Modern City*, New York: St. Martin's Press, 2013, p. 133.

③ Ibid., p. 117.

④ David p. Jordan, *Transforming Paris: The Life and Labors of Baron Haussmann*, Chicago: University of Chicago Press, 1996, pp. 191 – 192.

⑤ Stephane Kirkland, *Paris Reborn: Napoléon III, Baron Haussmann, and the Quest to Build a Modern City*, p. 140.

⑥ Peter Hall, *Cities in Civilization*, London: Weidenfeld & Nicolson, 1998, p. 720.

发道路而征用土地，并禁止任何人阻碍官方批准的公共道路建设及维修工程；第三，明确了城市设施的公共属性，未经允许不得占用公共道路或者擅自破坏公共设施，否则将受到惩罚。对于街道宽度及两侧建筑的设计，法案有如下要求：

（1）街道宽度在 7 米以下时，建筑物高度不得超过 8 米；

（2）街道宽度为 7 至 10 米时，建筑物高度不得超过 12 米；

（3）街道宽度为 10 到 18 米时，建筑物高度不得超过 16 米；

（4）街道宽度超过 18 米时，建筑物高度不得超过 19 米；

（5）当建筑物同时占据不同宽度的两条街道时，其高度由较宽的街道决定；

（6）建筑物同时占据两条相同方向不同水平面的街道时，其高度由政府决定；

（7）建在庭院或花园内，而不是沿街的建筑物，除非政府特别批准，否则高度不得超过 15 米。[①]

1879 年，葡萄牙首都里斯本市议事厅在 1864 年法令的基础上开始制定城市总体规划，并交由雷萨诺·加西亚（Ressano Garcia）负责实施。加西亚于 1869 年在法国巴黎的皇家路桥学院取得工程学位，留学期间，他对巴黎正在进行的城市改造印象深刻。[②] 在里斯本的建设中，加西亚借鉴了“大道”“环岛路口”等巴黎的街道设计模式。不过，里斯本无论在城区面积还是人口规模上都远不及巴黎，因此，加西亚在调整城市空间布局时并未选择像巴黎那样大规模拆除旧城，而是进行局部的改造。另外，通过延伸道路，城市的空间范围得到扩展，市中心的拥挤现象也有所缓解。

巴黎的经验不仅传递到了里斯本等其他欧洲城市，还作为殖民文化的一部分向欧洲以外地区传播。从 17 世纪起，随着葡萄牙在全球贸易中的地

---

① 《国王法令》（1864 年 12 月 31 日），郝雨凡、汤开建主编：《澳门近代城市法规条例工程报告汇编》，田谕译，澳门大学出版中心 2014 年版，第 2—7 页。

② Vítor Oliveira and Paulo Pinho, “Urban Form and Planning in Lisbon and Oporto,” *Planning Perspectives*, vol. 23, 2008, pp. 81 – 105.

位逐渐衰退，昔日繁荣的贸易景象在葡萄牙的海外殖民地也难以重现。当贸易量锐减后，葡萄牙在印度的殖民地果阿从贸易中转站发展为一座工商业城市，在此过程中，大量的本地劳动力参与到了城市经济活动中。1843年，果阿总督将首府由旧城迁往新果阿城（New Goa，Nova Goa），这里靠近本地人居住的村落，也为双方建立密切的往来创造了条件。① 西方的街道空间布局与城市建筑风格为果阿带来了现代化的面貌。② 不久之后，相同模式的城市改造活动也在澳门出现。从里斯本到果阿、澳门，城市规划理念由西向东的传播路线被清晰地呈现出来，尽管商贸往来已经出现衰退，但是葡萄牙打造的这一全球联系体系提供了知识流动的管道。西方城市发展理念的传播改变了殖民地城市的风貌，尽管对于当地人民而言，这是一场被动的生活环境改造。③

二　澳门的早期城市化与城市边界变化

大约在1640年代，一座欧洲风格城市就已在澳门半岛南部形成，城内居民达到4万人左右，其中外籍人口约占一半，他们中包括商人、海员、奴隶、逃亡者等。④ 使葡萄牙商人获利颇丰的东方贸易也引来了荷兰、英国的觊觎，为了确保商业利益及城市安全，市政当局在澳门先后修筑了炮台、城墙等防御工事。而澳门半岛北部仍是一片传统的农业区，这里的村落由香山县的官员负责管理。⑤ 1730年，清政府将香山县丞派驻前山寨，不久后又改为“分防澳门县丞”，专门处理地方民政以及与葡方的交涉。⑥

---

① Siddhartha Sen, “Between Dominance, Dependence, Negotiation, and Compromise: European Architecture and Urban Planning Practices in Colonial India,” *Journal of Planning History*, vol. 9, no. 4, 2010, pp. 203 – 231.

② 新果阿的城市平面图详见：Planta da cidade de Nova Gôa（The plan of New Goa），1888, 4687820500501, Old Maps Collection, Library of Macau University of Science and Technology, Macau。

③ 相关的人类学观察可参见 Paul Axelrod and Michelle A. Fuerch, “Portuguese Orientalism and the Making of the Village Communities of Goa,” *Ethnohistory*, vol. 45, no. 3, 1998, pp. 439 – 476。

④ 陈衍德：《澳门的兴衰与人口变迁》，《中国社会经济史研究》1999年第3期。

⑤ 关于这一时期的澳门城市格局，包括城区范围及城外村落的位置，多见于当时的澳门城市平面图。参见 Map of Macau, 1650, 4687820500799, Old Maps Collection, Library of Macau University of Science and Technology, Macau。

⑥ （清）印光任、张汝霖：《澳门记略》上卷，“官守篇”，广东高等教育出版社1988年版，第24页。

连接澳门与内地的沙堤又称“莲花茎”，是香山县通往澳门的唯一陆路，中国官员在沙堤中间修筑起一道关闸，只在交易时才将闸门打开，据称此举是为防范在澳门的外国商民及黑人奴隶袭扰内地。这种防卫举措侧面反映出清政府官员在涉外问题上的保守态度，对他们而言，限制两边民众的日常往来，既可避免双方间日常纠纷的发生，又能防止因人口频繁流动造成的社会动荡。在传统观念的影响下，中国的地方官员只是将澳门视为一处异化之地，却未充分考虑透过澳门认识西方国家的文化与国情。

据研究表明，早在 1590 年代，在议事会西侧就已经形成了一片街市，此后商业区域的范围一直呈现出扩张的趋势。① 由于这里一度没有城墙的限制，从大炮台向西至内港间的区域发展为集中的商业街市，商业空间沿着海边向城外的开阔地带扩张。不过，频繁的人员流动为城市带来了新的治安问题，市政当局遂决定修建围墙来封闭该处街道。② 在 19 世纪以前，无论是澳葡当局还是清政府的官员们都在尽职尽责地守护着各自的边界，谨慎地处置各种越界行为，以避免滋生事端。1774 年，澳门同知印光任颁布规章，要求：“凡贸易民人，悉在澳夷墙外空地搭篷市卖，毋许私入澳内，并不许携带妻室入澳。责令县丞编立保甲，细加查察。其从前潜入夷教民人，并窜匿在澳者，勒限一年，准其首报回籍。”③ 由于清政府的地方官员不允许华民进入澳门城内交易，于是，在靠近大炮台的三巴门外形成了大片的市集区，其规模不断扩张。④

19 世纪以后，在工业化与全球化的推动下，英国东印度公司在海上

---

① 汤开建根据特奥多雷·布里绘制的《亚马港全图》，认为当时在议事会以西地区已经形成了街市区域，这是营地大街的早期雏形。而在约翰内斯·分彭士（Johannes Vingboons）在 1665 年绘制的《澳门城市鸟瞰图》中，汤开建注意到大炮台以西并没有城墙，而是一片较大的坊区。参见汤开建《天朝异化之角：16—19 世纪西洋文明在澳门》下卷，暨南大学出版社 2016 年版，第 743—744、748 页。这一观察表明，市集的范围在这段时间内呈快速扩张趋势，并突破了城墙的界限。

② Benjamim Videira Pires, *Os extremos conciliam-se*, Macau: Instituto Cultural de Macau, 1988, p. 131.

③ 《道光香山县志》卷四，“海防，附澳门”，胡巧丽编：《广东方志与十三行：十三行资料辑要》，广东人民出版社 2014 年版，第 177—178 页。

④ 1751 年以后，澳门北城墙仅有三巴门一门可通行，其余城门皆被堵。19 世纪初，沙梨头门（又称沙兰仔门）重新修复开通，亦带动了西北部地区的开发。参见汤开建《道光七年〈香山县下恭常都十三乡采访册〉的发现及其史料价值》，《澳门研究》2011 年第 63 期。

殖民贸易活动中占据了绝对优势。看到英国因鸦片战争胜利而攫取巨大利益并占据香港后，葡萄牙也伺机蚕食中国领土，于1889年将整个澳门半岛据为己有。在此前后，澳葡当局一直在着手进行着城区的扩张与改造。

1864年颁布的葡萄牙《国王法令》对澳门城内街道和建筑设计起到了规范作用。在其影响下，澳门城内已经初具现代风貌。根据葡萄牙官员的记录，在议事厅前地和南湾之间的街区布满了欧洲风格建筑，这与周边拥挤而嘈杂的街市区形成了鲜明反差。[①] 不过，西式的建筑风格并不意味着屋主都是葡萄牙人或是其他外籍商人。由于中英鸦片战争结束后，广州已不再是唯一的通商口岸，原本在澳门停留的外商也纷纷离开，转投他处，部分华商则在此时前往澳门置地建房。根据1880年代清政府官员的观察，城内过半数的西式房屋为华人所有。[②] 作为一个新兴群体，尽管华商还缺乏政治话语权，但正在逐渐成为经济活动的主体。

由于全球贸易格局的变化，昔日澳门港口繁忙的盛景难以再现，为了维持城市运转，它迫切需要与内地建立起新的经济联系。在靠近市集和华人村落的三巴门、水坑尾门附近，部分城墙因阻碍居民通行而被拆除。当城墙消失之后，城内外的居民可以自由往来，同时，城市边界也开始变得模糊。随着手工业的发展，澳门迎来了新的繁荣，大量周边地区的人口前往澳门谋生。据澳葡当局统计，1878年澳门的人口为68086人；1896年为78627人，人口增量主要来自于华人劳工人数的增长。[③]

由于原来的城市空间狭窄，已无法容纳更多人口，于是，城外的农田上，大量的民宅被修建起来，以容纳这些新来的居民。这些新的住宅区与澳门旧城区相邻，但其所在的村落仍属香山县管理。为了扩大城市发展空间以容纳更多城市人口，澳葡当局开始考虑将澳门半岛北部的村落纳入管辖，并向居民们征税。

---

① 《澳门城市物质改善报告》（1883年11月20日），《澳门近代城市法规条例工程报告汇编》，第66页。

② 《两广总督张之洞奏陈澳界胶葛太多新约必宜缓定摺》（1887年9月15日），赵雄、李国荣编：《明清时期澳门问题档案文献汇编》三，第318页。

③ Governo da Provincia de Macau, "População por estado civil," *Boletim Official do Governo da Provincia de Macau*, 43, no. 6 (February 12, 1897): S82 – 3.

1870 年代，澳葡政府在为城内安装油灯的同时试探性地将城外一些人口稠密的街区也纳入安装范围，并开始收取灯费。① 部分清政府官员注意到葡萄牙方面的越界举动，在他们看来，葡萄牙人的管理应以城墙为界。1887 年，清政府总理衙门就澳门城区边界问题与葡萄牙当局进行交涉时，仍然持较为温和的态度，他们认为两国应暂时维持现状，在双方共同勘定边界，消除争议之前，边界不得有变动调整。② 此后，清政府官员又给出了具体解释：澳门原城墙至关闸范围内的华人村落由中国地方政府管理，但是新修筑的马路和洋房可暂免拆除。③ 换言之，凡是有“新修筑的马路和洋房”的区域，澳葡当局都可以继续实施管理，而不再以原来的城墙为界。实际上，这一解释存在明显的疏漏，为澳葡当局扩大侵占范围提供了可乘之机。

按照约定，葡方不得在关闸至城墙区域内再修建道路、房屋，但由于清政府在澳门半岛已没有常驻官员，澳葡当局是否有新的修建计划，清政府方面无法知晓。其结果是，后来两国官员共同勘界时只能凭借建筑外形来判断其归属，澳葡当局在澳门半岛扩大侵占土地的行为有了“合理”依据。据中国官员观察，在澳门城墙以北、关闸以南的七个村庄中能够被清楚辨识出的只有望厦村与龙田村，前者周边有农田包围，后者虽无农田但村落边界仍可辨识，而余下的沙岗、新桥、沙梨头、龙环、塔石五个村庄的街道与房屋多已与澳门原有城区相连。④ 这些地区名义上虽仍为村庄，但已经与澳门城区连为一片。

澳葡当局虽然从 1860 年代就开始为城墙外的部分街道、街区命名，但真正将其纳入管理的实质性措施是 1880 年代开始制订并执行的城市改善计划。这里借用“内城”（Inner city）与“外城”（Outer city）的概念来区分

---

① Maria Calado, Maria Clara Mendes, and Michel Toussaint, “Macau, Memorial City on the Estuary of the Pearl River,” in Instituto Cultural of Macau (ed.), *Review of Culture*, no. 36 - 37, 1998.

② 《中葡议定通商和好条约条款》（1887 年 11 月 29 日），赵雄、李国荣编：《明清时期澳门问题档案文献汇编》三，第 372—380 页。

③ 《香山知县李徵庸为查勘前山师船并未越界及饬各船适中驻泊事禀文》（1890 年 7 月 4 日），赵雄、李国荣编：《明清时期澳门问题档案文献汇编》三，第 448 页。

④ 《委员陈绍棠等为查明关闸以内居住华民讼案钱粮归香山县管理事禀文》（1887 年 9 月），赵雄、李国荣编：《明清时期澳门问题档案文献汇编》三，第 327—328 页。

澳门的旧城与城墙外的新街区。[①] 尽管内、外城的联系十分紧密，但二者在区域功能和市容环境上存在着明显的差异。为了让新的街区与澳门老城的整体风格保持统一，当局开始有计划地改造城市并普及市政管理。

三　澳门的城市规划实践

从1880年代初开始，整个澳门半岛都被澳葡政府列入了城市规划与改造的范围。由于内城的建设与市政管理相对完备，因此，当局将规划和改造的重点放在了外城。为制订详细计划，澳葡政府下属的城市物质改善委员会首先对外城各街区的状况进行了调查。除了遵循西方城市规划理念，规划方案也考虑到了各个区域的实际条件。

（一）拆除与新建

城市物质改善委员会走访了外城的各个街区后发现，由于这些过去的村庄没有合理、统一的规划设计，所以道路普遍都弯曲、狭窄，且“支离破碎，互不相连”，“几乎在每座建筑物前的宽度都不一样”。[②] 显然，这些道路与建筑都不符合设计规范。

同样不容乐观的还有卫生状况。经委员会排查，雀仔园、和隆园、大炮台区、望德堂区、沙梨头、沙岗、新桥、街市等区域的卫生情况都难以达标。其中，雀仔园、和隆园及大炮台区被认为是已无法实施改造的区域，应直接拆除。[③] 这并非当局第一次试图改善以上区域的卫生状况。之前，当局就曾尝试在这些区域内增加公共卫生设施，并清除堆积的垃圾。

---

① 本文所指的“外城”并非指是一个固定区域，而是一个动态的概念。在1889年的澳门平面图中，可以分辨出街道规整的内城、空间局促的外城以及被农田包围的村落。与1866年的澳门平面图对比后可以发现，在三巴门外与水坑尾附近，外城的空间范围已有扩张，这也令清政府官员难以确认澳门城区的边界。平面图详见：China, Costa de Leste, Macau com as ilhas e costas adjacentes, 1866, 4687820501086, Old Maps Collection, Library of Macau University of Science and Technology, Macau. Planta da peninsula de Macau, 1889, 4687820500667, Old Maps Collection, Library of Macau University of Science and Technology, Macau。

② 《澳门城市物质改善报告》（1883年11月20日），《澳门近代城市法规条例工程报告汇编》，第66页。

③ 《澳门城市物质改善报告》（1883年11月20日），《澳门近代城市法规条例工程报告汇编》，第70页。

然而，由于雀仔园、和隆园地区人口稠密，先前的改造计划并未达到预期效果，其卫生问题遂被搁置。① 不过，市政当局并未放弃努力。从地理位置上看，雀仔园、和隆园位于水坑尾门外，大炮台区则是三巴门外的街区，这些区域都紧邻内城，最迫切需要改造。为了建设新的道路和排污管道，对旧街区的拆除也就在所难免。

强化市政管理是拆除旧街区的另一个目的。正如澳葡政府辅政司的官员所说："城市的许多地方存在倒塌的房屋，不仅影响街容，而且成为不卫生的源头和犯罪分子的窝藏地。虽然众所周知澳门房源紧张，这些房屋已经没有进行维护的意义。"② 对当局来说，这些区域内混乱的状态阻碍了市政管理的渗透，而拆除原有街区可以成为建立新秩序的契机，并为后续的市政运作提供保障。委员会建议由当局财务司出资征用土地，在和隆园及雀仔园新建带有地下管道的新街道。另外，委员会建议将大炮台区的土地规划成小地块用于出租。经计算，土地收益将增加至原先的三倍，而新增的资金不仅能弥补和隆园及雀仔园的征地支出，还可用于开发其他区域。由于这几个街区紧挨着内城，无疑是最具有土地开发价值的地区，改造后的地租收益减轻了政府的财政负担，并为后续改造提供了支持。

（二）局部的改造

沙梨头、沙岗和新桥等地是原先的华人村落，其人口密度虽然没有紧邻内城的地区高，但是这些村庄内宗族力量强大，澳葡当局贸然实施大规模的拆除必然会遭到强烈的抵触。同时，委员会也考虑到这些世代居住于此的村民们在短时间内难以改变生活习惯，即使拆除了他们的房屋，他们又会在别处另建房屋，公共卫生问题仍将无法根除。③ 所以，委员会的方案是增加和改造卫生设施，以避免大规模的拆除。根据方案，接纳村民生

---

① 《澳门帝汶省政府辅政司署决定 第367号》（1882 年 7 月 10 日），《澳门近代城市法规条例工程报告汇编》，第 60 页。

② 《澳门帝汶省政府辅政司署决定 第381号》（1882 年 7 月 15 日），《澳门近代城市法规条例工程报告汇编》，第 62 页。

③ 《澳门城市物质改善报告》（1883 年 11 月 20 日），《澳门近代城市法规条例工程报告汇编》，第 70 页。

活污水的水道应被废弃，以杜绝水源受到污染，取而代之的将是一条新建的排污管道。

英国在处理城市排污方面有着较为先进的经验，委员会也特别列举了英国的污水处理系统和移动化粪池作为参考。在英国的爱丁堡、诺伍德、克罗伊登等城镇，通过污水管道可以将粪便排入附近的农田，作为农业所需的肥料。英国知名城市学者埃比尼泽·霍华德的成名作《明日的田园城市》一书也借鉴了这一设计思路，并以之作为实现环境卫生与农业经济双赢的重要保障。①

虽然澳门半岛北部地区有大片农田可用于处置污水，但并不是所有的区域都适合修建污水管道。具体来说，“城市的多数地点，尤其是华人区，街道狭窄，弯弯曲曲，几乎每一步都有拐角，拐角形状各式各样，难以铺设管道，即使铺设了也不可能畅通。”② 因此，在不进行大规模拆除的情况下，市政当局只能通过设立公共厕所来暂时缓解卫生设施不足的问题。

（三）改善商业环境

另一个引起委员会高度关注的问题是商业区的状况。街市是澳门居民日常经济活动的中心，且他们中大部分人的生计都依赖于工商业，因此，澳葡政府十分重视商业环境。委员会在考察完现有的市场后，对卫生状况十分不满，认为那里根本不像是交易场所。澳门最主要的市场营地街市③设在一个狭小、黑暗的地方。肉、鱼、豆类、蔬菜随意堆放在一起，无任何整洁可言。市场入口旁边有一间厕所，四周污秽不堪、臭气熏天。除了营地街市之外，其他市场也大多类似。据委员会的报告描述，十月初五街和沙栏仔街的市场虽在空间上稍微宽敞一些，但卫生状况普

① ［英］埃比尼泽·霍华德：《明日的田园城市》，金经元译，商务印书馆 2017 年版，第 24 页。

② 《澳门城市物质改善报告》（1883 年 11 月 20 日），《澳门近代城市法规条例工程报告汇编》，第 68 页。

③ 营地街市一词是根据葡文词“Bazar”翻译而来，根据金国平的研究，“Bazar”在译为“营地街市”时，含义为街市街区，在译为“营地街市墟亭”时则指具体建筑。本文采取这一说法，营地街市即专门的商业街区。参见金国平《澳门“Bazar”的史地范围考》，林广志、吕志鹏主编：《“澳门街道：城市纹脉与历史记忆”学术研讨会论文集》，第 132 页。

遍不佳。①

委员会认为，三个市场已经能够满足现有的需要，不过这些市场都位于内城，且靠近内港的传统商业区域，因此，考虑到未来的潜在商业需求和区域发展的均衡，两个新的小型市场也被列入建设计划。此外，美基街和燕主教街之间的填海地段正在建造一个新市场。由于这几座市场的建设不需要征用土地，所以委员会预计其建设不会遇到太大阻力。不过他们强调，应防止随意扩大建筑物占地范围以及将货品堆放在马路上的行为，以免街道的拥挤程度加剧。②

根据城市物质改善委员会调查后最终提出的计划来看，他们并不认为一次改造就能完成全部街区的改造，他们主张根据不同区域的条件分阶段进行改造。之所以采取这种分阶段推进的建设方式，一方面是受当局财力所限，另一方面则考虑到了当地人民难以在短时间内改变生活习惯。因为就在进行城市改造的同时，部分不合规范的街区仍在扩张。脂花巷的一座桥梁因为灾害被毁后，村民又另建了一座新桥以代替，此后周边居民不断增多，商贩也随之聚集。相比于热衷在澳门置地建房的富裕商绅，底层华民对于西方城市生活表现出了比较抗拒和排斥的一面，这反映了不同社会阶层对待西方文化与生活方式的心态差异。在进行规划与改造时，这也是澳葡当局不得不考虑的一项因素。

结 语

澳门从全球贸易港口向工商业城市转型引发了澳门城市空间的变化。在人口压力下，城区开始向内陆腹地扩张。在过去，城墙的作用是为了防止外部力量对澳门城市的侵袭，随着澳门开始向一座工商业城市转变，原来的城区与周边乡村的联系不断加强，城墙反而成为城市发展的阻碍。从 19 世纪后半叶开始，大量的人口开始在原城墙以外区域聚集，并逐步形成了外城。澳葡当局实施的城市改善计划主要针对的是外城的街区，

① 《澳门城市物质改善报告》（1883 年 11 月 20 日），《澳门近代城市法规条例工程报告汇编》，第 66 页。

② 《澳门城市物质改善报告》（1883 年 11 月 20 日），《澳门近代城市法规条例工程报告汇编》，第 71 页。

他们以拆除或改造的方式对原有空间进行重新划分，新建符合西方城市设计规范的街道、建筑，并将这些原本应归属中方的区域纳入市政管理下。

诸如街道尺度、建筑物的高度、功能分区等西方城市的设计规划理念在澳门的城市规划与建设过程中都有所体现。不过，市政当局对于建筑风格持包容的态度，一些符合设计规范的中式或中西融合风格的建筑也获准建造。这在一定程度上提升了城市建筑的多样性，推动了澳门独特城市景观的形成。来自葡萄牙的设计师们在设计出各种西方风格建筑的同时，澳门的华人工匠们也善于在施工过程中融入中式元素。一位葡萄牙官员在评价华人工匠时说："他们中的一些人甚至非常有品位，而且耐性十足，建成的工程简直巧夺天工。但他们的缺点是对于提升建筑物的稳定性和坚固性的现代建筑技术缺乏认识。"① 葡萄牙的建筑设计师与工程人员恰好为他们提供了技术的革新与施工条件的改善。可以说，澳门 19 世纪后半叶开始的城市建设与改造活动反映了中西方理念与技术的相互影响。

规划不仅美化了城市景观，还解决了诸多实际问题。经过对外城街区的改造，当局有了充足的空间来建设符合规范的街道与建筑，且地下管道的铺设也可以解决城市排污问题。值得一提的是，市政运作机制及土地管理制度的建立对建设施工的开展有着重要作用。澳葡当局在城市建设发展过程中对城市街巷、空间进行了排查登记，对比 1878 年与 1896 年政府公布的街道名册后可以发现，位于外城的雀仔园以及圣拉匝禄堂区两个区域内登记在册的街巷、地名的变动幅度最大。② 这些区域发生的动态变化表明，当局的建设及管理措施已经发挥了明显作用。通过这一场新的规划与建设工作，澳门城市的土地所有权得到重新梳理，并受到相关法律的保护。此后，在澳门城市建设中出现的马路、高楼、公园、交通设施等诸多现代元素的出现无不与土地产权的处置有着直接关联。与此同时，这场城市改造运动也对中葡两国在澳门的勘界交涉产生

① 《澳门帝汶省工程公所 1885 至 1886 年度公共工程报告》（1886 年 9 月 14 日），《澳门近代城市法规条例工程报告汇编》，第 117 页。

② 曾金莲：《十九世纪"澳门街道名册"研究》，林广志、吕志鹏主编：《"澳门街道：城市纹脉与历史记忆"学术研讨会论文集》，第 184—185 页。

影响，显然，对西方文化缺乏充分认知的中国官员在因界务引发的争端中处于下风，这或许可以被看作 19 世纪末中国与西方在官方交往的一段缩影。当这种知识差距被逐渐意识到之后，中国文人士大夫眼中的澳门也开始承载起“异域”的形象。通过观察这里的制度与社会生活，他们开始认识西方。

（赵崧杰，澳门大学历史系博士研究生）

1920年代澳大利亚人眼中的华人足球队

陈　强

摘要　1923年和1927年华人足球队先后两次访问澳大利亚，澳大利亚报刊对此给予了关注并作了较多报道。这些报道包括对华人足球队的称赞，对比赛情况的客观介绍，赛场外对华人的观察，对华人足球队访问的警惕及批评，通过比赛进行自我反思等。这些新闻报道中的华人形象基本上是正面的，在澳大利亚"白澳政策"当道和"黄祸"论流行的背景下，这种形象似乎成了华人形象中的一种例外。主要原因在于访澳的华人足球队员具有较高的素质，与在澳大利亚充当"苦力"的华人形成了鲜明对比。而且澳大利亚媒体对代表了英国文化的"协会足球"的反感，从某种程度减轻了对华人足球队的种族歧视。但总的来说，澳大利亚人眼中的华人形象在整体上并没有因为这两次足球队访澳而有所改观。

关键词　1920年代　华人足球队　澳大利亚

19世纪以来，大量华人远赴澳洲，中澳两国的历史渊源延续至今。关于澳大利亚的华人形象问题已经有一些研究，杨婵依关注19世纪中后期澳大利亚漫画中所展现的华人形象①，乔瑜研究了19世纪下半叶到20世纪初澳大利亚女性眼中的华人形象。② 在其他有关在澳华人和中澳关系的研

① 杨婵依：《漫画中的他者：十九世纪中后期澳大利亚华人形象研究》，《历史教学（下半月刊）》2018年第14期。

② 乔瑜：《19世纪后半期20世纪初澳大利亚女性眼中的华人男性形象》，《历史教学》2012年第2期。

究中，也兼有讲述中华人形象的内容。不过，对澳大利亚的华人印象的研究，不应该只包括生活在澳大利亚、与澳大利亚有直接接触的华人。1912 年中华民国成立以后，中澳双方已经有了直接的经济往来和一定程度上的文化交流，虽然这些接触不算频繁，但通过观察这些交流活动，了解澳大利亚人对华人形象的看法，可以使我们对澳大利亚眼中的华人形象问题有更全面的认识。本文选取 1920 年代华人足球队两次访问澳大利亚为考察对象，主要通过分析澳大利亚媒体对这两次访问的报道来讨论澳大利亚人眼中的华人足球队形象。

一 1920 年代华人足球队两次访澳及相关报道

华人足球队在 1923 年和 1927 年先后两次访问澳大利亚。

1923 年 7 月，以香港南华队为主要班底的华人足球队由莫庆带队，从香港乘船前往澳大利亚。抵澳以后首先对阵的是当时澳洲冠军新南威尔士队，华人足球队依靠李惠堂良好的发挥，最终三比三逼平强敌。[①] 球队于同年 11 月返航，在澳大利亚共比赛 24 场，取得了 8 胜、7 平、9 负的成绩。李惠堂表现出色，打入 30 球，占了全队进球总数的一半。从比赛结果来说，华人足球队似乎比澳大利亚队略逊一筹，但考虑到时差、水土不服、比赛间隔短等因素，华人足球队的表现已经很不错了。赛程持续近 4 个月共进行 24 场比赛，每隔五天就要比赛一次，而且这些比赛还不是在同一个场地，这对任何球队来说都是极大的考验。

1927 年华人足球队再次赴澳大利亚比赛，是“经上海乐华队长李惠堂发起，由邝光林出面，与热心体育的工商巨子谭竹馨、胡昌源等商酌，谭、胡极愿赞助此举”[②]，比起四年前，华人足球队的最大变化在于李惠堂抵沪，并组建乐华队。因而 1927 年访澳的华人足球队构成更加多元，不再是南华队一家独大。这次的队员分别从上海乐华、香港南华和中华三个球队中选拔，总共十七人。“三华” 足球队于 1927 年 4 月 23 日从上海出发，

① 赖文辉：《简明香港足球史》，三联书店（香港）有限公司 2018 年版，第 46—47 页。

② 沈文彬主编：《中国足球摇篮：上海足球运动半世纪（1896—1949）》，上海文化出版社 1995 年版，第 222 页。

5月12日抵达澳大利亚，9月6日返回，历时5个月，共计比赛31场，球队取得了胜14场、平3场、负14场的战绩。此次比赛表现最好的依然是李惠堂，他共踢入30球，戴麟经也发挥比较好，踢进28球。

关于华人足球队这两次访问澳大利亚，当时中国的媒体报道不多，直接提及的只有7条新闻，分别载于《思益副刊》《教育与人生》《良友》《农商公报》。其中有2篇非常简短，只交代了比赛的胜负。[①] 还有4篇报道讨论了赴澳比赛期间出现的一段插曲：关于比赛是单纯的友谊赛还是带有营利性质的问题。[②] 刊载于《良友》的另外一篇报道是1927年访澳时队员的日记节选，其中讲述了游览木曜岛和救助触礁船只的轶事。[③] 相比之下，澳大利亚媒体对这两次华人足球队访澳的报道更为丰富。

澳大利亚媒体对这两次华人足球队的访问给予了较多关注，有更为详细的报道。通过澳大利亚国家图书馆的报刊数据库[④]，可以检索到当时澳大利亚报刊共有106篇有关华人足球队访问的报道。其中，关于1923年华人足球队访澳的报道有73篇，但对1927年那次访问的报道则减少至34篇，对华人足球队访澳的关注度有所降低。从这些报道的评价来看，可以分为以下几类：对华人足球队的称赞，对比赛情况的客观介绍，对赛场外华人球员的观察和访问，对华人足球队访问的警惕和批评，通过比赛进行自我反思。下面按照这种分类对相关报道进行评述。

澳大利亚报刊中对华人足球队不乏称赞，一些报道中以“成功的”（successful）、“杰出的”（splendid）、“出色的”（brilliant）来表达。这种含有称赞的报道共有18条，其中最典型的是1923年8月8日《悉尼先驱晨报》的报道：“来访者毫无疑问将用他们的智慧、锋芒和力量给观众带来惊喜，这三个元素是一流的足球队所必备的”，“来访者有几位明星级的

---

① 《消息：中国足球队在澳获胜》，《申报·教育与人生周刊》1923年1月5日第6版。

② 《体育消息一束：中国赴澳足球队所受之不平待遇》，《申报·教育与人生周刊》1923年10月9日第9版；《中国赴澳球员申王二君对于澳洲申明之辩护》，《申报·教育与人生周刊》1924年4月21日第10版；《雪尼日尔报所载中国赴澳足球队交涉内幕：中国球队受人利用》，《申报·教育与人生周刊》1924年4月21日第10版；《澳大利亚商务报告（十二年冬季）：中华足球队来澳比赛纪》，《农商公报》1925年第11卷第9期，第51—52页。

③ 《赴澳足球队旅途日记之一页》，《良友》1927年第18期。

④ https：//trove. nla. gov. au/？ q =.

球员，他们会在周六面对新南威尔士队的比赛中展现自己的高超技术”。①这段文字可以说是所有报道中对华人足球队评价最高的。报道认为，华人足球队具有一流球队的特质，甚至还将作为“来访者”的华人足球队球员与现代足球起源地英国的球员相比。

大多数新闻报道是对比赛的客观介绍。这种报道共计 57 篇，包括比赛预告、赛事报道、简短战报等。比赛预告和战报很简略，赛事报道相对详细，其中会描述比赛的进程、比分变化和比赛结果。

一些新闻报道则通过对华人足球队赛场外的访问，来观察和描述这些华人球员。这类报道共有 10 篇，其中包括对访澳球员的职业、英语水平、社交活动以及其他爱好的报道。这反映了澳大利亚人对华人球员的一种更深入的观察。这些观察主要包括两个方面，一是关于球员的职业；二是关于球员的生活方式，或者更进一步来说，是关注他们西化的程度。比如有一篇报道，标题是《华人足球队：伴着爵士乐起舞》。文中这样写道：“如果中国的圣人孔子复生，了解这位先哲如何看待他们这古老的民族现在一边踢着足球（这是一项过去的运动），一边伴随着爵士乐跳舞，会是很有趣的事情。”“孔子如果能有机会出席这次活动，他将会看到中国姑娘一方面守旧，同时却也知道如何尽情享乐；她们能用西方模式让自己变得美丽；也能跟着爵士乐队跃动的音符翩翩起舞。”②

还有 5 篇报道体现了当时澳大利亚部分媒体对华人的警惕心理。这些新闻中往往会特意表明澳大利亚华人社团如何接待华人足球队，以及当地华人社团对华人足球队到访的热切欢迎。其中有一篇报道甚至有些夸张地说：“华人社群几乎倾巢出动，从富有的商人到卑微的菜农，他们可能都去观看比赛了。世界上不会有另外一群人比他们对这场体育比赛更热衷。”③ 从这篇报道我们可以窥见澳大利亚媒体对“华人社群联合起来了”的隐忧。

对华人足球队访问澳大利亚的批评报道只有 1 篇，报道中称“市长阿德曼·科尔尼什（Alderman Cornish）决定不以市政府的名义为昨天到达新

① “Chinese Team Soccer Players Sound Combination,” *The Sydney Morning Herald*, Aug. 8, 1923.

② “Chinese Football Team: Dance to Jazz Music,” *The Argus*, Sep. 29, 1923.

③ “Chinese Soccer Players,” *The Australasian*, Aug. 18, 1923.

南威尔士州纽卡斯尔的华人足球队举行欢迎仪式，因为他认为华人足球队的到来纯粹为了赚钱。通过访问，华人足球队员将会大赚一笔”①。这篇报道是笔者所知的澳大利亚媒体唯一一篇对华人足球队的直接批评，不过，报纸也只是简短转述了市长的做法和想法，并没有进行详细评论。

除了以上对华人足球队和华人球员的直接报道和评论，澳大利亚媒体还借助足球交流赛一事展开其他讨论，这些相关报道有15篇，其中4篇表达了澳大利亚人的民族情绪。如《纪录报》在8月30日的一篇报道，其中援引了一位“土生澳大利亚人”（Native-born Australian）和F. S. 的观点，对因华人足球比赛的安排而使得澳式足球比赛延期，表达了不满。土生澳大利亚人认为，“作为这个国家的本土公民，我对澳大利亚的一切，特别是作为我们国民运动的澳式足球，都怀有极大的热爱和尊重，南澳大利亚足协要求南澳大利亚澳式足球联盟把原定于10月6日举行的总决赛延后以安排华人足球队与南澳大利亚足球队的表演赛，这种要求是很荒谬的。这只是想要取悦几千观众，而他们仅仅是带着好奇心去观看比赛的”②。从此报道来看，这些讨论并非针对华人足球队，而更多的是对代表英国文化的英式足球的反对。在对1923年和1927年华人足球队两次访问的报道中，澳大利亚媒体多称之为“英国协会足球”（British Association Football）或“英联邦协会足球”（Commonwealth Association Football），而直接用Football称澳式足球，这其中我们能看出刚建国不久的澳大利亚人的民族意识，他们试图与原宗主国区分，并且强调重视更有本土色彩的体育运动。

另外11则新闻报道借华人足球队的访问，反思澳大利亚的自身情况，包括澳大利亚足球的发展、澳大利亚如何对外交流和融入世界等。首先，与上述足球比赛中的民族主义情绪不同，有些报道体现了澳大利亚融入世界、与世界接轨的渴望，它们鼓励澳大利亚人参与更多的世界性的体育项目。③ 其次，关于澳大利亚足球的发展，在1923年华人足球队到达澳大利亚之前，就有报刊阐述了此次华人足球队的访问对于澳大利亚足球发展的

① “No Reception to Chinese Footballers,” *The Argus*, Aug. 24, 1923.

② “Chinese Soccer Team,” *The Register*, Aug. 30, 1923.

③ 参见“Chinese Footballer's Visit,” *The Advertiser*, Aug. 30, 1923；“The Australian Game,” *Critic*, Sep. 5, 1923。

重要性。[①] 1927 年的华人足球队到达澳大利亚后，也有报道分析了华人足球队访澳的益处。文章指出，华人足球队的访问可以“增进国际友好，消除偏见和误解，使足球在澳大利亚更受欢迎”[②]。1923 年 10 月 12 日的新闻讨论了足球比赛中澳大利亚的裁判问题[③]，还有三篇报道批评了球票价格过高[④]，另有一篇报道详细分析了与华人足球队比赛的情况，并反思了澳大利亚足球运动的发展。[⑤]

总体来说，澳大利亚媒体的报道体现出澳大利亚人对华人足球队访问相对客观的态度，甚至不吝褒奖。可以说，这些新闻中的华人印象基本是正面的，或者至少不是负面的形象。

二 “白澳政策”与“黄祸论”背景下的华人足球队访澳

澳大利亚自 1901 年建国之后，推行有种族歧视色彩的“白澳政策”，在这一政策之下，澳大利亚欧洲移民对在澳华人的态度，实际上是澳大利亚建国以前种族主义情绪的延伸。白人治下的澳大利亚把华人和其他族裔视作竞争者、入侵者或低劣的有色人种。[⑥] 通过《移民限制条例》《太平洋岛屿劳工条例》《联邦邮政电报条例》《联邦选举权条例》等法律法规，华人及其他有色人种的生存状况受到了诸多威胁，华人的职业选择、参与政治和经济活动被限制，“华人不得从事律师、医生、领港员、土地测量员”等工作，“新入澳的华人不得从事洗衣业和家具制造业；华人未经特别许可，不得开采矿产”。在维多利亚州和南澳，华侨也不能参加市政选举。[⑦] 从数量上来说，20 世纪上半叶在澳华人“人数大为减少，呈持续下降趋

① 参见“Sport and Character: The Football Season,” *The Sydney Morning Herald*, Apr. 21, 1923。

② “Chinese Soccer Team Entertained,” *The Brisbane Courier*, Jul. 16, 1927.

③ 参见“Chinese Tourists Sailed Yesterday for Hobart,” *Arrow*, Oct. 12, 1923。

④ 详情见“Soccer,” *The Age*, Jul. 2, 1923; “Soccer Football: Lessons of Chinese Game High Charges,” *The Newcastle Sun*, May. 24, 1927; “Soccer Test,” *The Argus*, Jul. 2, 1927。

⑤ “Story of Soccer Test: Game of Fluctuating Fortunes,” *The Brisbane Courier*, Jul. 18, 1927.

⑥ 参见乔瑜《19 世纪后半期 20 世纪初澳大利亚女性眼中的华人男性形象》，《历史教学》2012 年第 2 期。

⑦ 王晓艳：《澳大利亚华人社会的历史变迁》，硕士学位论文，东北师范大学历史文化学院，2007 年。

势，至战后初期，华人进出境人数已出现负增长”①。

在“白澳政策”下，在澳华人积极通过通婚、改宗、创办学校等方式融入当地社会。他们积极从事蔬菜和水果种植业、餐饮业和商业，改善自身经济状况，并成立跨越血缘和地缘界限的商业团体。但是，19 世纪下半叶兴起的“黄祸论”与“白澳政策”一起，使得华人在澳大利亚的形象主要是负面的，生活处境也极为不利。这种状况直到第二次世界大战以后才有所改变。1947 年澳大利亚开始放松对非欧居民的限制；1949 年澳政府允许一些受到驱逐的亚洲人在澳定居；1958 年政府废除了语言测试。1975 年，澳大利亚通过《反种族歧视法》，这一法律将人种、血统、种族、肤色等方面的歧视视为非法。这一法律的通过表明实行七十余年的“白澳政策”的正式废除。②

对于澳大利亚的种族歧视政策，当时中国人还是有所了解的。民国初年的报刊就曾刊登过关于澳大利亚种族主义的文章。例如，1921 年《时事月刊》上转载了日本人有川冶助所写的《白澳主义》，介绍了白澳主义的起源、澳大利亚两大党派对白澳主义的态度、拥护白澳主义的代表的言论以及白澳主义的国际影响。③ 1929 年的《宣传周报》上也刊载了一篇名为《澳政府之白澳主义》④ 的报道。关于在澳华人的生存状况，中国媒体也有所关注，报纸上会刊登一些相关新闻，例如《华人赴澳留学章程已修改》《华人赴澳经商须知》《华人赴澳条例》《华人由中国往澳及由澳回国之统计》等。⑤

1920 年代华人足球队的两次访澳正是在上述社会和观念背景下发生的。因此，从澳大利亚的相关报道来看，华人足球队似乎成了“黄祸论”中的一种例外形象。究其原因，主要有以下两个方面：

---

① 张秋生：《澳大利亚华侨华人史》，外语教学与研究出版社 1998 年版，第 89—90 页。

② 闫荣素：《澳大利亚白澳政策的历史演变》，《河北师范大学学报》（哲学社会科学版）2004 年第 5 期。

③ 《白澳主义》，《时事月刊》1921 年第 1 卷第 10 期，第 329—339 页。

④ 《澳洲政府之白澳主义》，《宣传周报》（南昌）1929 年第 36 期。

⑤ 《华人赴澳留学章程已修改》，《中华教育界》1927 年第 16 卷第 12 期，第 6 页；《工商界消息：华人赴澳经商须知》，《上海总商会月报》1923 年第 3 卷第 8 期，第 7 页；《海外各地政治状况：澳洲方面华人赴澳条例》，《中南情报》1934 年第 7 期；《澳大利亚商务报告：华人由中国往澳及由澳回国之统计》，《农商公报》1924 年第 11 卷第 1 期，第 74 页。

首先，19 世纪到 20 世纪初的澳大利亚人之所以对华人有那么多偏见，一个重要原因是在澳大利亚的华人多为“苦力”。他们在澳大利亚主要从事种植业和家具业，而种植业却曾是澳洲白人所不屑的职业。但前往澳大利亚比赛的球员和领队们则完全不同，他们大多在教会学校接受教育，能识文断字，很有教养，其中不少人可以算作当时的中产阶级。这其中最有代表性的是被称为“亚洲球王”的李惠堂。李惠堂 1905 年生于香港的建筑巨商李浩如家，1919 年入香港皇仁书院读书，1922 年加入香港南华会成为足球运动员。正是在这次访澳过程中，李惠堂表现出色，成为系列赛的最佳球员。[①] 除了足球场上的表现，李惠堂还有体育相关的著述，如《足球》《球圃菜根集》等。这样文体双全的人物与在澳华人的形象形成了鲜明对比。在面对完全不同的华人之时，澳洲媒体在字里行间流露出对不同类型华人的好奇，因此一些报刊还报道了球员的英文水平、西化程度、受教育背景等。

其实，邀请华人足球队第一次访澳的澳大利亚人哈里·密勒德（Harry Millard）[②]，本身也希望改变澳大利亚人对华人的看法，同时球队又由“精英”构成。因此这些华人与在澳大利亚由下层民众构成的华人颇不一样。密勒德是澳大利的记者，参加过第一次世界大战，在一战中见到了参战的华工。这些华工健硕有力、吃苦耐劳，与他原来见过的华人“苦力”形象差异很大。密勒德本来对当时澳大利亚政府带有种族歧视性的“白澳政策”不满，而他参加第一次世界大战在欧洲见到的华人劳工，使他有意要通过促进中澳交往来改变澳大利亚人眼中的华人形象。于是密勒德选择以体育比赛来实践自己的想法。他在中国多方奔走，终于促成了 1923 年华人足球队对澳大利亚的访问。这次去澳大利亚比赛的球员以香港南华队为主，同时还有几名其他队的球员。他之所以选择以南华队为主要班底，在于南华队成立较早，比赛经验丰富，是华人足球队中水平最高的。南华队源自英文书院学生在 1908 年所组织的“华人足球队”。1910 年，莫庆发起

---

① 政协广东省五华县委员会文史资料研究委员会编：《五华文史》第九辑，1990 年，第1 页。

② 关于密勒德邀请华人球队访华的详细过程参见 Nick Guoth，“A New China：Using Sport to Expose a Multi-class Race Through the 1923 Chinese Soccer Tour of Australia，” *Sport in Society*，vol. 15，no. 4，2012，pp. 462 – 478. 此次比赛受密勒德之邀请也可见于前文提到的《体育消息一束：华人足球队赴澳所受之不平待遇》。

成立“南华足球会”，开始与其他球队比赛。1916年，首届主席卢侠父成立了“南华游乐会”，并正式加入香港足球总会。[①] 1913—1923年的前六届远东运动会中，华人足球队大多以南华的球员为主，且取得了优异成绩，除第一届外，剩下的比赛皆取得了冠军。

其次，澳大利亚报纸对中国球队访问相对客观和正面的报道，也体现出从英帝国独立不久的澳大利亚联邦试图摆脱原宗主国的影响，以全新的立场来措置自己国际地位的努力。华人足球队的访问，对于澳大利亚而言实际上是面对了两个“他者”，一个是作为“外国人”的华人球员，另一个是作为代表“英国足球运动”的“协会足球”（association football），即我们通常所称的足球。在这种语境之下，华人足球队的种族因素被隐去了。在澳大利亚人眼里，华人足球队是相对于澳大利亚队而存在的另一个国家的代表，而比赛中的足球运动，则是相对于澳式足球而言，这种比赛是代表了英国文化的一种体育运动。澳大利亚媒体正是基于这两个维度，站在“我者”的角度来报道相关内容的。由此就不难理解，当时为何会出现借由文化交流来讨论澳大利亚的国际战略的社评[②]，也能明白为何由于场地和时间问题把“澳式足球”改期时，会有人义愤填膺地出来批评。

即便澳大利亚人与优秀的华人是有了直接接触，在通过华人足球队看到了并非“低劣的有色人种”的华人之后，澳大利亚人眼中的华人形象并没有从总体上改观，澳大利亚的种族政策和种族观念也没有发生变化。在华人足球队两次访问后不久，1930年《中华实事周刊》撰文指出，华人在澳大利亚的生存依然艰难，“华人受澳政府之鱼肉者亦不少，华人居澳境郊外者，每多被警察搜查，疑为白妇之窟也，最近华人住宅，被警察搜查者有百五十家，但未有白种女子发现，据言白种妇人之不肖待我华人矣”[③]。

综上所述，1920年代澳大利亚媒体对作为苦力的华人和对作为足球运动员的华人的报道展现出了两种不同的华人形象。这种矛盾性表明，“华

① 参见南华体育会官方网站 http://www.scaa.org.hk/index.php/About/about_ history.html。

② 可参见“Chinese Soccer Team Entertained,” *The Brisbane Courier*, Jul. 16, 1927。

③《澳政府虐待华人》，《中华实事周刊》1930年第2卷第8期。

人形象”问题其实并不简单地是一种对“他者”的认知，同时也是一种建构的话语。澳大利亚媒体在处理国内种族关系时，在白人至上的国家里，华人成了威胁，是竞争者和“黄祸”。而在处理对外关系时，作为新兴的、脱胎于帝国的民族国家，澳大利亚人就用有别于英国人的态度来重新审视国际比赛中的华人足球队。纵观延续至今的华人形象问题，可以说西方人构建的不同形象都可以看作一种话语。启蒙运动时期，中国是理想之国，那是为了树立遥远的乌托邦来推动欧洲的社会进步。近代以来，“黄祸论”“东亚病夫论”成了侵略中国的借口。而近年来出现的“中国威胁论”，实际上也是为西方国家试图扼制中国发展所编造出来的一种话语。

（陈强，首都师范大学历史学院博士研究生）

Review Articles

评论

日本近代化进程中的王安石变法研究

——从海保青陵到京都学派

张呈忠

摘要 日本江户末期新思潮萌动，“新法家”海保青陵首先高度评价了王安石的新法。及至明治时代后期，引入西学对王安石的新法进行新解说成为一种新的思想趋势。京都学派的东洋史学者内藤湖南给予了“王安石是近代文化的体现者”的定位，这一论点在其“宋代近世说”中占有重要位置。宫崎市定、佐伯富继承并发展了内藤湖南的观点。京都学派东洋史学者的这一主张，根植于近代日本自身的发展逻辑。

关键词 日本 王安石变法 海保青陵 京都学派

美籍华裔历史学家黄仁宇说：“王安石与现代读者近，而反与他同时人物远。”① 所谓“与他同时人物远”，是指王安石在当时受到非议甚多，传统史家往往称其新法祸国殃民；所谓“与现代读者近”，则指现代人大多对王安石评价甚高，以其变法为具有进步意义的改革运动。这种近今远古、超越时代的王安石观，并非黄仁宇的独特观点，而是20世纪以来中国社会的主流看法②，甚至在欧美、日本也呈现出相似的景象。③

为什么王安石变法会引起近代（现代）人的特别关注并给予其高度评价？近千年前的王安石变法和近代（现代）社会的契合点究竟在哪里？这

---

① 黄仁宇：《中国大历史》，生活·读书·新知三联书店1997年版，第141页。

② 参看李华瑞《王安石变法研究史》，人民出版社2004年版。

③ 关于欧美世界王安石观的演变，参看张呈忠《近三百年来西方学者眼中的王安石》，《史学理论研究》2016年第4期。

自然是一个非常复杂的问题。本文试图借异域之眼来管窥其中的奥秘，重点考察从江户末期到第二次世界大战前后日本学者是如何看待王安石变法的，特别注重他们的论说与近代日本的历史语境之间的关联。

特别值得一提的是，以内藤湖南为宗师的日本京都学派东洋史学者对王安石变法研究丰富而深入，这和他们所倡导的“唐宋变革论”有着密切关系。尽管近年来中国学界对“唐宋变革论”表现出高度的热情，但对于京都学派东洋史家的历史观念和思想实质仍缺乏深入的探讨[①]，而理解京都学派的王安石观恰恰是理解他们所倡导的“唐宋变革论”的一个关键。[②]

一　“异端”海保青陵对王安石的新评价

日本学者东一夫的《日本中・近世の王安石研究史》一书详细分析了从日本中世五山禅林到近世末期海保青陵对王安石评价的变迁。在日本中世和近世，对王安石的评价主流是否定的，而海保青陵给予了高度肯定，东一夫认为海保青陵的王安石评价具有近代特征。[③]

海保青陵（1755—1817）是日本近世著名的经世学者[④]，被誉为“江户时期经济学者第一人”。[⑤] 因其继承徂徕学派思想家荻生徂徕、太宰春台的“脱儒”主张，坚持“彻底的合理主义”，以儒学为空论，对儒学持强烈批判否定态度，主张霸道合理而王道悖理，发挥韩非子的法家思想，主张“君臣市道”，具有鲜明的法家思想倾向，因此又被称为“日本近世新法家的确立者”[⑥]；在经济思想上海保青陵高度重视商业和功利，又被称为

---

① 柳立言指出谈“唐宋变革”而不理会京都学派的史观已经是“夺其魂魄”。参看柳立言《何谓“唐宋变革”?》，《中华文史论丛》2006 年第 1 期。

② 国内讨论京都学派“唐宋变革论”的论著似乎都没有关注到京都学派“唐宋变革论”与其王安石变法研究之间的关系问题。关于“唐宋变革论”的基本介绍，可参看张广达《内藤湖南的唐宋变革说及其影响》，《史家、史学与现代学术》，广西师范大学出版社 2008 年版，第 57—133 页；李华瑞主编：《“唐宋变革”论的由来与发展》，天津古籍出版社 2010 年版，等等。

③ 东一夫：《日本中・近世の王安石研究史》，东京：风间书房 1987 年版，第 426 页。

④ 参看源了圆《德川思想小史》，郭连友译，外语教学与研究出版社 2009 年版，第 132—135 页。

⑤ 东一夫：《日本中・近世の王安石研究史》，第 355 页。

⑥ 韩东育：《日本近世新法家研究》，中华书局 2003 年版，第 215—278 页。

“日本近代重商主义思想的先驱”①。

海保青陵一反此前朱子学学者所持的批判王安石、否定熙丰新法的立场，在日本近世思想史上首次高度肯定王安石的政术。他在《稽古谈》中指出宋代儒者辈出，但都只是善于文章而不善于政事，唯有被后世称为“恶人”的王安石可称为“政事名人”，他认为王安石善于兴利，故而评价其为宋代政治家第一人。② 海保青陵称赞王安石的青苗法，他以《周礼》中“春颁秋敛”并收取一分利息为据，认为青苗法符合《周礼》的精神，收取利息具有合理性与必要性，他认为苏辙对青苗法的批评是滑稽可笑的，无论是汉代的桑弘羊还是宋代的王安石所推行的借贷之法既合乎理又符合民心。③ 这和朱子学学者关于“理”和“利”的态度是截然对立的。

作为日本“近代化启蒙思想的先驱”④ 的海保青陵，同时也是日本学者高度肯定王安石的先驱，二者之间并不是偶然的。从海保青陵的王安石论可以看出，他对王安石的推崇和他的“新法家”思想主张密切相关。徂徕学是日本近代化的重要内在思想渊源，因此海保青陵的王安石论不仅具有鲜明的时代特色，而且对后来的日本思想史具有长期影响。

但在当时的思想氛围下，海保青陵是以“异端”的面目出现的，徂徕学与当时的主流朱子学处于水火不容的对立之中。海保青陵之后的很长时间里，日本学者对王安石的普遍评价似乎并无大的改变，如明治时代的汉学者冈松瓮谷（1820—1895）即坚持传统的王安石“祸国”论的立场，认为“盖安石之相神宗，为政于天下，务在富国强兵。于是青苗、助役、方田、均输之法相继兴，而民始穷于财也”⑤，而中村正直（1832—1891）认为“盖安石之罪，不在于行新法，而在于用小人”⑥，观点虽有差异但仍不出传统论述之范围。值得注意的是，朝山景秀在1893年的文章中将王安石

---

① 刘金才：《町人伦理思想研究——日本近代化动因新论》，北京大学出版社2001年版，第260页；冯玮：《日本经济体制的历史变迁：理论和政策的互动》，上海人民出版社2009年版，第85页。

② 海保青陵：《稽古谈》，日本思想大系44《本多利明·海保青陵》，东京：岩波书店1970年版，第219页。

③ 同上书，第225、228页。

④ 韩东育：《日本近世新法家研究》，第215页。

⑤ 冈松瓮谷：《瓮谷遗稿》卷3《王安石论》，东京：吉川弘文馆1906年版，第9页。

⑥ 中村正直：《敬宇文集》卷2《王安石论》，东京：吉川弘文馆1903年版，第2页。

与明治时代的著名人物井尹直弼和大久保甲东（即大久保利通）作比较，认为他们在性格和行为上很有相似之处，并重点讨论了当时宋朝的内外环境和新法失败的原因，对新法本身持肯定态度。[①] 他的观点显示出一种新的动向。

二　西学引入与王安石的新评价

日本思想界对王安石评价的根本性变化大概开始于明治后期（1895—1912）。1897 年，曾留学西欧的日本法学家高桥作卫作了长篇论文《王安石新法论》，盛赞王安石为大政治家。他认为宋朝面临内政和外交上的双重困难，以富国强兵为目标的王安石是非常时代的非常之才："支那旧论，辙谓兴一利不如减一害，今安石反而行之，而变其退守主义，易而为取进步主义。其手段则兼取干涉主义，以掌握利权。破空前古，安石之经济，可谓大矣哉!"[②] 这是用西欧政治经济学中的"国家干预"来解说王安石的新法主张。对于王安石"民不加赋而国用足"的主张，高桥作卫评论说："安石胸中实在于厚培人民，为国家创实利，为国家增富源。使人民之岁入有加，则国家不须加赋，而所获财用自与加赋无异，则国家同受其利益，而人民不觉其苦，此为与今日泰西经济主义相同也。"[③] 高桥作卫对王安石的评价中最为突出的特点就是用当时西方流行的政治经济学概念对王安石的政策主张进行了新的诠释，以王安石的主张和当时泰西经济观念相同来凸显王安石思想和新法的先进性。对于王安石本人，高桥作卫表达了无限的崇拜之情，并以王安石的"知己"自居："予恨生当今日，不获安石知予为其知己；抑予亦幸生当今日，而获表扬安石，亦堪为安石知己也。"[④]

1903 年吉田宇之助的《王安石》一书出版，这是日本学者的首部王安石研究专著。这部书书前印有苏峰学人（即德富苏峰）的诗："毕生心事

---

① 朝山景秀：《王安石》，《龙南会杂志》1893 年 12 月第 21 期，第 4—14 页。

② 高桥作卫：《王安石新法论》，陈超译，广智书局 1902 年版，第 15 页。[高桥作卫《王安石新法论》初载于《东亚学会杂志》1（1—3），1897 年 2—4 月]

③ 同上书，第 17 页。

④ 同上书，第 33 页。

在经纶，余技词章亦绝伦。时俗悉知济世略，抂将安石做文人。”在《自序》中吉田宇之助引用吉田松阴的话说：“呜呼，吾二百年来国势颇类赵氏，而近日虏患又不在辽夏之下，且吾公之仁贤盖亦宋仁之流。”① 他认为当时日本的局势和宋朝类似，当时的天皇又和宋仁宗相似，可见吉田宇之助在写《王安石》时有着强烈的时代危机感。

吉田宇之助的立场是非常鲜明的，他首先为因“焚书坑儒”而被称为暴君的秦始皇平反，指出当时刚刚平定六国而“儒以文乱法”，因此此举具有合理性，秦始皇的英迈果断是中国古代帝王中非常难得的，他认为隋炀帝也是被史家误解的君王，称赞其疏通运河、整顿内治的多项功绩，称其继承了秦皇汉武的治绩，并以此二例来说明史家的不公正，进而为被称为“奸佞”的王安石平反。② 吉田宇之助引西欧历史作比较，将宋神宗比作路易十四，将王安石比作柯尔贝尔，对于声称“朕即国家”的路易十四，他称赞其振兴王权、宣扬国威，乃“不世出之明君”。③ 这个比拟具有非常重要的意义。路易十四是近代欧洲独裁君主的最典型代表，柯尔贝尔的经济财政政策是重商主义的典范（重商主义又被称作是“柯尔贝尔主义”）。吉田宇之助不仅以西欧的历史人物来进行类比进而凸显王安石的重要地位，还以西欧的政策制度来分析新法的进步性，比如他称青苗法是利民兴产的政策，是一种劝行银行法。④

1908 年山路爱山发表了长篇论文《王安石论》。山路爱山（1864—1917）是明治时期有名的史学家，他曾著有《荻生徂徕》一书，称赞荻生徂徕为日本思想界的泰山北斗。⑤ 1905 年他组织了国家社会党，成为当时有名的国家社会主义者，他的历史观具有鲜明的国家社会主义史观特征。⑥ 山路爱山认为当时汉人种面临西北羌和契丹两大人种的压迫，而王安石是要辅佐英主宋神宗进行汉人种的国家建设，富国强兵乃时代之要求，而王

---

① 吉田宇之助：《王安石》，东京：民友社 1903 年版，第 1 页。

② 同上书，第 1—12 页。

③ 同上书，第 173 页。

④ 同上书，第 181—188 页。

⑤ 参看王青《日本近世儒学家荻生徂徕研究》，上海古籍出版社 2005 年版，第 136 页。

⑥ 参看今中寛司《山路愛山の国家社会主義史観》，《キリスト教社会問題研究》1968 年第 12 号，第 87—115 页。

安石的新法与国家社会主义的原则是相同的。[①] 从山路爱山的观点可以看出，他对王安石的肯定既有源自日本本土徂徕学思想传统的影响，又和来自西方的国家社会主义思潮密切相关。

明治时期是日本近代史上急剧变化的时期，特别是明治后期更是国家主义思潮急剧膨胀的时期。从高桥作卫、吉田宇之助和山路爱山三人的论著可以看出，随着日本局势的变迁，王安石在日本思想界的关注度得到了很大提升，这主要体现在富国强兵的主张得到高度评价，同时以西学或者西方经验如国家干预、重商主义、国家社会主义等来肯定王安石的新法成为一种潮流。这段时间恰好也是日本东洋史学科形成时期，因此也构成了东洋史学者讨论王安石变法的一个基本背景。

在探讨京都学派的东洋史家观点之前，有必要考察一下此前日本史学界是怎样书写王安石的。由元朝人曾先之编纂的《十八史略》在日本有着和《史记》《资治通鉴》同等的地位，此书在日本近世非常流行，及至明治时代仍有着巨大的影响力。这本书明显受程朱理学的影响，对王安石变法持强烈的否定态度。[②] 明治维新以后，启蒙主义文明论、文明史观影响扩大，而认为中国历史是停滞的观念也变得很流行，最典型的是福泽谕吉，他认为西方文明是进步的，中国文明是停滞的，故而主张“脱亚入欧”。与福泽谕吉齐名的田口卯吉也秉持中国历史停滞论的观点，他在《中国开化小史》中写道：“周以前的数千年乃埋没于封建离乱之祸害的时代，秦以后的二千余年乃沉沦于专制政治的腐败之时代。中国人民尚未发现预防这种弊害的制度，到了无法忍受封建离乱祸害之际推倒封建而起的是专制政治，待到不堪专制政治腐败的时候，扫除专制代起的是叛乱分裂。中国人民的历史只不过是这数种事情的反复。”[③] 他对王安石新法持否定态度，认为“民不加赋而国用足”乃是不合实际的，政府所得之利正是社会所失之利，而行新法只是增加冗费而已。[④] 福泽谕吉的弟子那珂通世在

---

① 山路爱山：《王安石论》，《爱山文集》，东京：隆文馆 1908 年版，第 469 页。

② 曾先之：《立斋先生标题解注音释十八史略》卷 6，日本国立国会图书馆藏，1839 年版，第 34—39 页。

③ 译文转引自周建高《〈中国开化小史〉研究》，王勇主编：《中日关系史料与研究》第 2 辑，东京：国际文化工房 2004 年版，第 107 页。

④ 田口卯吉：《中国开化小史》，东京：秀英舍 1890 年版，第 300—301 页。

《中国通史》中说："秦汉以下二千余年，历朝政俗殆无变迁，文化凝滞，不复进展。唯有朝代反复兴替而已。"① 他对王安石变法的叙述与中国传统史书没有太大差别，认为新法招致民怨，而神宗后来也不再信任王安石。②

那珂通世的《中国通史》乃是采用上世史、中世史、近世史的分期方式，对后来日本学者的中国史编纂体例影响甚大。特别值得注意的是，东洋史家桑原骘藏于1898年出版的历史教科书《中等东洋史》采纳了上古、中古、近古、近世的分期方式，在叙述王安石富国强兵的诸项新法时就参考了高桥作卫的论文，③ 尽管内容较为简略，但对王安石的新法成就持肯定的态度。④

三　京都学派："王安石是近代文化的体现者"

京都学派东洋史创始人内藤湖南反对中国停滞论，认为中国历史是有进步的，他将王安石变法置于唐宋变革的历史进步之中给予了新的定位。

早在1914年出版的《中国论》一书中内藤湖南就对王安石予以了特别关注。在《中国论》中，内藤湖南首次在正式出版物中申明了他的"宋代近世说"。内藤湖南特别指出："近世"是有特定含义的，这种含义在西洋历史上就是文艺复兴的时代以后一般民众势力的增长、经济变化、社会组织变革等内容，而同样的内容当然在日本和中国也出现了，中国自唐中叶至五代、宋，"近世"逐渐确立。⑤ 他认为在贵族政治时代人民是贵族的奴隶，没有私有财产权，但是到了独裁政治的宋代，人民的私有权获得了承认。王安石的税务制度改革以及其他政治上的大改革正好体现了这一点。在他看来，青苗法和市易法都是人民贷款而政府获得利益，特别是市易法，人民用田宅或者金帛作为抵当，是对财产权利进行了明确的规定；而免役法改变了以前的差役法，实行以钱代役的政策，体现了对财产和劳

---

① 那珂通世：《中国通史》卷1，东京：东京中央堂1888年版，第6页。

② 那珂通世：《中国通史》卷4，第21—24页。

③ 桑原骘藏：《东洋史教授资料》，《桑原骘藏全集》第4卷，东京：岩波书店1968年版，第505页。

④ 桑原骘藏：《中等东洋史》，《桑原骘藏全集》第4卷，第156—158页。

⑤ 内藤湖南：《中国论》，《内藤湖南全集》第5卷，东京：筑摩书房1969年版，第308页。

力自由的几分认可，因此这是对人民实力的承认，体现了民力的增进。[①] 简言之，王安石变法意味着民力的增进。内藤湖南最为人熟知的《概括的唐宋时代观》一文完整地阐述了他的“宋代近世说”，其中很多观点是对《中国论》的继承，文中同样提到了王安石——在将承认财产的私有权看作近世社会的特征之时所举的实例就是王安石新法中的青苗法和募役法。[②]

关于王安石变法更详细的阐述则是在内藤湖南的《中国近世史》课程讲义中，他对王安石进行了两层意义上的肯定：一是在人格上肯定王安石是君子改革家；二是在政策上强调其初衷的合理性。但他并不否认新法带来了诸多弊害，他为新法作了两层意义上的辩护：一是强调新法不能取得好的成效原因不在于王安石，而在于官员和百姓的素质；二是强调王安石的继任者如吕惠卿、蔡京等人是小人，因此新法发生了质的变化。[③]

此外，还有一篇不得不提的文章就是内藤湖南的《近代中国的文化生活》，这本是他 1928 年 7 月在东亚同文会讲演会上所作的讲演。他提出“近代”的各种内涵中有一点就是平民发展的时代，而且“君主专制的时代亦是平民发展的时代”，最能体现平民权利发展的就是王安石的新法。[④] 这里所谓的“近代”其含义等同于“近世”。[⑤] 后来宫崎市定将内藤湖南的主张总结为“宋代近世文化论”，并称给予了“王安石是近代文化的体现者的最高评价”。[⑥] 这一论断与这篇演讲的主题是完全一致的。

内藤湖南对王安石的评价可能受吉田宇之助影响甚大。吉田宇之助将宋神宗比作西欧的君主路易十四，这和内藤湖南的宋代君主独裁说有相通之处。而内藤湖南对秦始皇的评价和吉田宇之助几乎完全一致，[⑦] 他们表现出极为相近的思想倾向。内藤湖南的特殊之处在于，他是以进化史观来

---

① 内藤湖南：《中国论》，《内藤湖南全集》第 5 卷，东京：筑摩书房 1969 年版，第 325 页。

② 内藤湖南：《概括的唐宋时代观》，刘俊文主编：《日本学者研究中国史论著选译》第 1 卷《通论》，黄约瑟译，中华书局 1992 年版，第 14 页。

③ 内藤湖南：《中国史通论——内藤湖南博士中国史学著作选译》，夏应元等译，社会科学文献出版社 2004 年版，第 401—414 页。

④ 内藤湖南：《近代中国的文化生活》，《东洋文化史研究》，林晓光译，复旦大学出版社 2016 年版，第 116—117 页。

⑤ 参看谷川道雄《“唐宋变革”的世界史意义——内藤湖南的中国史构想》，《魏晋南北朝隋唐史资料》2006 年 12 月第 23 辑，第 6 页。

⑥ 宫崎市定：《自跋》，《宫崎市定全集》第十卷《宋》，东京：岩波书店 1992 年版，第 411 页。

⑦ 内藤湖南：《中国史通论——内藤湖南博士中国史学著作选译》，第 142—148 页。

看待中国历史，与那珂通世仅仅在时代区分上使用“中世”“近世”不同，内藤湖南强调中国的中世、近世，在文化形态上与西洋的中世、近世是有共同内核的。内藤湖南的“近世”论，正如山田伸吾所说：“‘近世’是西方、日本、中国各自拥有的，而且是作为世界史上的一个历史阶段而设定的。所谓‘各自拥有’指的就是人民的抬头、人民的力量扩大这一实质，但另一方面，基于这一实质的政治、经济、社会组织的形态由于各个历史社会的不同而存在差别。这就是湖南在《中国论》中对近世所下的一般性定义。”① 在内藤湖南看来，“近世”最具有实质意味的是人民的抬头，内藤湖南在一篇探讨日本史的文章中写道：“从某种意义上说，所谓历史，可以说是底层民众逐渐向上发展的一个记录，日本的历史大都也是底层民众向上发展的记录。”② 而在中国的历史上，王安石的新法最能体现这一点，由此可见王安石在内藤湖南东洋史体系中的重要意义。近世的宋朝替代中世的唐朝是历史的进步，唐宋变革具有历史进步性，而集中体现这种进步的则是宋朝的王安石变法。因此，“王安石是近代文化的体现者”这一命题，构成了内藤湖南“宋代近世说”至关重要的一环。

宫崎市定早年专攻宋史，他继承和发展了内藤湖南的“宋代近世说”，并在一开始就对王安石予以了特别的重视。他研究王安石的第一篇论文发表于1930年，讨论了此前王安石新法研究中不太受重视的仓法问题。他认为胥吏问题是“近世中国政治的一个难以治愈的毒瘤”③，王安石并非像通常所批评的那样未能改善吏治，而是推行了以吏士合一为目标的仓法，提高胥吏待遇，减少胥吏受贿舞弊的危害，培育士人吏治能力，提高政治的实效。在宫崎市定看来，仓法取得了不错的实际效果，后来被司马光等人废除，中国的政治道德便堕落下去，他感叹说王安石不得行其志“不只是宋朝一代的不幸也是后世亿万中国人民的不幸”。④ 在学理分析之外，宫崎市定对王安石的崇拜敬仰之意溢于言表。

---

① 山田伸吾：《内藤湖南与辛亥革命——另一个“近代”——围绕〈中国论〉的问题》，日本内藤湖南研究会编著：《内藤湖南的世界》，马彪等译，三秦出版社2005年版，第145页。

② 内藤湖南：《关于应仁之乱》，《日本历史与日本文化》，刘克申译，商务印书馆2012年版，第124页。

③ 宫崎市定：《王安石的吏士合一政策》，刘俊文主编：《日本学者研究中国史论著选译》第五卷《五代宋元》，索介然译，中华书局1993年版，第451页。

④ 同上书，第489页。

1935 年宫崎市定在《北宋史概说》中遵从内藤湖南的宋代近世文化论来分析北宋的历史，将唐宋变革视作从贵族制时代到独裁政治时代的转变，而王安石的新法是在新的社会形态下展开的，他将王安石新法分为三类：其一，均输法、青苗法和市易法，这三项新法为王安石的新经济政策，其目的是应对当时的政府财政困难、理财无道、百姓贫富悬殊的问题，是与当时社会的进步相对应的应急处置；其二，保甲法和保马法，宫崎市定认为保甲法是复古政策，意图恢复全民皆兵，寓兵于农，而保马法是寓马于农，这两项政策的结局是似乎没有实现目标；其三，募役法，宫崎市定认为募役法具有特别的进步意义，募役法与保甲法的复古相对，放弃了复古观念，体现出对新社会的预见，通过缴纳役钱的方式人民得以从封建制度的束缚中解脱出来。针对认为新法导致了北宋灭亡的传统看法，宫崎市定认为也许正是由于王安石的改革才保住了北宋后五十年的命脉。①

除此以外，1942 年宫崎市定还专文探讨了王安石治理黄河的技术与策略，特别是浚川杷的运用，重点表彰王安石作为科学的政治家的品格，他认为这种全然新型的政治家是中国史上未尝见到过的。②

1941 年宫崎市定的学生佐伯富出版了《王安石》一书。据佐伯富自述，该书的写作参考了宫崎市定对王安石新法的相关研究和讲义，还从内藤湖南《中国论》一书中的相关议论拜借甚多。他在“绪言”中提出要从中国近世社会性质的角度来对这一问题展开分析。该书除了绪言和结论以外正文部分包含五个方面的内容：独裁政治的发达；独裁政治的弊坏；王安石的出现；王安石的新法；新法的意义。前两章的内容很明显是对内藤湖南《中国论》中观点的发挥。佐伯富在介绍王安石生平时特别提到王安石为鄞县县令，而鄞县在今日之宁波，是与日本、阿拉伯以及南方诸国交通之处，据此他推测王安石在任上可能受到当时阿拉伯文明的科学思想的影响。由此可见佐伯富本人的思想倾向和该书的论述重点。在对王安石诸项新法的讨论中，他认为募役法是王安石的新法诸政策中最为进步的一项。③

① 宫崎市定：《北宋史概说》，《宫崎市定全集》第 10 卷《宋》，第 26—39 页。
② 宫崎市定：《王安石的黄河治水策》，《宫崎市定全集》第 10 卷《宋》，第 182 页。
③ 佐伯富：《王安石》，东京：中央公论社 1990 年版，第 135 页。

佐伯富指出王安石的时代是从中世社会向近世社会的过渡时代（这一点和内藤湖南、宫崎市定的主张不尽相同）。当时的政治家有的向左有的向右，因而出现关于新法的对立意见。王安石等新法派官员出身于南方，当时南方科学思想勃兴，像沈括这样的科学家即出身于南方，王安石的改革是积极、合理的革新运动。[①] 同时官吏也有地方上的地主和资本家的身份，青苗法等新法的施行侵害了他们的利益，于是官僚群体就反对新法。从城乡关系来看当时出现都会空前的繁荣而农村次第疲敝的境况，于是王安石的政策也有压制都市豪商势力救济农村疲敝的意义。[②]

佐伯富的《王安石》丰富了“宋代近世说”的内涵，将商人势力的崛起、城乡分离状况以及贫富对立等都视作近世社会的特征，并从多个角度对新法的背景与结果进行分析，构建了较为完整的论述体系。

京都学派的三位东洋史家在“宋代近世说”的框架下，围绕着“王安石是近代文化的体现者”这一核心命题，对王安石新法进行了新的阐释。他们不仅仅是对王安石新法的实际效果给予了很高的评价，不仅仅是认为王安石富国强兵的政策具有拯救北宋现实危机的价值，更是从时代进步的角度论述了王安石新法与近世社会的紧密关系。宫崎市定、佐伯富对王安石注重科学精神的强调、对募役法实现劳动自由的高度评价，其出发点还在于他们认为这些内容符合近代文化的特征。

四　京都学派“近世文化”论的思想实质

京都学派东洋史家对王安石变法的历史认识乃至对唐宋时代的历史认识，根植于日本的历史文化土壤。小林义广指出，在内藤史学中“日本史在作为中国史的比较对象方面扮演了重要角色”[③]。尽管在横向比较上，唐宋变革的历史可以和日本的江户时代相联系，但是最有直接关联的还是明治时代。

寺地遵认为，内藤湖南之所以会将独裁政治的兴起和平民的抬头作为

① 佐伯富：《王安石》，东京：中央公论社 1990 年版，第 140 页。

② 同上书，第 146 页。

③ 小林义广：《内藤湖南的中国近世论与人物论》，日本内藤湖南研究会编著：《内藤湖南的世界》，马彪等译，第 294 页。

不可分割的历史过程来把握，“其实日本的明治维新和明治国家构成了这一设想的出发点”，具体地说，“内藤湖南的宋代近世说的直观根据是，把明治国家理解为国、民的统一、国民性觉悟的形成，国民主义的实现和展开的明治国民主义”。①

與那霸润的表述更为直接，他引用1916年内藤湖南作为京都帝大教授执笔的社论《中国的政治》一文的一句话“如果把日本近来政治上的过程，与中国比较的话，应该与宋代相比”并进一步解释说，“维新拆除了诸大名的领国统治，成立了天皇治下的全国统一政府。武士的政权垄断终结，官僚的地位向高等文官考试开放。与年贡不同，地租货币化，市场的土地交易也被认可，经济活动受制于身份的规制消除”，他还用公式将内藤湖南的观点简明地表示为“明治 = 宋朝”，② 并将明治维新解释为“宋朝化”。③ 明治维新和唐宋变革虽然发生在不同的时空中，但是在内藤湖南看来二者体现出一致的方向。内藤湖南所力图说明的不只是西方有近代化，中国和日本自身也有近代化的动力，这一点构成了京都学派的基本立场。

在这个意义上讲，京都学派的观点和福泽渝吉的主张完全对立。一方主张中国停滞而西洋进步故而需要“脱亚入欧”；而另一方坚持中国也有进步的“亚洲主义”的立场。但是他们二者在近代化的观点上就没有相似之处吗？

韩东育认为日本的近代化在主流的观念形态上表现为“脱儒”的过程，在福泽渝吉的理解中，所谓“脱亚”其实就是“脱儒”，正因为如此，江户时期徂徕学派的“脱儒入法”被认为是明治时期“脱亚入欧”的前导。④

在宫崎市定看来，王安石的改革就是“法家式的改革”。⑤ 他在1952

---

① 寺地遵：《日本宋史研究的基调》，王晓波译，四川大学古籍整理研究所、四川大学宋代文化研究中心编：《宋代文化研究》（第六辑），四川大学出版社1996年版，第320页。

② 與那霸润：《革命与背信之间：“同病相怜的亚洲主义”的预言书——兼谈京都学派》，刘柠译，许知远主编：《东方历史评论》第6辑，广西师范大学出版社2005年版，第241—242页。

③ 與那霸润：《中国化的日本：日中“文明冲突”千年史》，何晓毅译，广西师范大学出版社2013年版，第119—124页。

④ 参看韩东育《从“脱儒入法”到“脱亚入欧”》，原载《读书》2001年第3期，后收入《日本近世新法家》，第379—387页。

⑤ 宫崎市定：《王安石的吏士合一政策》，第463页。

年的一篇短文中指出在文化上唐宋变革就是脱离儒教而走向合理主义。[1]宫崎市定认为王安石的哲学是一种“直观主义的哲学”，王安石“不喜欢受到意识形态所拘束的理论”，王安石的政治改革“不论在任何事情上，都能正视现实，追究其中的歪曲，然后匡正不合理而使其置于合理化的轨道上”，王安石的政治“并非理想主义，而是合理主义”。[2] 佐伯富也认为：“中国于唐代以前的政治，系以儒教为指导理念，故具有理想；与此相对地，于唐末五代发达起来的独裁政治，可以说是机会主义的政治，故往往易限于缺乏理想，盖儒教精神的衰颓为其一大原因……以前的治学方法，并不能把握住理学，因而产生新儒学，给与经典以新的解释。王安石便居于如此新立场，欲对《周礼》施以新解释，以求合于其精神（即理）而改革政治。因此，王安石的改革，虽然采取复古主义的形式，其实就是合理主义的改革。”[3]

如何理解这样一种“合理主义”？从宫崎市定和佐伯富的表述来看，这固然是对王安石学术思想和政治主张注重现实的概括，是对王安石变法虽有复古主义的形式但并非理想主义的强调。然而，从世界史的眼光来看，“合理主义”也就是 rationalism（在当代中国通常译作“理性主义”），在欧洲是作为一种近代文化而出现的。称王安石的改革为合理主义的改革，是“王安石是近代文化的体现者”的另一种表达，是京都学派所主张的“宋代近世文化说”的内涵之一，因为无论是欧洲近世还是中国以及日本的近世都有着合理主义的文化，合理主义的文化就是近代文化。京都学派肯定王安石的合理主义改革，归根结底是他们思想立场的一种表达，这种“合理主义”不仅体现为科学精神，还包括新法政策的合理性，而对王安石富国强兵的全面肯定，则凸显出京都学派国家主义的鲜明立场。

由此而言，称王安石为法家或者称其学术为新儒学，只是表述形式上的差异，和京都学派强调宋代脱离“儒教”是一致的，这从他们对朱子学的批评就可以明显看出来。内藤湖南认为朱子学是“不实用的学问”，“朱子学派的学术思想冠冕堂皇，但勾画的却是几千年后才可能实现的理想王

① 宫崎市定：《宋代文化の一面》，《アジア史研究》第 4 册，京都：东洋史研究会 1964 年版，第 446—456 页。

② 宫崎市定：《中国史》，邱添生译，华世出版社 1980 年版，第 333 页。

③ 佐伯富：《王安石的新法》，邱添生记译，《台湾师范大学历史学报》1976 年第 4 期。

国，与眼前的问题几乎没有关系”。[①] 在宫崎市定看来，源自旧法党的朱子学存在两大问题——“其一是极端的观念论，其二是相信其观念论可以立即付诸实行而强制他人就范”；道学派是“一种儒家形态的佛教，的确有主观且独断的缺点”；朱熹的“道义国家”态度如果用在现实的政治外交上，“疏忽了现状的分析，难免会产生流于空论的危险”。[②] 京都学派的这种批判和海保青陵对朱子学的态度可以说是一脉相承。如果说王安石是合理主义，那么朱子学就是非合理主义。

值得注意的是，“重商主义”“合理主义”等，这些海保青陵的思想主张或者后人评价海保青陵的提法，也都被安放在王安石的头上。海保青陵被称为“彻底的合理主义”，他所主张的“理”实际是法家之“理”。从海保青陵、吉田宇之助到京都学派对秦始皇、王安石的高度评价充分反映了他们思想立场上共同的法家倾向。主张“脱亚入欧”的福泽渝吉与亚洲主义者内藤湖南，他们所肯定的近代文化具有同样的内容，只不过前者否定了中国文化与近代文化的联系，而后者则以史学的方式予以了肯定，看似南辕北辙，其实殊途同归。宋朝已“脱儒”，何必再“入欧”？京都学派的立场归结起来大概可以说是“脱儒而不脱亚，入法而不入欧”。从海保青陵到京都学派，透过他们对王安石的议论，从学术发展的形式上看，是江户经世学到近代历史学的转换，而其实质却是传统法家思想资源在日本的近代化转换。

余　论

日本学者在近代化进程中对王安石变法的新变化，需要置于日本近代化的历史语境下理解。他们对王安石变法的近代化定位，其实也是他们对日本近代化方向思考的投射。在他们的笔下王安石成为国民主义或者合理主义的符号，而这也是他们认为日本近代化的方向所在。从这个角度来理解京都学派的“唐宋变革论”，可以看出这并非仅仅是一个历史分期问题，而是带有鲜明价值倾向的历史观念的产物。

---

① 内藤湖南：《中国史通论——内藤湖南博士中国史学著作选译》，第438页。

② 宫崎市定：《中国史》，第380—381页。

关于王安石变法与近代化的问题，与京都学派史学家相类似的见解并不少见，比如黄仁宇就称王安石的变法是“企图作现代化的变革”。[①] 而在具体新法措施的分析上，与京都学派观点相近的论著则更是比比皆是，因此京都学派的这一观点具有开创意义和典型意义。20 世纪以来日本学者对王安石的研究，对中国学界的影响是非常大的，比如对王安石变法研究史上有转折意义的梁启超《王荆公》一书即是在日本学者的影响之下写就的，[②] 后来内藤湖南、宫崎市定也屡屡提及《王荆公》一书，可见中日学者在这一问题上的交互影响。整体上看，20 世纪中日学者在对王安石的评价上，共性很明显，差异也很突出，这其中的具体表现和详细缘由值得进一步的探索。

从全球范围来看，无论是在中国、日本，还是在欧洲、美国，高度评价王安石是一种带有普遍性的近代现象。这充分体现了国家在近代社会的重要意义，通过对王安石的评价展现的是近代人的国家观念。随之而来的问题便是，从史学的角度来看，将历史人物王安石视作超历史的存在，这是“合理主义”的解释吗？

（张呈忠，上海大学文学院历史系讲师）

① 黄仁宇：《赫逊河畔谈中国历史》，生活·读书·新知三联书店 1992 年版，第 161 页。

② 蔡崇禧：《论梁启超的〈王荆公〉》，香港浸会大学《人文中国学报》编辑委员会编：《人文中国学报》第 10 期，上海古籍出版社 2004 年版，第 315 页。

探寻 15—17 世纪明代中国与世界的关联

——卜正民的全球史研究*

杨　华

摘要　15—17 世纪的明代中国与世界存在各种关联与互动，是早期全球化网络世界里不可或缺的一员。加拿大历史学家卜正民主要研究领域为明史，是当今最活跃和最具影响力的海外中国学家之一。卜正民的《维梅尔的帽子：从一幅画看全球化贸易的兴起》《塞尔登的中国地图：重返东方大航海时代》和《挣扎的帝国：元与明》等著作，从全球史的视角探讨明代中国与世界的关联。卜正民的全球史研究，将宏观视野与微观叙事相结合，擅长叙述和细节描写，擅于图像证史，体现了其对全球史研究和书写的新探索。

关键词　卜正民　明代中国　早期全球化

加拿大历史学家卜正民（Timothy Brook）于哈佛大学博士毕业，师从美国著名中国学家孔飞力（Philip A. Kuhn）。历任多伦多大学、斯坦福大学教授、牛津大学邵氏汉学教授。现为加拿大英属哥伦比亚大学历史系教授和圣约翰神学院院长。卜正民视野开阔、著作丰富，主要研究领域为明史，是当今最具影响力的海外中国学家之一。本文主要以他的《维梅尔的帽子：从一幅画看全球化贸易的兴起》《塞尔登的中国地图：重返东方大

* 基金项目：国家社会科学基金重大项目“多卷本《20 世纪中国史学通史》”（17ZDA196）；山东省社会科学规划研究项目“理论、范式、方法——近四十年来美国中国学对国内史学实践的影响”（19CLSJ10）；山东大学儒学高等研究院一般项目（12RXYB02）。

航海时代》和《哈佛中国史》的第五卷《挣扎的帝国：元与明》为考察中心，探讨其全球视角下的明史研究。

一　名画观史：明代中国与全球化贸易兴起

15 世纪随着欧洲新航路的开辟，世界远洋贸易的航线得以建立，万千物品在水手的航行中漂洋过海，被运往他乡和出售转卖，全球化贸易和商品交换开始兴起。15—18 世纪，全球各地建立了广泛的联系，进入早期经济全球化时代。在《维梅尔的帽子：从一幅画看全球化贸易的兴起》（以下简称《维梅尔的帽子》）一书中，卜正民用七幅画（五幅为维梅尔的作品）和一个台夫特地区制造的中国式瓷盘，展现了 17 世纪早期经济全球化下的多元图景。在卜正民的笔下，“维梅尔的画化为开向过去的窗，照亮那段世界正因全球贸易而改头换面的迷人时期”①，“引领读者出入 17 世纪世界贸易、文化交流的广阔世界”②。

维梅尔是 17 世纪的荷兰画家，他的《戴珍珠耳环的少女》被誉为荷兰的“蒙娜丽莎”。维梅尔的作品多展现了他所生活的台夫特地区的人文风貌，但是要理解维梅尔的画作，需要把眼光放到当时的全球历史中，从图像史的角度“将画中的物品看作是代表绘画所处的时间和地点的符号”③，并解析符号背后的全球史内容。《台夫特一景》中的东印度公司，《军官和微笑的女子》中的帽子延伸出的海狸毛皮贸易，《看信的年轻女子》中的中国瓷器，《地理学家》延伸出的地理知识获取过程，兰贝特·范梅尔滕收藏的《大青花瓷盘中的吸烟的人》，《称金的年轻女子》中的白银等，均是早期经济全球史时代的明证。

卜正民在《维梅尔的帽子》中所展示的 17 世纪全球史画卷包罗万象，中国、荷兰、马尼拉、美洲等多个中心延伸出一张大网，人员、白银、烟草等在网络之间流动。尽管从维梅尔的画作出发，但卜正民不是欧洲中心论者，他认为全球史是不同强弱的许多中心之间的关联互动。除了经济驱

---

① 卜正民：《维梅尔的帽子：从一幅画看全球化贸易的兴起》，刘彬译，文汇出版社 2010 年版，“封底”。

② 同上。

③ 同上书，第 9 页。

动力之外，全球不同地区和文化之间的沟通也基于共通的人性。卜正民认为，“人性共通这个观念开始浮现，共同的历史成为可能”①。

早期经济全球化的进程确实与人密不可分，每个参与到全球流动性中的人都在全球知识的在地化和地方知识的全球化下贡献了自己的力量。在微观全球史的视角下，每个人的经历和体验都能够成为全球史的一部分。在《地理学家》这幅画作中，地球仪和地理学家代表着地理知识的不断更新。这些地理知识来自去往世界各地的商人和探险家，他们与不同文化、种族和地区的人们遭遇，并把新的知识和信息反馈回自己的国家。1627年，韦特佛瑞流落高丽后，逐渐融入了高丽社会，以至于26年后遇到自己的荷兰同乡无法正常用荷兰语沟通，高丽当地人也认为他是高丽人而不是一个异乡人。②《玩牌的人》中，黑人小孩可能是因为奴隶贸易而被迫背井离乡来到荷兰，但是他在屈服之后主动调整适应并“思索在新环境下如何随机应变求生”③。在17世纪的全球各地，这样类似的故事时有发生。

早期经济全球化的进程中，国际间的贸易无疑是最重要的一个环节。在1750年左右，在全球化贸易体系之中，“中国保持着中心位置。绝大多数的香料都直接输往中国出售。而超过总量3/4的白银，在途经几个停泊点之后，也被运往中国和印度”④。卜正民在分析维梅尔的《称金的年轻女子》一画时，指出白银将地区性经济连成了一个整体，南美、日本和中国、欧洲之间形成的供需结构关系，成为17世纪全球经济的中心。⑤ 早期经济全球化时代充斥着暴力，卜正民在《维梅尔的帽子》一书中提到了塞缪尔·尚普兰率领的雇佣军在北美大陆和易落魁人之间的战争，尚普兰获胜的关键武器火绳枪，是15—17世纪经济全球化时代的两个主要特征之一。⑥ 尚普兰在北美的探险和殖民也满足了欧洲对海狸毛皮帽子的供应，海狸毛皮贸易成为联结北美和欧洲市场的重要贸易品。

---

① 卜正民：《维梅尔的帽子：从一幅画看全球化贸易的兴起》，第211页。

② 同上书，第190—191页。

③ 同上书，第200页。

④ 约翰·R. 麦克尼尔、威廉·H. 麦克尼尔：《人类之网：鸟瞰世界历史》，王晋新等译，北京大学出版社2011年版，第193页。

⑤ 卜正民：《维梅尔的帽子：从一幅画看全球化贸易的兴起》，第148页。

⑥ 李伯重：《火枪与账簿：早期经济全球化时代的中国与东亚世界》，生活·读书·新知三联书店2017年版，第394页。

经济贸易全球化促进了物种的交换与传播，带来了物质文化史的变迁。《维梅尔的帽子》生动地阐述了烟草在全球各地的流动及其文化意义。烟草原产于美洲，美洲原住民发挥了烟草的宗教和医疗作用，还把烟草视为人际关系的重要媒介。欧洲人殖民美洲后，烟草加入世界贸易体系中，和白银、非洲奴隶一起，成为美洲、欧洲、亚洲、非洲之间的流动性商品。烟草带来文化转移和跨文化的互动，烟草在原产地的功能在地化后，保留了一部分原来的文化属性，新的落脚地也赋予了烟草全新的文化内涵。①

在全球化贸易的过程中，跨文化的艺术交流进一步发展，学者开始“将某种艺术品当作研究长距离贸易活动的一个重要项目”，或是关注跨文化的艺术传播。② 在《一盘水果》这幅画中，盛放水果的盘子——中国瓷器研究已经成为当时荷兰艺术和日常生活中的一部分。尽管在文震亨眼中，中国外销瓷器的质量和图案都毫无艺术价值，但是维梅尔的画作却深受中国瓷器绘画的影响，“台夫特蓝”“背景留白”等绘画技巧，均体现了中国绘画的影响。另一方面，尽管从1597年开始，董其昌绘画风格的转变，深受欧洲版画的视觉艺术影响③，但是总体上来看当时欧洲人和中国人的异域想象是完全不同的。在文震亨和李日华的眼中，高丽和日本的艺术品具有收藏价值，而像来自欧洲的耳环这样的装饰品则毫无价值。卜正民认为与世界联结程度的不同决定了对待异域艺术品的态度，欧洲人把异域艺术品和装饰品当作是探索世界的证据，中国人则当作是来自更广阔世界威胁的象征。④

卜正民的《维梅尔的帽子》与李伯重的《火枪与账簿》，都是十分出色的全球史著作，都以全球史的视角探讨15—17世纪早期全球经济时代，也都涉及这一时期的中国与世界的关联。李伯重描绘的全球史图景是对商业利益疯狂追求的国际贸易和为了实现这种追求而使用的新型暴力，他的研究兼具全球经济史和全球军事史视角。卜正民展示的全球史图景包括火绳枪和海狸毛皮贸易、中国瓷器和荷兰的艺术与生活、海上航行和船难、

① 卜正民：《维梅尔的帽子：从一幅画看全球化贸易的兴起》，第120—121、127页。

② 拉尔夫·克劳伊泽尔：《艺术与世界历史》，孙岳译，刘新成编：《全球史评论》第1辑，中国社会科学出版社2008年版，第211—212页。

③ 卜正民：《维梅尔的帽子：从一幅画看全球化贸易的兴起》，第21页。

④ 同上书，第80—82页。

白银流通、烟草传播等等，视角更为多元一些。

二　地图探秘：明代中国与东方大航海时代

15—18 世纪的大航海时代，令人更多想到的是哥伦布发现新大陆、麦哲伦环球航行等欧洲航海家的探险之旅，然而明朝初期，中国拥有令人叹为观止的海洋探险能力及成就。1405—1433 年，郑和六次率领中国舰队抵达印度洋，“拥有着大西洋欧洲各国探险家们所难以企及的支持力度”①。郑和舰队最大船只的长度是哥伦布舰队最大船只的 6—10 倍；哥伦布最大一次规模的航行，拥有 17 艘船只和大约 1500 名水手，而郑和的第一次航行，就拥有 317 艘船只和大约 2. 7 万名船员。虽然随着倭寇之患，明朝海禁更加严格，但有关航海的各种地理知识，各种地图、航海路线图及星象图都在民间传播。1570 年代以后，明朝放松了海禁，海上贸易再度繁荣，中国、日本、朝鲜和东南亚形成一个巨大的海上贸易圈。

卜正民的《塞尔登的中国地图：重返东方大航海时代》（以下简称《塞尔登的中国地图》）一书，通过对“塞尔登地图”——中国航海图的揭秘，呈现出 17 世纪“东方大航海时代”背景下，塞尔登地图海域进行海洋贸易和东西方交往的历史图景。该书让我们清晰地看到，“明代中国不仅是一个强盛的大陆国家，同时也是一个富饶的海洋国家”，“通过航海贸易在东南亚地区建立了深厚的根基”。② 卜正民在书中采用倒叙的写作手法，用八个章节——“超乎想象的地图”“海洋封闭论”“在牛津大学阅读中文”“约翰·萨利斯与中国船长”“罗盘图”“从中国起航”“天圆地方”“塞尔登地图的秘密”，为读者解读“塞尔登地图”背后的秘密及其所关联的人物和事件，可谓环环相扣、层层揭秘，精彩纷呈，引人入胜。

“塞尔登地图”不是一份普通的地图，而是一份航海路线图。其独特之处在于，它不是以中国大陆作为地图的中心，而是以中国南海的北端作为中心，地图中海洋上形成的花状的网格表明过去船只航行过的一条条航

① 约翰·R. 麦克尼尔、威廉·H. 麦克尼尔：《人类之网：鸟瞰世界历史》，第 159 页。

② 卜正民：《塞尔登的中国地图：重返东方大航海时代》，刘丽洁译，中信出版社 2015 年版，“封底”。

线。绘图者以南海为中心作图，让海洋成为他所绘制的重点，把陆地放在次要的位置，引导人们将注意力转向这片海洋。“塞尔登地图”的绘制时间是在 17 世纪，以海洋为中心的地图绘制方法在当时绝无仅有。卜正民将“塞尔登地图”视为“一份独一无二的历史文献”，他把“这幅地图作为一个引子，来考察它所诞生的那个时代”①。他认为，17 世纪海洋是全世界关注的焦点，是以亚洲为主导的航海时代，也是一个正在经历海洋变迁的时代，新思想与新制度、新的贸易方式以及世界关系的新理念都在 17 世纪产生。在很大程度上，17 世纪对海洋的控制争夺以及海上贸易的发展影响着东西方民族国家的发展。

17 世纪大航海时代，处于早期全球化时期，繁荣的航海事业带来了东西方的交流与互动。“塞尔登地图”本身的存在就是东西方交流的历史证据。“塞尔登地图”以“南海”为中心作图，以海洋而非陆地作为出发点，勾画出连通东西方的生命线——航线。卜正民通过对“塞尔登地图”的分析和解密，让我们回到它所绘制的那个时代，回到那个东西方相互交流的时代。在分析地图本身传递的信息时，作者先将“塞尔登地图”与亚洲地图以及欧洲绘制的地图作比较，虽然“塞尔登地图”独一无二，但是在地图绘制的过程中，“地图上的比例尺和罗盘图还是透露出一个秘密，塞尔登地图的制图师曾经见到过欧洲的航海地图，并意识到可以借鉴它们来让自己的作品更加完美”②。罗盘图和比例尺的存在似乎是“塞尔登地图”的绘图师从欧洲地图设计上汲取视角灵感的证据之一。这些都体现出东西方的交流下地图绘制技术的进步。“塞尔登地图”上港口城市的标注也是中西方交流的结果。英国牛津大学图书馆馆长海德在明朝基督教会士沈福宗的帮助下，进行中文语言的学习。外国传教士来到中国传教并学习中国语言和传统文化，传教和学习的过程中寻求中国助手的帮助，并将助手带回国内，这种现象在当时并不少见。史景迁在《胡若望的疑问》一书中就描述了一个中国天主教徒在法国的蒙难记。传教士将自己寻求到的中国助手带回国内，帮助自己学习中国语言文字和翻译中国传统的古典文献。这种现象的出现得益于 17 世纪的航海时代，因为航线的开辟使得东西方的文化

① 卜正民：《塞尔登的中国地图：重返东方大航海时代》，第 7、9 页。
② 同上书，第 119 页。

交流有了桥梁。

17 世纪中国的南海领域，将世界各地区联系在一起，仿佛每一条航线都构成了一张大网，世界各地区都被这张大网紧紧笼罩着，形成一个紧密联系的整体。《塞尔登的中国地图》将读者领向 17 世纪真实的大海，作者描述了 17 世纪初西班牙与荷兰对香料群岛的争夺，海上贸易的发展和争取海上殖民霸权使英国东印度公司也加入了对“自由海域”的争夺中，但约翰·萨利斯船长在最终受挫后转向日本，与活跃在东亚海域的中国船长李旦相遇。卜正民在书中对航海线路给予关注，从中国出发对南洋、北洋、西洋航线中的港口与城市进行考证，将“塞尔登地图”中的标注与中文文献、日本语音发音、东印度公司出航记录，以及各个国家对港口名称的记载进行比对。

《塞尔登的中国地图》是一部全球史力作，卜正民在关注中国南海领域的同时，始终聚焦全球各个区域在这一海域的联系与互动，展现 17 世纪全球化初期，航海事业带来的各地区贸易发展和区域间的交流与互动。

三　环境史视角：明代中国与全球气候变迁

西方学界历来十分重视地理环境、气候等因素对人类社会的影响。18 世纪，法国启蒙思想家孟德斯鸠在《论法的精神》一书中提出：“气候王国才是一切王国的第一位”，即不同气候的特殊性对各民族生理、心理、气质、宗教信仰、政治制度起决定性作用。1950 年代，年鉴学派第二代领军人物布罗代尔在其代表作《菲利普二世时代的地中海和地中海世界》提出“三个时段”的理论，即“长时段”“中时段”“短时段”，分别对应“地理时间”“社会时间”“事件时间”。布罗代尔认为，长时段历史对人类社会发展起决定性作用，地理、气候等因素是长时段历史中的重要结构。1970 年代，全球生态史的奠基人克罗斯比出版《哥伦布大交换》，“展示了如何在历史的语境中以及在跨区域的范围里表述环境问题”①。

卜正民撰写的《哈佛中国史》第五卷《挣扎的帝国：元与明》，便是

① 帕特里克·曼宁：《世界史导航：全球视角的构建》，田婧、毛佳鹏译，商务印书馆 2016 年版，第 81 页。

从气候这一环境地理学视角入手，通过叙述气候变化对元、明两朝社会发展的影响，解读了两大王朝的兴衰历程。该书在一定程度上改变了以往学者在编纂中国通史时惯常使用的“单线”书写方式，从神话传闻、地理气候、社会结构、宗教信仰、外部世界等多个维度向读者展现了元、明两朝的别样历史面貌，可视为是一次对元明历史进行重新解读的新尝试。

以往学者在研究元、明两代历史时，倾向于从政治斗争的角度出发，认为两朝是由于腐败统治和政治斗争走向衰亡的。对此，卜正民在《挣扎的帝国：元与明》一书中提出了新的观点和解释。他认为，元、明两个时代正处于气象史专家提出的“小冰河期”，这一气候变化引发了饥荒、洪水、干旱、蝗虫等“九渊”，进而影响了元、明的农业经济基础和政治发展进程，是威胁其政权稳定性的重要因素。作为以农耕经济为一国重要物质基础的古代中国而言，维持农业稳定是维持政权稳定的前提。以往学者在分析“元、明为何会走向灭亡”这一问题时，往往会将症结归因于穷兵黩武、土地兼并、赋税沉重等政府相关施政方针，而卜正民提出的气候变化这一切入点，在一定程度上为元史和明史研究提供了新的观察角度和探究方式。但也正如葛兆光所指出的，此套通史中所谓的“小冰河期”与竺可桢的说法有些差异，在不同朝代的界定也存在冲突，同时相关论据也稍显薄弱。①

生态环境与明代经济发展的关系如何？卜正民通过对树木流失、野生老虎数量急剧减少甚至濒临灭绝等问题的叙述，探讨了经济发展对生态环境造成的负面作用。生态环境与明代对外贸易的关系如何？卜正民以苏州银工管方洲的故事为线索，牵引出元、明时期的朝贡贸易，进而提出了“南海世界经济体”这一创新概念。作者认为，朝贡体系使南海成为明代经济最终融入全球经济的关键区域，因为明朝一方面需要“不断为一个巨大的国外市场提供质量合格、价格合理的产品”，同时明朝政府又出于政治方面的考虑，必须“继续阻止外国人进入本国市场”②，但最终形成的还是一个以明朝册封的朝贡国商人为主体的多边贸易网络。这一观念深受布罗代尔“世界经济体”概念的影响，认为中国起初在元朝时作为大陆型世

① 卜正民：《挣扎的帝国：元与明》，潘玮琳译，中信出版社2016年版，“推荐序”，第8页。
② 同上书，第218页。

界经济体，经过明朝以郑和下西洋为代表的朝贡贸易的发展，日益融入世界贸易之中，形成了以南海为中心的海上世界经济体。在这一过程中，日本、西班牙、葡萄牙、荷兰等国的参与和影响起到了重要作用。但作者也同时提出，这种转变的发生是以“元、明以及世界其他地区所共同经历的气候变化为背景的”①。

气候变迁与明代民众心理、民间信仰的关系如何？就东亚地区而言，“龙”是神权与王权的象征，在各国古代社会中扮演着重要的隐喻角色。由于其难以被论证为真实存在过的事物，因此与之相关的史料记载一般都被现代人视为夸张传闻，或出于统治阶层的统治需要。但卜正民却从民众对“龙见”的记载中，发现了潜藏其后的民众心理，以及当时大众对所处时代的社会与自然的认知与判断。我们在看到关于“龙见”的史料记载时，会从近现代自然科学理论出发，将“龙见”还原为洪水、风暴、水龙卷等真实自然现象，而对元、明时代的人们来说，他们看到的所谓“龙”，不仅仅是恶劣的天气，还有其背后折射出的被扰乱的宇宙秩序，以及这一现象对当时社会大众和统治集团的警示意义。

《挣扎的帝国：元与明》以全球史的眼光，重新审视了元、明两朝的社会各方面状况以及历史发展路径。从空间维度上看，作者将元、明时期的中国纳入彼时的世界整体之中，探究其在与周边国家的互动过程中的变化与发展，为相关领域研究提供了新的研究视角和叙述方式，也为我们重新认识和解读元、明历史提供了更为广阔的路径和更多的可能。

四　关联与整合：卜正民全球史研究的特点

1970 年代以来，西方学界出现了全球史转向。全球史学者摒弃以往的“西欧中心论”，开始以融合的、多元的、跨领域的眼光看待世界各国的历史。在这一史学新潮流的吸引和推动之下，出现了一批采取全球视角、微观叙事，并将人类学、地理学、经济学、社会学与历史学相结合进行跨学科研究的学者。卜正民便是其中杰出的一位。

关联与互动，是全球史研究的主要内容和显著特点。全球史跨越民族

① 卜正民：《挣扎的帝国：元与明》，第 251 页。

国家的藩篱，强调全球不同地区和区域之间的联系与互动，主张以全球视角考察历史，跳出宏大叙事的框架，兼具对宏观与微观的重视。卜正民的全球史研究就具有这个特点。卜正民在《维梅尔的帽子》一书中，以维梅尔画作中一个个小细节为线索将当时的世界联系起来，“台夫特的一栋建筑引申出印度公司的跨洋贸易”、“小酒馆里军官戴的帽子引出美洲皮毛贸易以及背后的中国因素”、“盛水果的瓷盘引申出荷兰和中国经济文化交流”、“窗边读信的少妇和地理学家引出 17 世纪欧洲的海外扩张和人类活动范围的不断扩大”、“一枚银币引出白银对当时世界经济发展的推动和影响”①，等等。又如，《塞尔登的中国地图》以地图绘制的 17 世纪为横截面，借一隅而窥大航海时代东西方往来之全局，探索世界的关联，体现了全球史的范式。

将宏观视野与微观叙事进行整合，是卜正民全球史书写的一个鲜明特点，也是一种新的全球史研究和写作范式。德国学者塞巴斯蒂安·康拉德在《全球史是什么》一书中将全球史分为三类：“作为万物历史的全球史；作为联系史的全球史；以整合（integration）概念为基础的历史。”②《维梅尔的帽子》一书，就是以“整合”为研究导向，将艺术品中展现的 17 世纪荷兰台夫特地区的现象与事件，放在更为广阔的全球“因陀罗网”③中，映射出不同地区和结点的关联、互动和延伸。《塞尔登的中国地图》一书中，卜正民以一张地图为线索，串联起“与地图密切相关的那些人的故事”④，将“塞尔登地图”的收藏者和捐赠者、阅读者（17 世纪的阅读者和包括作者在内的当今阅读者）、使用者、展览者、绘制者以及波澜壮阔的大海和海上航行进行整合，将这些分散的一个个点整合成一个有关 17 世纪大航海时代全球联系的大网络。

卜正民的全球史书写还有其他一些特点。如，和著名美国中国学家史景迁一样，卜正民具有十分高超与精深的叙事技巧，想象力丰富，擅长细节描画和巧妙布局。《维梅尔的帽子》从画作出发，更注重整体上的叙事

① 王晓辉：《一幅画中的全球史：评〈维梅尔的帽子〉》，《光明日报》2013 年 5 月 2 日第 11 版。

② 塞巴斯蒂安·康拉德：《全球史是什么》，杜宪兵译，中信出版社 2018 年版，第 5 页。

③ 卜正民：《维梅尔的帽子：从一幅画看全球化贸易的兴起》，第 22、118 页。

④ 卜正民：《塞尔登的中国地图：重返东方大航海时代》，第 17 页。

性而非论证性，增强了阅读的趣味性。《塞尔登的中国地图》以地图身世为线索展开叙事，中间穿插真实的海洋，最后又回到地图本身，对地图秘密进行解读，构思巧妙。再如，卜正民精通艺术史、地图史，擅于运用图像证史，通过 7 幅画和一个磁盘就能展开关于 17 世纪全球化贸易兴起的阐述，通过 1 幅地图就能组织关于 17 世纪东方大航海时代的种种探索，通过明代中国画家的雪景图就能透视明代持续较长时间的严寒气候。

15—17 世纪的明代中国与世界有各种关联与互动，是早期全球化网络世界里不可或缺的一员，卜正民的著作，给我们展示了一个全球视野下充满活力的明朝。

（杨华，山东大学儒学高等研究院副教授）

对立认知模式下马克斯·韦伯的文明比较与"欧洲中心论"*

曾金花

摘要 东西方文明的对立认知贯穿"欧洲中心论"整个历史发展过程之中。马克斯·韦伯以文明比较为特色的历史研究，在很大程度上也具有"欧洲中心论"色彩，这与他的研究目的、比较与理想类型等研究方法以及取材特征等因素密切相关。从对立认知模式来看，反对"欧洲中心论"实际上就是要如何正确认识不同文明的独特性问题。尊重文明之间的差异，认识差异存在的意义与合理性，理解不同文明的特殊性，这不仅对反"欧洲中心论"意义重大，而且对世界史研究来说也颇为重要，也能为不同文化的沟通和交流提供有益帮助。韦伯历史研究目的的局限正好给我们提出了变换研究视角和创新理论框架的思路。

关键词 对立认知模式 文明比较 马克斯·韦伯 欧洲中心论

意大利学者彼得罗·罗西（Pietro Rossi）曾在分析马克斯·韦伯（1864—1920）的历史社会学方法论时指出："韦伯的方法论在今天尤其对于历史学家来说仍意味着一种有用的理论。"① 的确，韦伯对历史材料的处理并非一味地整理、堆积，而是贯以理论的牵引与指导，因此，有些学者

---

* 基金项目：本文为湖南省教育厅优秀青年项目"基于丧葬文化的'不可知'与敬畏研究"（编号 17B242）的阶段性成果之一。

① Juergen Kocka (ed), *Max Weber, der Historiker*, Göttingen: Vandenhoeck & Ruprecht, 1986, p. 48.

认为对韦伯历史社会学研究的费解与其研究方法不无关系。[①] 韦伯在世时，他在当时的德国社会圈子中主要是作为政治上的时事评论员而不是作为科学家或学者而著名。由于身体原因，他多年远离大学教师的席位，无法像常规那样培养和形成一个学生团队来传承和发扬他的思想和方法。曾围绕韦伯形成的“海德堡圈子”（Heidelberger Kreis）只是一个他与朋友、学者以及为其性格所吸引的青年知识分子们进行思想交流的场所，在这里也并未像我们想见的那样形成韦伯思想流派。[②] 因此，理解韦伯的思想和研究方法的途径，在很大程度上只有依据他遗留下来的著作。韦伯最初受人瞩目是以社会学家的身份出现，后来在历史研究领域中则被认为是一个“欧洲中心论”者，布劳特（J. M. Blaut）更是称韦伯为“欧洲中心论史学的教父”。[③]

众所周知，韦伯所关注西欧资本主义兴起的问题，与其对西方文明独特性认识之间有着密切关系，他从文明比较视角来阐述他对东西方文明不同特征的认识，因此本文拟从对立认知模式下的文明比较研究，对韦伯历史研究中的“欧洲中心论”作一初浅考察。

一　对立认知模式下的东西方文明

“欧洲中心论”或“西方中心论”的内涵纷繁复杂，“是一个多头怪兽，而且有许多化身”。[④] 在某种程度上它也可以说是一种关于东西方文明的认知模式。这种认知模式的具体内涵和表现尽管形态不一，但这中间总是有一个大致不变的基调，即自我与他者或西方与东方的对立，比如先进与落后的对立、中心与边缘的对立、输出与输入的对立等。在这种对立的认知模式中，似乎只要确立了一方，另一方就会以其对立面形式确定下来，或者可以依循确立一方的特点从反面来寻找另一方的特征。而且，这

---

① 苏国勋等：《走出韦伯神话——〈儒教与道教〉发表百年后之反思》，《开放时代》2016年第3期。

② Arnold Zingerle, *Max Webers Historische Soziologie: Aspekte und Materialien zur Wirkungsgeschichte*, Darmstadt: Wissenschaftliche Buchgesellschaft, 1981, p. 7.

③ J. M. Blaut, *Eight Eurocentric Historians*, New York: Guilford Press, 2000, p. 204.

④ 伊曼纽尔·沃勒斯坦：《所知世界的终结——21世纪的社会科学》，冯炳昆译，社会科学文献出版社2002年版，第184页。

种对立认知常常附有一种优劣、好坏的价值判断，这种价值判断的两端总是以西方占优势和主导，因而，东方社会发展的历程就是西方的文明向东方传播的过程。

最初对东方社会有着真实接触的西方人是那些传教士、殖民者和富有的旅行者等。① 这些人根据自己的所见所闻和与东方人个体接触后的感触，留下了一些带有文明冲突和自我文化认同性质的记载。西方知识分子遂根据这些记载，在想象甚至虚构的基础上“创生”出许多关于东方的认识与解释，同时也根据这些“知识”在对立认知模式下不断丰富对自我的认识。② 在1700—1850年间，欧洲人的想象将世界划分为或更准确地说是迫使世界分为两个根本对立的阵营：西方与东方（或者说“西方”与“非西方”）。在这种观念中，西方被想象为优越于东方，想象出来的东方低等价值观被当作西方理性价值观的对立面。特别是他们把西方人想象成天生具有独特的品质：他们理性、勤劳肯干、富有成效、乐于奉献、勤俭节制、自由民主、诚实、成熟果断、先进、灵巧、积极主动、独立、进取、活力四射。东方人则被塑造成与西方人相反的他者：他们不仅风骚淫荡、专制腐败、天真幼稚、落后、模仿他人、消极、不独立、停滞不变化，而且还不理性、独断专行、懒散、一毛不拔、放纵、另类，等等。③ 伴随着西方殖民主义的一路凯歌，到韦伯所处的时代，这些不断沉淀与积累下来的东西方对立认知不仅获得了外部事实的支撑，而且还逐渐以经典欧洲中心传播主义（Classical Eurocentric Diffusionism）的模式得以理论化和系统化，成为欧洲学术界的主导思想，④ 并名正言顺地加入西方学者学术研究可利用的“采石场”中，甚至还进入了中学生的教材或课堂。⑤

经典欧洲中心传播主义的基本理论认为，大多数人类惯于模仿而不善于发明，地球上所有的文化总是从某个发源地向外传播至其他地区。欧洲人的智力和精神品质，即“理性”，是欧洲人在技术、社会、经济和政治

① J. M. Blaut, *Eight Eurocentric Historians*, p. 7.

② 萨义德：《东方学》，王宇根译，生活·读书·新知三联书店1999年版，第1—2页。

③ John M. Hobson, *The Eastern Origins of Western Civilization*, Cambridge, New York: Cambridge University Press, 2004, p. 7.

④ J. M. Blaut, *Eight Eurocentric Historians*, p. 6.

⑤ John M. Hobson, *The Eastern Origins of Western Civilization*, p. 1.

制度、科学、艺术和宗教方面进步的根本原因。这种优越的理性品质要么源于欧洲的种族优越，要么源于欧洲自古代和中世纪以来的文化优越，要么源于欧洲自然环境的优越。因此，欧洲的先进文化与发展是自发、自然的，它是文化传播的原始中心，在世界中处于“核心”地位，总是先进的、优越的；而非欧洲地区处于“边缘”地位，总是落后的，不变的，因而也没有历史可言。这样，世界划分成两个部分，一个是先进的欧洲，一个是落后的非欧洲，它们之间的主要互动形式是先进的创造发明从欧洲向非欧洲的对外传播，而非欧洲地区的金属、农产品、艺术品和其他财富向欧洲的反向流动与反传播，是作为对欧洲文明馈赠的部分回报。① 由此可见，经典欧洲中心传播主义不仅在为西方的殖民掠夺与统治提供理论支持，而且也赤裸裸地展现出东西方文明之间落后与先进的对立认知。因此，布劳特认为经典欧洲中心传播主义就其本质来说是“关于欧洲历史、文化或心理优越的一般理论，关于欧洲以外的人是劣等人的一般理论，关于欧洲把它的雏形文明传播到欧洲以外地区这个过程是不可避免的、绝对正确的一般理论”②。西方文明这种居高临下的锐气直到两次世界大战以后才逐渐有所削减，但并不因此就意味着东西方文明对立认知模式的改变。经典欧洲中心传播主义的神话并未结束，而是摇身一变成为现代欧洲中心传播主义。

相对于经典欧洲中心传播主义而言，现代欧洲中心传播主义在东西方文明的对立认知上，从表面上看显得温和了很多，或者说含蓄了很多。面对不断增加的关于亚非拉国家和地区历史的研究成果，西方学者开始认识到，在西方人到来之前非欧洲地区不是静止不变的，也不是没有历史的。同时他们中间的一些人也在逐渐淡化种族主义等各种偏见，并承认欧洲之外的有些地区（尤其是中国）在某些时期是先进的，而且欧洲也的确接受了来自非欧洲地区的一些重要传播。但从东西方文明的对立认知模式来看，他们仍然保有先进或优越的意识。在他们看来，无论如何，从总体来讲，非欧洲地区不如欧洲发达或先进。欧洲在城市化、工业技术和民主政治等方面的革新占有优先权是毋庸置疑的。非欧洲地区贫穷与落后的根源

① J. M. Blaut, *Eight Eurocentric Historians*, pp. 6 - 7.

② J. M. 布劳特：《殖民者的世界模式：地理传播主义和欧洲中心主义史观》，谭荣根译，社会科学文献出版社 2002 年版，第 29 页。

在于其社会传统，而非外来压迫与殖民主义的原因。这些地方要摆脱传统主义的束缚，摆脱贫穷，促进经济发展，就必须引进西方的先进思想，就如王子唤醒睡美人。[①] 由此，他们声称，无论是殖民地时期还是非殖民化时期，财富其实是从欧洲向非欧洲的传播。来自欧洲地区的各种国际援助项目和全球化在向非欧洲地区传播各种资源的同时，实际上也是给它们原本穷困潦倒的社会带来现代性与“发展”。[②] 因此，现代欧洲中心传播主义在某种程度上也被称之为“现代化理论”。[③] 时至今日，尽管这种现代化理论已经黯然失色，但它依然强有力地支配着当今“欧洲中心论”信奉者的头脑。在他们的观念中，东西方文明落后与先进的对立也就是传统与现代的对立。

综上可见，东西方文明的对立认知贯穿“欧洲中心论”整个历史发展过程之中，而且不同时期具有不同表现。这种对立认知模式习惯于从西方文明的视角出发来看待东方文明，由此，“欧洲中心论”视野中的东西方文明就如一个硬币的正反两面，二者始终不在同一视平线上，也不属于同一阵营，而且还始终附有以西方优越为基准的好坏或优劣的价值判断。更为重要的是，这种东西方文明的对立认知不仅有现实做支撑，而且还有相应的理论为依据，从而使其富有强劲的韧性，以至于在年长日久中逐渐内化为西方人一种观念甚至是价值观，也使“欧洲中心论”成为部分西方人尤其是部分西方学者的一种思维习惯。所以，布劳特认为，“欧洲中心论”反映的是一大批信条，这些信条是“为欧洲最为强大的社会利益而知识化、学术化了的推理”，并自成为一个信仰体系。

二　韦伯的历史研究与“欧洲中心论”

马克斯·韦伯以文明比较为特色的历史研究，从对立认知模式来看，在很大程度上也具有“欧洲中心论”色彩。

韦伯著作中尤其是在《宗教社会学》导言中出现的“只有西方……”

① J. M. Blaut, *Eight Eurocentric Historians*, p. 27.
② Ibid., p. 24.
③ Ibid., p. 27.

字样的表述是很多人将其列入“欧洲中心论”者的一个重要依据。一方面，韦伯涉及了东西方文明的比较，而这样的表述在形式上与“欧洲中心论”那种东西方文明的对立认知模式非常相似；另一方面，这样的表述太过绝对，其内容经不起时间的考验。事实上，这与韦伯的比较研究方法密切相关。韦伯寻找事物的独特性因素和其原因要素都是通过“我有，你无”的比较方式来实现的，或者说是通过求证他者的“无”来验证自我的“有”。在韦伯所处的时代，有关东方文明在经济、社会和制度方面的详细资料相对来讲本身就不多见，韦伯能利用到的就更少。因此，在进行东西方文明对比时，所有他看不到的东方文明特征就都属于“只有西方”所有的范畴了。换句话说，韦伯所说的“只有西方……”字样的表述是相对于他能够利用得到的资料范围而言的。

其实，韦伯在追溯西方资本主义兴起的原因时只涉及了西方的因素，在很大程度上也是源于他的比较方法和可利用的资料不够等因素所造成的。为此，布劳特称韦伯的历史是“隧道历史”（tunnel history）。[①] 所谓“隧道历史”，就是在撰写与研究历史时将历史好似置于一个时间隧道之中。这个时间隧道的墙壁就是大欧洲（欧洲及欧洲文化占主导地位的地区）的空间边界，所谓历史就是顺着欧洲时间隧道的时间向后看，并对这一时间隧道中的事件进行安排，决定其发生的时间、地点及原因。而时间隧道之外的事件则是停滞不动的。这种思想就是“历史隧道眼光”，由此建构的历史也就是“隧道历史”。[②] 在韦伯那个时代，资料的有限不可能使他能够像我们现在这样在东西方文明之间做一种较为广泛的互动研究。再者，认为西方的发展源于内在原因是欧洲中心论史学模式下的一个共识，韦伯这样做在当时看来也没觉得不妥。因此，韦伯明确申明他研究东方文明的目的在于突出西方文明的独特性。如果要从这个角度来判定他是“欧洲中心论”者的话，那他也是一个“直率的欧洲中心论者”。

与研究所需的史实或资料的空缺相比，韦伯历史研究中已经利用的史实或资料才是问题的关键所在。站在韦伯的角度来讲，进行历史研究肯定要寻求论证的资料，这样，那种在东西方对立认知模式下形成和积累下来

---

① J. M. Blaut, *Eight Eurocentric Historians*, p. 20.

② J. M. 布劳特：《殖民者的世界模式：地理传播主义和欧洲中心主义史观》，第5页。

的、所有贴上了“欧洲中心论”标签的研究成果便成为韦伯愿意也好不愿意也好的资料来源。根据韦伯效用历史的取材方法，所有可用的然而又不能辨别真伪的史实都先把它们接受为事实，然后再赋予它们不同的意义关联。例如，经典欧洲中心传播主义中欧洲人所具有的发明、革新的理性特征[①]成为韦伯“理性主义”概念建构的源泉；东方历史不变的说法成为他建构“传统主义”理想类型概念的思想依据；早在韦伯之前就存在的“东方专制主义”学说中有关干旱与灌溉的因素，[②] 在韦伯这里便成了中国家产官僚制出现的原因之一；像西方城市自由、东方城市不自由的说法，[③] 韦伯接受过来将它与市民的产生建立了关联；又如东方没有西方意义上的土地私有制的说法，[④] 韦伯接受后将它与中国的农业制度和赋税制度建立了关联，而这只是为了反映中国的国家行政不同于西方的情况，[⑤] 等等。在韦伯历史研究的理解方法下，史实的处理方法非常灵活，它们既可以作为历史对象，又可以作为历史原因，还可以作为认识手段；既可以将史实作为整体关联，也可以将史实的某一个部分或某个因素甚至从某个角度与观点关联。这样，在韦伯的眼中，很多史实可以说都是他的囊中之物。因此，安德瑞斯凯说，任何翻阅过韦伯著作的人都会对其中惊人的详细资料的展列留下深刻印象。[⑥] 换句话说，他的研究俨然幻化成了一个强有力的磁场，欧洲中心论研究资料库中的史实被源源不断地吸收到他的研究著作之中，任何人再去追溯欧洲中心论的某个或某些观点时，似乎都能在韦伯的著作中找到影子，这样，韦伯不自觉地就成了经典欧洲中心传播主义的集大成者。布劳特也认为韦伯所言的欧洲神话基本上都是从经典欧洲中心传播主义继承下来的。[⑦]

不仅如此，更关键的问题还在于这些欧洲中心论史实在韦伯历史

---

① J. M. Blaut, *Eight Eurocentric Historians*, p. 7.

② Ibid., p. 21.

③ Ibid., p. 28.

④ Ibid.

⑤ Max Weber, *Gesammelte Aufsätze zur Religionssoziologie*I, Tübingen: J. C. B. Mohr (Paul Siebeck), 1988, pp. 349 – 373.

⑥ Stanislav Andreski, *Max Weber's Insights and Errors*, London: Routledge & Kegan Paul, 1984, p. 115.

⑦ J. M. 布劳特:《殖民者的世界模式：地理传播主义和欧洲中心主义史观》，第 215 页。

研究方法与思想的作用下所产生的不同效果。总的来讲，在韦伯看来，人的行为受物质和观念两个因素的双重影响。根据价值关联的原则，韦伯突出了观念这个因素，而观念的形成也是受多种因素影响，因此，他进一步将价值关联推进到宗教对人的观念进而对人的行为的影响这一角度上来。韦伯将新教及其宗教伦理影响下人所表现出的那种艰苦劳动、积极进取、敢于挑战现存秩序的行为用“资本主义精神”这一理想类型概念来界定，而将与其相对的那种遵守惯习、安于现状、维护或适应现存秩序的行为表现用“传统主义”这一理想类型概念来界定。按理说，人的这两种行为表现是任何社会都存在的，而且二者在具体形态上也是多种多样的。但因为韦伯是想要突出新教伦理对资本主义精神乃至西方资本主义兴起的意义，所以，在他对非西方文明的研究中，韦伯是将价值关联落在“传统主义”特征上，而非这些社会中所具有的“资本主义精神”特征。以他对中国的研究为例，按照韦伯的理解方法，每一个社会领域的制度和组织结构都可以理解为相应的社会阶层或个体的行为模式，或者说是他们在物质和观念相互作用下的动机选择。所以，我们看到在《儒教和道教》中，韦伯并没有开篇就讨论宗教，而是转而讨论中国历史上相关社会制度与社会组织结构。这种貌似离题千里的做法，一是为了突出西方文明在相关方面的独特性；二是为了给“传统主义”建构一个外在环境或物质制约条件，以此为解释宗教及其影响下的行为伦理对“传统主义”的影响提供基础，从而反映出中国宗教影响下的行为伦理与新教伦理的不同，以证明新教伦理在西方资本主义兴起中的作用。而在此过程中，那些与此相关的欧洲中心论史实就如同一堆零散的砖，在韦伯极具逻辑一致性的理想类型建构下，变成了一座壮观的“传统主义”大厦。恰恰这个过程又是在“中国为什么没有自发兴起西方意义上的资本主义”这一问题背景下进行的，因此，如果读者对韦伯的研究目的和研究方法不是心领神会或明确了解的话，他（她）就不会认为韦伯是在突出西方文明的独特性和新教伦理的意义，也不会认为这仅仅是一个理想类型，而毋宁是在对中国没有自发兴起资本主义这一问题进行现实地解释和论证，文本中出现的那些社会制度和宗教因素就成了中国未能自发兴起资本主义的原因。而在韦伯看来，对于一个不存在的事实是不可以用“客观可能性”范畴来论证因果关系的。① 这样，在读者的眼中，不仅那些接受过来的欧洲中心论史实显得合情合理，而且他（她）们还会从一个更高的层次来认识中国或者东方，即中国或者东方不能产生西方意义上的资本主义是因为它们的观念和其“传统主义”社会的内部结构问题造成的，而这与现代欧洲中心传播主义思想达成了完美的一致。由此，韦伯不自觉地又成了现代欧洲中心传播主义的理论代言人，用沃夫冈·J. 蒙森（Wolfgang J. Mommsen）的话说是，“韦伯被看作是现代西方文明在全球传播的预言家和工业制度凯旋行进的预言家”②。而且，从一个更宏观的视角来看，经典欧洲中心传播主义和现代欧洲中心传播主义在韦伯的历史研究中实现了一脉相承的衔接与延续。由此，我们说，韦伯的历史研究使他与“欧洲中心论”拧下了解不开的结。

由此可见，“资本主义精神”和“传统主义”原本是韦伯在东西方文明比较研究中使用的两个基本的理想类型概念，恰与“欧洲中心论”惯常的东西方文明对立认知模式形成呼应。因此，在西方读者的眼中，韦伯在东方文明研究中为突出西方文明的独特性所建构的“传统主义”的理想类型社会就成了东方文明的真实写照，这种理想类型与历史事实的混淆无形中又为现代欧洲中心传播主义提供了理论基础。从这个角度讲，韦伯的历史研究可以说是将他从“欧洲中心论”土壤中汲取过来的史实材料，经过其社会学研究方法这一大熔炉的锻造，无意中又以一个全新的、极具逻辑性和系统性的社会历史结构理论回馈给了“欧洲中心论”或西方的“现代化理论”。

三 结语

如果从东西方文明对立认知模式下来看“欧洲中心论”，那么，反对“欧洲中心论”实际上就是要如何正确认识不同文明的独特性问题。不同民族或文明之间可能有许多相似之处，但往往也正是那一小部分差异决定

---

① Max Weber, *Gesammelte Aufsätze zur Wissenschaftslehre*, Tübingen: J. C. B. Mohr, 1982, p. 276.

② Juergen Kocka (ed), *Max Weber, der Historiker*, Göttingen: Vandenhoeck & Ruprecht, 1986, p. 61.

了某个民族或文明的独特发展方向。因此，在人类学家看来，最有益的研究就是探寻那些在整体上具有许多共性的民族之间的差异。① 由此，这种差异的获得就必须来自文明之间的真诚比较。“如果人们还在保卫自己的生活方式，并且只相信自己的生活方式是世界的唯一解决方法，文化的比较研究就不会繁荣。”② 可见，尊重文明之间的差异，并且认识到这些差异存在的意义和合理性，进而去研究和挖掘不同文明的特殊性，这不仅对于反“欧洲中心论”意义重大，而且对于世界史和全球史的研究来说也颇为重要。

韦伯历史研究目的的局限给我们提出了变换研究视角和创新理论框架的思路。实际上，我们也可以从自身出发，借助越来越多的史实和资料来构建特定视角下的概念，从“我有，你无”的比较视角来认识西方文化，或许也会得出对西方文化不一样的认识。同时这样也可以使我们在世界历史研究中跳出西方文化概念的包围，争取自己的话语权。我们可以从人类共通的问题出发，找出不同文明或地区解决这些问题的具体方式，然后再分析它们各自的解决方式出现的原因或背景以至影响，由此达到对不同文明或文化的认识，实现对异己文化的理解，从而为不同文化的沟通和交流提供有益帮助。

（曾金花，湖南邵阳学院讲师）

① 本尼迪克特：《菊与刀》，刘锋译，当代世界出版社 2007 年版，第 17 页。
② 同上书，第 27 页。

Book Reviews

书评

评基姆·菲利普斯《东方主义之前：欧洲游记中的亚洲民族与文化(1245—1510)》

荆玲玲

Kim M. Phillips, *Before Orientalism: Asian Peoples and Cultures in European Travel Writing*, 1245 - 1510, Philadelphia: University of Pennsylvania Press, 2014, x + 314 pp.

长期以来，东西方关系一直是历史学家和文化研究者备受关注的论题，文化史学者对西方人眼中的东方形象颇感兴趣。在持欧洲中心论的学者眼中，西方尤其是欧洲的文化是最优秀的，是文明的典范，其他东方文化都是落后的、野蛮的，因此，先进的西方文化负有帮助改造落后的东方文化的神圣使命，这种欧洲优越论的话语为欧洲近代早期的殖民扩张提供了合法性辩护。20 世纪末以来，爱德华·萨义德的《东方主义》（*Orientalism*，或译为“东方学”）揭示了西方在建构东方中的话语霸权，认为西方对东方的认识是以西方思维方式为媒介、以西方文化为基础、以西方价值理念为标准的，因此，西方人眼中的东方是西方用无知和偏见建构和臆造出来的，是用西方的话语扭曲和遮蔽了的东方，而不是真实的东方。这种后殖民主义理论在文化史领域引起了热议，使得人们对近代以来西方的殖民主义和霸权主义有了更为深刻的认识。然而，萨义德关于东方主义的理论主要适用于17 世纪以后的殖民主义时期，对于中世纪晚期是否适用？基姆·菲利普斯的《东方主义之前：欧洲游记中的亚洲民族与文化（1245—1510)》（以下简称《东方主义之前》）一书较好地回答了这一问题。该书从中世纪晚期的欧洲游记文本出发，运用多种文本相互对比和验证，揭示了欧洲和亚洲在早期接触时，欧洲人在自身时代背景和思想体系影响下，如何看待当时亚洲的蒙古人、中国人、印度人和东南亚民族文化，用文化的多样性来描绘一幅不同于萨义德所说的东方主义的东方民族文化图景。

基姆·菲利普斯为新西兰奥克兰大学历史系副教授，主要研究方向为中世纪欧洲文化史，尤其擅长研究妇女与性别史、青年与生命周期史、中世纪旅行与民族志写作。除代表性著作《东方主义之前》外，他曾与其他学者合著《中世纪基督教史（1050—1530）》《中世纪世界的妇女》，其代表作《东方主义之前》曾荣获美国历史协会颁发的杰里·本特利世界历史奖。

《东方主义之前》一书分为两个部分，第一部分“理论、民族和体裁”为理论阐释，从第一章到第三章分别从与萨义德关于东方主义理论的关系、旅行者的故事与受众群体、旅行书写与欧洲形成之间的联系三个维度来阐述本书的理论基础；第二部分“东方想象”为主题探究，第四章到第八章每章专门论述一个主题，探讨了中世纪欧洲游记作品中较为关注的五大人类学主题：食物与饮食、女性气质、性、文明、身体。作者的主要论点是：中世纪西方在与东方接触时，对东方的看法不同于现代东方主义，他们既不是从欧洲后来形成的普遍的霸权主义自我立场出发，也不是出于殖民主义的动机，而在中世纪欧洲游记作者对亚洲的表述中，体现了多样化的特点，不仅有对亚洲文化的赞美、发自内心的承认，还有对亚洲文化的好奇和向其学习的真实愿望。

作者在“导论”部分介绍了该书研究的时空范围、研究目的以及史料依据。她把这本书的写作比作一次旅行，用来说明研究的结果远远超出了最初的设想。作者将研究限定在1245—1510年间中世纪晚期欧洲游记书写中的蒙古、中国、印度和东南亚地区，其独特之处在于研究的目标不是为了讲述欧洲游记对亚洲的探索和发现，也不是把欧洲游记作品作为向非欧洲文化学习的信息来源，而是从文化史的视角出发，聚焦于中世纪晚期讲拉丁语的基督教徒与亚洲文化相遇时那些没有被普遍关注的主题，探讨当时欧洲人所关注的饮食习惯、性别角色、性、文明和身体如何塑造中世纪晚期欧洲人关于东方民族和社会的观点。在研究的史料方面，作者主要选取了比较可靠的有亲身经历的欧洲旅行家在亚洲见闻的日记和口述史料，根据1245—1510年间20多位曾经到过或宣称到过蒙古、中国、印度、斯里兰卡、缅甸和其他东南亚国家的欧洲旅行家的记述，来进行此论题的研究。

第一章“关于东方主义”主要是为了解释该书书名的由来以及与萨义德关于东方主义理论的关系。作者之所以将该书命名为“东方主义之前”，是基于以下认识：中世纪欧洲人对东方文化的认识，除了在基督徒和穆斯林相遇的问题上，不能适用萨义德所讲的东方主义，因此萨义德所谓的“东方主义话语”在中世纪并不存在，或者在大部分亚洲地区不能得到充分证实。在与萨义德所谓东方主义之间的关系问题上，作者认为“存在三个维度的关系：东方主义之前（Before Orientalism）、与东方主义并行（Alongside Orientalism）和在两种东方主义之间（Between Orientalisms）”（第15页）。第一个维度主要是指在中世纪晚期的前殖民时代，欧洲相对于亚洲文化的优越性并未体现，因此不适用萨义德后殖民理论中的殖民主义和霸权主义话语；第二个维度是指，作为一种解释特定的从属的西方文化陈述，尤其是文学和视觉艺术时，萨义德的东方主义概念具有较广泛的功效和适用性，而且萨义德指出了“东方”在真实的地理位置与其在西方表象中的思想建构之间的区别，为分析中世纪欧洲人对东方民族和文化的认识提供了思维的方向；第三个维度是在两种东方主义之间，即杰拉德对西方优越于东方的表象认识和萨义德对西方建构东方的话语霸权之间，认为当13世纪中期欧洲旅行家到达东方时，他们对东方的陈述发生了改变。尽管有几位中世纪晚期的旅行家也写过类似的将“印度”传统融入他们叙事中的作品，但他们的作品却代表着一种欧洲人对东方的新认识，亚洲变成了多样化的、特别的、熟悉的或可知的。虽然作者也指出了萨义德忽视了东方文化多样性的缺陷，但仍然认为萨义德的理论有着持久的价值。其价值在于为研究不同时代西方人对于亚洲文化的复杂而又多层次的结构性观念提供了新的学术起点，他们对亚洲文化一直存在好奇、惊叹、赞赏、探求、嫉妒、贪婪、占有、优越、挑剔、诋毁、刻板印象和妖魔化，但不是所有感情都同时具备。中世纪的欧洲旅行者对他们的未来一无所知，蒙古、中国、印度次大陆、缅甸、占城王国和众多的岛屿对他们来说代表着值得作出回应的新的迷人的世界（第26页）。

在第二章“旅行家、见闻故事和受众”中，作者通过对他们作品手稿传统的讨论，提供了关于旅行者和伪旅行者、手稿发行量、受众等方面的信息以及对后来观点的影响。菲利普斯认为，到东方的欧洲旅行家的游记写作，由于受到抄写员和翻译者文本处理的影响，编写者在不违背原文内容的前提下，总会加入自己认为较有教育意义的内容和评论。以《马可·波罗游记》为例，现存的版本大约有150种，但没有一本能代表原始版本，而且任何两本都不完全相似（第33页）。除此之外，游记写作还要考虑到读者的需求，《马可·波罗游记》正是因为满足了读者的多种需求才广为传播，有些读者喜欢史诗元素，有些从事欧亚贸易的商人可能会对书中提到的东方的自然资源和商品（如盐、丝绸和香料）感兴趣，还有一些人则可以从书中找寻亚洲的地理和地图信息来丰富他们基督教的宇宙观。在此基础上，作者总结了欧洲游记作品的影响，它们扩大了不同世界之间的界限。以前不为人知的民族和文化开始出现：东方的城市、风景和自然奇观开始激发欧洲人的想象力。从某种程度上说，当时这些新书的作者和读者都在寻找按照自己熟悉的思想结构来塑造的东方世界。

第三章标题为“旅行书写与欧洲的形成”，考察旅行写作在中世纪的有效性和适用性。本章最充分地发扬了该书的基本论点：旅行写作作为一种体裁，是要把中世纪对东方的旅行书写置于新形成的并不总是认为自己优越的欧洲的时代背景下，并把旅行作家从实用主义到惊叹的动机考虑在内。作者在写作这一章时试图回答以下几个问题：没有第一人称叙述者的旅行写作能否存在？旅行写作是否需要将个人的思考融入其中才能最大程度上去吸引现代读者？在中世纪这个欧洲认同受到强烈关注之前的时代里，旅行写作中对远东地区的描述在多大程度上采用了人们真正称之为“欧洲”的视角？通过对旅行文本的考察，作者得出的结论是：“只有在充分领会中世纪关于亚洲的记述后，我们才意识到，对旅行写作本质的期望需要重新设定，才能发现在欧洲和亚洲相遇的早期，欧洲认同的观念虽然可以辨认但还没有占据主导地位（第50页）。”

第二部分是该书的核心，展示了中世纪欧洲对亚洲五种人类学的主题描述。在第四章中，作者将食物和饮食方式放在五大主题的核心和首要位置。菲利普斯通过对欧洲旅行家的游记文本分析，发现几乎每部游记作品都有对东方饮食的叙述，对东方文化中粮食、就餐习惯、产品的丰富或匮乏、食物在宗教仪式中的角色以及奇怪的食人习俗等的评论在中世纪欧洲的游记作品中非常常见，因而饮食习惯在中世纪文化中处于重要地位。作者在分析饮食方式时，不仅是对东方不同地区的饮食进行陈述，还分析了欧洲旅行写作中对东方饮食的看法产生的深层次的时代背景和思想根源。如到蒙古去的旅行家们对蒙古食物的匮乏和令人厌恶的饮食习惯的描述，在当时面临蒙古人的威胁，不仅有助于积累对于这个可怕的民族的情报，以保护欧洲的政治安全，可能也接近于一种对游牧民族的偏见。到印度和中国去的旅行家，则对当地的丰饶和食品的充裕作了充分的评论。欧洲游记中对亚洲饮食的记述反映了14世纪欧洲人在食物匮乏的时代背景下对饥荒问题的关注，同时也反映出欧洲人思想文化传统中对东方不同民族的固有观念。在介绍蒙古人的饮食时，作者将标题命名为“敌人的饮食方式”（第75页），认为蒙古人的食物不仅匮乏而且饮食习惯极为野蛮，尤其是食人风俗的存在。与此形成鲜明对比的是，中世纪晚期的欧洲人把元朝时期的中国看作富裕和文明的典范，对中国、印度和东南亚食物的丰饶进行了详细的描述。十分有趣的是，关于亚洲的游记尤其是《马可·波罗游记》在欧洲广为流传的时期，恰好也是欧洲北部正在面临致命的饥荒的时期。除此以外，作者还专门对中世纪文本中的食人现象进行了探讨，通过文本对照和分析，发现欧洲人在“十字军东征”时为了应对饥饿曾经有食人的行为，蒙古人自身的历史和文学作品中也有食人的意象，食人风俗在蒙古、西藏以外的安达曼群岛、苏门答腊岛也有相关的论述。中世纪欧洲游记中对亚洲“不文明”的食人现象的描述，反映了古代欧洲人对游牧民和农村居民的偏见和对城市社会的偏爱，这对日益城市化的西方国家来说越来越重要。

在第五章“女性气质”中，菲利普斯把女性作为感知外国文化的图标和指标，并将其应用于中世纪晚期欧洲游记中对蒙古、中国和印度妇女的描述，主要目的在于探究以下问题：当一种文化（在这种情况下主要指拉丁基督徒和男性）将目光转向完全不同文化中的女性时，会发生什么？女性气质在中世纪东方旅行的叙述中有什么修辞上的目的？他们是如何支持东方文化愿景的？作者认为，欧洲人对亚洲女性的观点各不相同，主要分为三种类型：勤奋强势但没有魅力的蒙古妇女、有魅力和诱惑力的中国妇女、具有异国情调而引人注目的印度妇女（第101页）。这三种女性类型形成了欧洲人关于其不同文化的观念：好战和可怕的蒙古文化、迷人而有魅力的中国文化、非凡而又奇特的印度文化。对于蒙古妇女的特征，中世纪关于蒙古的游记中看法大体一致：勤奋能干、积极活跃、备受拥戴但没有魅力。关于蒙古女性外表的叙述，卡皮尼曾这样写道："尽管已婚妇女穿着独特的服装，戴着头巾，但是你几乎不可能把未婚女性与男性区分开来。"（第102页）中世纪欧洲游记对蒙古妇女的这些描述，出发点在于强化蒙古和欧洲社会之间的区别，强调蒙古人凶猛可怕的品质。对于中国的女性气质，欧洲评论家认为，中国人与蒙古人在身体和文化上有着巨大的差异，对亚洲贸易的兴趣使得欧洲人对中国的财富和社会发展充满了羡慕，因而对中国女性赞赏有加。中世纪的欧洲人在中国女性身上看到了一种以性诱惑为中心的女性气质，《欧洲游记》中描述道："中国女性是世界上最漂亮的女性。"（第110页）《马可·波罗游记》中还有大量对中国女性谦逊、礼貌等优秀品质的描述。中国女性与美丽、精致和性感之间的联系，与中世纪欧洲人对中国的文化认知密切相关，中国是奢侈品和精致文化的代表。关于印度女性，《欧洲游记》中有大量关于印度妇女异国情调的美的记述，对印度女性的欣赏与当地广泛的水果、香料和欢乐意象相吻合。在中世纪欧洲的游记描述中，中国和印度南部的女性似乎符合欧洲人期望的女性的美。在对印度女性进行论述时，作者还着力探讨了印度的寡妇殉夫问题，其价值在于说明前殖民地时期和殖民主义时期欧洲人对亚洲文化的不同态度。

第六章与第五章中的女性气质紧密相连，作者对中世纪《欧洲游记》中有关东方的性的描述进行了探讨。中世纪欧洲游记作者们在阐述东方的性和婚姻问题时，带有自身时代的特征，反映出欧洲人对性的看法，"对他们来说，快乐可以是简单的快乐，而不是诱人的危险，对于他们的读者来说，这个词的内涵有着充满想象力的吸引力，因为很少有人有机会亲身体验亚洲的性文化"（第123页）。作者根据《马可·波罗游记》中关于东方性习惯的零散记录，分五大问题进行论述："赤裸的传统主题""性泛滥""公共的女人""通奸"和"一夫多妻制家庭"（第125页）。本章也是对第五章女性气质探讨的进一步延伸，通过文本分析，作者发现，在中世纪的旅行记述中，亚洲女性并不总是与性有关，但性几乎总是和女性联系在一起。在对东方五种性现象进行论述的基础上，作者还对同性恋问题进行了专门的探讨。中世纪欧洲游记中对于东方的性的描述反映了欧洲自身的思想文化观念：欧洲基督教的一夫一妻制道德标准使得他们对东方的性风俗有了文化界限的看法，欧洲旅行家的相关描述部分原因在于欧洲人对基督教一夫一妻制的反思。

第七章“文明”是对亚洲尤其是中国繁荣的城市文明的论述。作者首先分析了中世纪晚期欧洲人自身关注城市和文明问题的时代背景，认为从13世纪开始，欧洲就进入了一个城市化和复杂礼仪的时代，城市精英和上流社会的读者们对城市中的新技术、交流方式、货币形式、社会组织、城市中心的大小与设计、更高级的奢侈品和宫廷礼仪等问题非常感兴趣，阅读东方游记中这些内容，有助于中世纪晚期的欧洲人在城市和宫廷中实践更高程度的文明。因此，本章中文明的含义仅指“欧洲游记中对城市生活和宫殿的描述”（第149页）。中国的北京和杭州两个大城市的文明和繁华是备受欧洲旅行家关注的焦点。欧洲游记作者们对中国城市的大量描述源自欧洲人自中世纪晚期对大都市的迷恋。他们还对欧洲的米兰和元大都进行了对比，认为虽然这两个城市并不相同，但它们有很多共同之处，如市政宫殿傲立在城墙内，每个城墙上都有钟楼。对于蒙古人，中世纪《欧洲游记》大多将其作为文明的反面典型——野蛮来描述，但《马可·波罗游记》中对蒙古人的纸币优势和先进的信息传递体系进行了详细的论述。总的来说，欧洲游记对东方文明程度的认识有很多种：野蛮、简易、高度文明，其中只有中国的文明程度能与欧洲最高的文明相媲美。

第八章“身体”是对亚洲人身体外貌特征和种族的论述。本章主要探讨的问题是：对亚洲人的身体特征描述，现在的旅行作家们是否与东方主义之前的中世纪的读者们有着共同的迷恋和文化的共鸣？作者的观点是：在前殖民时期关于东方的旅行写作中，身体特征虽然重要但不一定是主要的，东方人的身体以无系统和不可预知的方式展现出来。为了证实自己的观点，作者借鉴了气候学的相关理论，对亚洲人身体特征、种族和气候之间的联系进行了论述。对蒙古人面部特征怪异的描述和对中国人外貌特征的赞颂都与欧洲人对亚洲不同文明的认知有关，体现了人的多样性，更是前殖民时期欧洲人对东方文化或恐惧，或羡慕，或惊叹等多种感情交织的多样性的世界的反映。在结语部分作者对自己的主要论点进行了总结，认为中世纪晚期欧洲旅行家们的游记反映了欧洲人对亚洲民族和文化的不同态度和看法，既有根据旅行地点和动机的实用主义，也有迎合读者兴趣的文本，从而丰富了欧洲古老的文化传统中对东方奇特而又野蛮的恐惧性认识。

《东方主义之前》一书史料丰富、见解独特，通过分析中世纪晚期欧洲游记书写中的多种文本，为读者展现了一幅丰富多彩且富有吸引力的东方文化图景。菲利普斯的分析方法非常独特，与一般论述中世纪文化史的著作有很大的不同，她并非局限于中世纪欧洲游记的文本分析，也不满足于对欧洲人眼中东方文化的简单描绘和再现，而是在文本分析的基础上跳出游记作品的描述，进而从中世纪晚期欧洲人所面临的时代背景和思想文化传统出发，探讨欧洲人对东方不同文化的看法产生的深层次的社会和思想根源。如对蒙古人的饮食、女性气质和文明程度的认识方面，正是当时欧洲人面临被蒙古征服的危险，出于对蒙古人的恐惧和憎恨，才会强调蒙古人不洁的饮食和野蛮的食人习俗，将蒙古的女性描述成好战和没有魅力的形象，并将蒙古人的文化水平视为不文明和野蛮的代表。而对元朝时期的中国，由于欧洲自身面临饥荒，才会对中国食物的丰富和多样无比地羡慕，加之欧洲当时正处于城市化发展时期，以米兰为代表的大城市刚刚兴起，因而将中国的大都和杭州作为大都市的代表，认为大都市的繁荣才是文明程度高的典范。除此之外，菲利普斯还分析了东方文化的建构对欧洲形成的作用，她运用文化折射法揭示了中世纪晚期欧洲形成的复杂性，“它（指欧洲）具有开放性，愿意学习，愿意被我们错失的东西所打动。它喜欢描述遥远的地方。除了宗教问题，它很少认为自身具有优越性”(第200页)。这种从“他者”文化来反思“自我”文化，强调“他者”对“自我”建构作用的分析方法非常可贵，值得借鉴。最后，值得称赞的是，作者写这本书的价值不仅是为了丰富中世纪的欧洲文化史或者东方文化史，而是希望借用全球史的跨文化相遇的理念来认识欧洲与亚洲在中世纪晚期相遇时的文化作用，并将其扩展延伸到前殖民时期，希望能够丰富前殖民时期的文化研究。

由于语言和地域的限制，该书也存在一些不够完善的地方。作者虽然尽可能多地占有史料，但是这些史料大多为西欧国家旅行家的游记，对欧洲东部、北部和南部地区的旅行写作较少涉及，而且很少引用东方国家的史料进行互证，这可谓一种遗憾。再者，作者一直强调中世纪晚期欧洲人很少自认为有比东方优越的优越性，但在具体比较东西方文化的文明程度时，字里行间却带有欧洲优越的意识，以欧洲的思想和文明作参照物来审视东方文化，如认为蒙古人的饮食中没有面包和其他谷物，因而是不洁的、野蛮的，虽然欧洲人在游记中对元朝时期中国的饮食丰富和城市繁荣持高度赞扬态度，但最终得出的结论是：在中世纪晚期的东方文化中，只有中国的文明程度可以与欧洲相媲美，其言外之意是，欧洲的文明最为优越。从某种程度上说，这与萨义德所说的东方主义是否存在暗合之处？

总的来说，《东方主义之前》一书仍是一部优秀的文化史著作，它对那些对中世纪文化和旅行写作、亚洲与欧洲的早期接触、民族志和前殖民时期文化研究感兴趣的人来说，都有重要的参考价值。

（荆玲玲，首都师范大学历史学院博士研究生）

评简·基尔帕特里克《植物学之父：欧洲传教士对中国植物的发现》

李 蕾

Jane Kilpatrick, *Fathers of Botany*: *The Discovery of Chinese Plants by European Missionaries*, Chicago: University of Chicago Press, 2014, 224 pp.

利玛窦曾在《利玛窦中国札记》中提出，“可以放心地断言，世界上没有别的地方在单独一个国家范围内可以发现这么多品种的动植物”①。然而，在西方植物学家进入中华腹地前，来华传教士早已开始向西方介绍中国植物。1560 年，葡萄牙来华传教士达·克罗兹（Gasper da Cruz）回国后将茶叶介绍到葡萄牙。1665 年，明末清初来华耶稣会士卜弥格（Michel Boyem）在《中国植物志》（*Flora Sinensis*）中图文并茂地介绍了中国特有的柿子和枇杷等植物。除了向西方译介介绍中国植物的资料，来华传教士在 18 世纪初开始向欧洲运送观赏花卉树苗和生物学标本。譬如，同属耶稣会的来华传教士丁执中（Piere Nicolas le Cheron D’Incarville）为法国采集了包括红丁香（Syringa villosa）在内的 149 种植物（p. 14）。鸦片战争后国门洞开，来华传教士，尤其是法国天主教来华传教士继任中西植物交流使者。“基督教传教士是最先来华探寻生物资源和新植物的专业人士，西方专业植物采集者追随了传教士在华采集标本的脚步”（p. 1）。

---

① 利玛窦、金尼阁：《利玛窦中国札记》，何高济、王遵仲、李申译，何兆武校，中华书局 2010 年版。

有关西方专业采集人士的研究主导了西人识华生物史的书写。针对专业采集人士，例如，威尔逊（Ernest Henry Wilson）和乔治·福雷斯特（George Forrest）的研究比比皆是，传教士在华植物采集历史的专题研究却少人问津。基于此，英国博物学家和独立学者简·基尔帕特里克（Jane Kilpatric）撰写了《植物学之父：欧洲传教士对中国植物的发现》（以下简称《植物学之父》）。基尔帕特里克系统梳理了法国遣使会传教士谭卫道（Pere Armand David），巴黎外方会传教士赖神父（Père Jean Marie Delavay）、博神父（Père Émile-Marie Bodinier）、保禄·法尔日神父（Père Paul Guillaume Frages）和陶神父（Jean-André Soulié），意大利方济各会传教士吉拉尔迪（Padre Giuseppe Giraldi）和德国礼贤会传教士花之安（Ernest Faber）在华采集植物标本的历史。作者旨在矫正来华传教士和专业植物采集者在西方识华生物史上的不平等，并提出这些人中前者在华的植物采集是后者植物采集的基础和过渡。

该书出版后在国外反响热烈。相关书评刊登于爱丁堡大学《博物学档案》（*Archives of Natural History*）、美国植物学会《植物科学通讯》（*Plant Science Bulletin*）和美国天主教历史学会《天主教历史评论》（*Catholic Historical Review*）等学术期刊。2017 年年底，国内才开始引进此书。本文旨在评析此书主要内容、主题和研究方法，对比该专著和相关国内研究，指出中外学者应互鉴之处。

全书前五章倚重梳理谭卫道神父在北京周边、川西和秦岭的植物采集。之后，基尔帕特里克主要介绍了赖神甫在云南苍山和丽江周边地区采集绿绒蒿、牡丹、杜鹃和蓝罂粟等植物标本的始末。第十章到十二章集中记录博神父在贵州的植物发现、花之安对广东罗浮山和四川峨眉山的植物考察、保禄·法尔日神父晋北的植物采集。最后四章，作者讨论了法国巴黎外方会传教士在川藏边境地区传教之余，如何相互协作采集植物标本，尤以陶神父为代表。

较其他同类著作，该书在资料来源有两个特点。首先，外文史料丰富，全书利用英语、法语和德语等多语种史料还原传教士在华植物采集史。来华传教士采集标本主要送到法国国立自然历史博物馆（Muséum national d'Historie naturelle）和英国邱园（The Royal Botanic Gardens，Kew），由英法植物学家完成标本分类整理和命名。《植物学之父》利用了法国国立自然历史博物馆和邱园保存的植物学家与来华传教士往来原始信件、植物分类档案资料，法国遣使会和巴黎外方会差会档案以及传教士个人采集日记等史料。此外，作为地理过渡地带，川藏和滇藏边境是国内动植物资源最丰富地区。此区域植物标本主要由当地法国天主教传教士采集。国内法国传教士在华植物采集研究主要利用二手英文资料，相关系统性研究因法语语言门槛原因而缺失。其次，图片丰富，图文并茂。全书先后使用了250余张图片，包括传教士亲手绘制和拍摄的植物标本图与照片，如铁筷子（Helleborus thibetanus Franch）、海仙花（Primula poissoni）和豹子花（Nomocharis pardanthina）等植物照片。此书在章节开头还配有谭卫道神父三次植物采集路线图（p. 24，p. 32，p. 56）、赖神甫云南考察路线图（p. 64）、博神父云贵川采集路线图（p. 132）、保禄·法尔日神父秦岭和大巴山采集路线图（p. 146）、吉拉尔迪山西考察路线图（p. 164）和巴黎外方会传教士川西采集线路图（p. 176）。另外，书中还刊登了赖神甫应法国植物学家弗朗谢要求手绘的云南地图（p. 102）。因详细标注了云南的山脉及赖神甫常去采集植物标本的村镇，该图远比18世纪耶稣会士绘制的地图详细，因而对法国植物学家有更大参考价值。

主题论述方面，国内学界同仁需要注意《植物学之父》谈及的如下两个问题：其一，法国来华传教士和法国国立自然历史博物馆科学家建构的人际关系网在西人识华生物中的作用。其二，欧洲来华传教士的植物采集如何推进完善西方识华生物知识。其三，英法两国在认识华生物上的利益冲突。

谭卫道是在华采集植物标本最杰出的传教士植物学家之一。他在中国的三次采集活动不仅将大熊猫和麋鹿介绍到西方，还采集到了大叶醉鱼草（Budleja daviddi）、穆坪紫堇（Corydalis flexuosa）和珙桐（Davidia involucrate）等珍稀植物标本。但谭卫道送回的标本一直积压在法国国立自然历史博物馆，等待植物学家系统分类整理。1880年，弗朗谢（Adrien Rene Franchet）应邀来历史博物馆工作后投入整理工作。1884年和1886年，弗朗谢先后编辑出版了上下两卷本《谭卫道从中华帝国发现的植物》（*Plantae Davidianae ex Sinarum Imperio*）。谭卫道与弗朗谢建立了合作关系，谭氏力促其他来华法国传教士支持弗朗谢工作。与赖神甫相识之后，谭卫道建议其将采集标本送到法国国立自然历史博物馆，而非交给英国驻黄埔副领事亨利・弗莱彻・汉斯（Henry Fletcher Hance）。赖神甫听从了谭卫道的建议，并于1893年成功说服博神父也为弗朗谢采集标本。弗朗谢和来华法国传教士构建，创造博物学知识的内外协作关系网络进一步扩大。一方面，来华传教士在前线负责植物标本采集；另一方面，弗朗谢和法国国立自然历史博物馆植物学家负责整理和命名送回法国的标本。弗朗谢等植物学家将传教士采集标本命名转化为植物学科学知识发表，并将发表成果邮寄给正为博物馆采集标本的传教士和对采集感兴趣的传教士。一则方便传教士植物标本采集；二则培养后备采集力量。由此，传教士和欧洲科学家成功建构了生产博物学知识的良性运作网络。

在《植物学之父》一书中，作者还通过欧洲识华生物知识的广度和深度两个维度，评估传教士植物采集对西方植物学知识的完善。广度是指随着来华欧洲传教士采集区域从川藏、滇藏边境扩展到华中和山陕关中等不同纬度地区，采集样本种类数量增加。欧洲植物学家得以分类整理的植物种类增多，欧洲有关中国植物学知识范围进一步扩大。就百合属植物而言，除了谭卫道和赖神甫在四川和云南采集到的新百合属种，法尔日神父在大巴山城口地区采集到的绿花百合（Lilium Fragesii）和兰州百合（Lilium Fragessi var. willmottiae）将百合属种增加到14种（p. 150）。

深度则指借助不同历史时段来华传教士们的采集标本，欧洲植物学家们深化拓展了同类型博物学知识。《植物学之父》每章结尾都有“历史的进步”小节，专门谈论后继采集者对早期植物学知识的深化。以杜鹃花为例，谭卫道在穆坪的采集对“杜鹃花生长中心在喜马拉雅地区”的说法提出了质疑；赖神甫在云南的采集则表明，杜鹃花属种的生长区域在喜马拉雅偏东的华西高山和深谷中（p. 90）。另外，基于对谭卫道、赖神甫和陶神父采集标本的研究，弗朗谢对我国西南地区植物分布有了概括性认识。陶神父和谭卫道在康定周边和穆坪附近采集植物的相似性，强化了弗朗谢对山区物种分布的看法。他认为，每一列平行山脉都有特产植物。相比四川和喜马拉雅地区，云南多样的地方性植物，也进一步佐证了上述观点。弗朗谢还提出，尽管华西山区和喜马拉雅地区的植物具有相似性，但这主要由相近的海拔和气候所致，并非出于自然地理的连续性（p. 189）。

此书详细关照的传教士大多为法籍天主教传教士，而英国主要是派专业采集人士来华进行标本采集的。所以，基尔帕特里克还在《植物学之父》中多次谈及英法两国在华植物采集标本事业上的利益冲突。英国植物学家韩尔礼（Augustine Henry）1888 年前后曾在湖北巴东地区采集植物标本，其采集成果陆续刊登在邱园杂志和《中国植物志索引》（*Index Florae Sinensis*）上。弗朗谢继而认识到，如果巴黎自然历史博物馆想与韩尔礼的新发现保持同步，则需要有经验的采集者为其在华中采集标本。因而，弗朗谢写信联系了保禄·法尔日神父。出于“科学和爱国”的缘由，法尔日神父答应了弗朗谢的请求。1890 年，法国奥尔兰·亨利王子（Henri d'Orléans）加入法国探险家（Gabriel Bonvalot）考察西藏的探险队。探险队进入青藏高原后受阻，辗转到达川藏边境，亨利王子在康定采集到 500 种植物标本。亨利王子的爱国热情鼓舞了川藏边境的法国传教士。英国人普拉特（Antwerp Edgar Pratt）在川藏边境的植物搜集加重了法国传教士们的危机感，他们担心英国在西藏边境的植物采集捷足先登。陶神父认为最先概观西藏植物的荣耀应该属于法国植物学家，因而开始在康定周边仔细采集植物标本。他认为，一旦西藏落入英国手中，法国则应抓紧在西藏边境地区采集。此观点迎合了法国国内盛行的殖民主义观点，法国地理学会 1904 年授予他银勋章。

多语种资料的驾驭使基尔帕特里克能系统研究来华传教士植物学采集。她的系统梳理佐证了来华传教士植物采集的贡献。传教士的植物采集不仅为后续西方专业植物采集者打下基础，也对西方博物学知识发展作出了贡献。同时，传教士在华植物采集保存了消失物种。相比之下，国内学界对来华传教士植物采集系统性研究阙如。这种缺乏使我们难以认识到西方识华生物史和西方有关中国博物学知识演变进程。所以，对国内学者而言，该书的研究视野和史料引证定能带来启发。

相对于多语种的史料援引和清晰的行文论述，该书仍有几个方面值得继续商讨改进。《植物学之父》以西方视角来书写，论证材料缺乏相关中文史料。本是研究传教士对中国植物采集，书中却无一处引用中文史料，对中国助手在传教士植物采集中发挥的作用也一笔带过。传教士在中国的探险采集，并非他们单独完成，而是有很多懂得动植物的中国人参与其中一同完成，当地人的知识也起了很大作用。实质上，以谭卫道为例，其蒙古向导桑达钦巴（Sambdatchiemda）和助手王树稀（Ouang Thomas）对谭选择采集路线和标本分类十分重要。中西方在 19 世纪东西方互动中合力谱写了中国植物学知识，而中国助手的作用却被作者忽视。此局限和不足若能得到克服，应会增添进一步的讨论空间。另外，该著作没有辩证地看待传教士在华植物采集活动。作者只看到了来华传教士植物采集对欧洲有利的一面，却未曾看到中国物种外流可能造成的负面影响。

（李蕾，浙江大学外国语言文化与国际交流学院博士研究生）

评马修·菲茨帕特里克和彼得·蒙提斯《殖民主义、中国和华人》

张瀚林

Matthew P. Fitzpatrick and Peter Monteatheds. , *Colonialism*, *China and the Chinese*, Routledge, 2019, xi + 209pp.

自1840年鸦片战争之后，中国逐渐卷入西方列强主导的全球化进程之中。在这一过程中，西方的殖民侵略对中国产生了巨大冲击，殖民主义和帝国主义的影响成为理解晚清和民国的政治、经济、外交及社会变迁的一个重要因素。马修·菲茨帕特里克（Matthew P. Fitzpatrick）和彼得·蒙提斯（Peter Monteath）主编的文集《殖民主义、中国和华人》，将晚清至民国初年的中国置于西方殖民扩张的全球情境中，以此来考察帝国主义时代的中国及其人民的处境和奋斗。

马修·菲茨帕特里克和彼得·蒙提斯都是澳大利亚弗林德斯（Flinders）大学历史系教授，两人擅长从世界史视角来探讨有关德国史和澳大利亚史的问题。菲茨帕特里克的专著有《德国的自由帝国主义：扩张主义和民族主义（1848—1884）》（2008）、《净化帝国：1871—1914年德国的大规模驱逐》（2015）。蒙提斯的专著有《战俘：希特勒帝国中的澳大利亚战俘》（2011）、《逃脱大师：约翰尼·佩克难以置信的二战经历》（2017）、《被俘生活：澳大利亚战时集中营》（2018），编著有《与弗林德斯一起航海：水手塞缪尔·史密斯的日记》（2003）、《探险者埃米莉·卡罗琳·克里格的日记》（2004）、《德国人：旅行者、殖民者及其在南澳的后裔》（2011）、《前往澳大利亚的弗里德里希·吉斯塔克：一个黄金时代的德国旅行家》(2016)、《一飞成名：罗斯·史密斯在1919年从苏格兰到澳大利亚航空大比赛中的获胜》(2019)，合编著作有《相遇南方大陆：尼古拉斯·博丹和马修·弗林德斯的澳大利亚航行》(2010)、《拘禁之地：1914—1915年的托伦斯岛》(2014)、《红色教授：弗雷德·罗斯的冷战生活》(2015)。此外，菲茨帕特里克和蒙提斯还共同主编了《蒙昧世界：1798—1914年德国人与海外其他民族的相遇》(2018)。从他们的研究成果可以看出，他们试图从殖民主义和帝国主义的全球情境中来理解普通人的生活，尤其是蒙提斯从全球史和跨国史视角对战俘、旅行者和探险者等个人经历的研究，体现了宏观视野下微观个案研究的路径。《殖民主义、中国和华人》一书也正是在这种思路下的一种探索。

该书主编菲茨帕特里克和蒙提斯试图将近代中国及华人的历史置于西方殖民主义和帝国主义影响情境中来考察，因此在其导言性的第1章中回顾了西方殖民扩张背景下晚清中国的国际处境，指出史学界以往对晚清中国国际地位和处境的研究，主要局限于国家层面的“高级政治”(high politics)领域，忽视了对地方、家庭和个人层面的研究。那些以国家及其正式代表为主要角色的历史，难以聚焦由帝国全球化(imperial globalisation)所引发的更细微的社会和文化的复杂情况，而这正是本书的大部分章节所力图描绘的领域。(p.6)因此，该书虽是集体智慧的结晶，但他们强调，各章节在不忽视国家能动性的同时，有一个统一的目标，即超越国家行为体来理解全球殖民主义时代中国与欧洲各帝国之间的各种关系动态(dynamics of the relationships)，“将关注点从帝国之间的正式关系转移到发生在地方、家庭和个人层面相遇的联系区域(contact zones)”，(p.6)注重的是非国家行动者(non-state actors)在帝国关系中作为能动者的角色。这一研究，在很大程度上丰富了帝国间关系的理论，有助于考察不同地点和不同层面的帝国间联系(inter-imperial engagement)。

全书共12章。第1章“诸帝国之间：殖民主义、中国和华人”是由主编撰写的导言，对该书的编纂思路、主要结构和观点进行了概述。然后全书按照主题分为三个部分。第一部分是“帝国的交流”(Imperial exchanges)，包括第2—5章。第2章是由克莱门斯·布特内尔(Clemens Büttner)撰写的“中国的强国梦和全球归属感：‘铁血主义’和进化的力量(1895—1918)”，探讨了俾斯麦的“铁血主义”(Doctrine of Iron and Blood)和斯宾塞的社会达尔文主义对晚清民初思想家的影响。文中认为，晚清到民国初年，严复、易白沙等思想家赞同赫伯特·斯宾塞的社会达尔文主义和俾斯麦的“铁血主义”，主张通过效仿德国“铁血政策”来增强中国的国力和全球归属感。他们认为，当时的中国国民普遍缺乏“尚武精神”（martial spirit），大部分人没有认识到“铁与血”在政治中的重要性。而在这个遵循“强大即正义”的世界上，“铁血主义”是维持国家国际地位与威望的关键。

在第 3 章“‘蹒跚学步’：清政府宪政改革和不列颠的帝国教学（1901—1911）”中，作者汤姆·纽豪斯（Tom Neuhaus）考察了英国人对晚清政府政治改革的态度。他认为，在当时英国观察者看来，晚清的法律和制度是“野蛮”的，统治阶层也不合格，他们没有能力进行有效的改革。英国通过实施其专门设计的“教学”（pedagogy）来推动中国的政治改革，这可以保证英国在中国的利益，同时也巩固当时英国的世界霸主地位。英国评论者为清政府设想了宪政改革的两条途径：道德—理想主义（moral-idealist）的途径和制度主义（institutionalist）的途径（p. 33）。但他们认为，中国人需要认真接受这些改革带来的变化，才能保证宪政改革的可持续性。改革不仅仅针对制度和法律，也针对人们的理想和道德问题。而对英国观察者来说，除了实施改革，更重要的是它能在多大程度上改变中国人的态度和行为。当时中国的维新派处于改革缓慢和激进改革之间的“两难处境”（double bind）中，而英国观察者则从英国利益出发来评判这一改革，只要是对英国利益构成潜在威胁的改革因素，都会被英国外交官看作是中国政治不成熟的表现。由此，晚清中国被英国评论者塑造成一个永远达不到期望的学生，以此来表明英国所扮演的“教师”角色在中国存在的价值。

第 4 章“通往国际教育的殖民地之路：20 世纪 20 年代白澳政策中的中国学生”，郭美芬（Mei-fen Kuo）和约翰·菲茨杰拉德（John Fitzgerald）探讨了 19 世纪末 20 世纪初在澳大利亚的华人寻求与英国移民后裔的平等权利，尤其关注 20 世纪 20 年代为中国学生在澳大利亚学习而推出的短期学生签证计划。文中提出，早期到澳大利亚的华人已经认识到了平等的价值，提交请愿书来申诉他们在英国殖民地遭受到的不平等待遇，认为对他们的限制违反了中英双方签订的条约。与此同时，他们还印发宣传手册来呼吁国家平等主张（state equality）和人类平等（human equality）。1901 年之后，由于一系列联邦和州立法，使得一些没有入籍的中国移民更难成为澳大利亚公民。不过英联邦政府拒绝批准任何基于种族歧视的澳大利亚议会法案，并且实施了一项以听写测试（Dictation Test）为主的制度。留学生可以通过定期免除《移民限制法案》（*Immigration Restriction Act*）规定的听写考试的要求而获得入学资格。从 1920 年代开始，英联邦政府要求留学生根据新规定申请签证，学校也逐渐放宽了入学年龄限制，华人入学人数因此大幅增加。

第 5 章考察了帝国主义的欧洲对现代中国艺术的影响。本章作者王一燕（Yiyan Wang）认为，20 世纪之前的汉语中没有用来表达“艺术”或“美术”的词汇。20 世纪初，蔡元培担任了中华民国第一任教育部长，开始促成中国在语言、教育和艺术方面的改革。在蔡元培的引导下，鲁迅在《拟播布美术意见书》中对艺术做了界定，提出中国艺术改革的主要目标概括为三类：一是相关基础设施建设；二是中国物质文化和自然环境的保护；三是中国文化遗产的研究和保护。（p. 71）后来，诸多知识分子对艺术创造与国家建设之间的关系、艺术是否应该以功利为目的展开了讨论。在欧洲的影响下，中国的艺术教育出现了变化，大量艺术学校的建立培养了大批艺术家，也促进了中国文化产业的发展。

该书第二部分是对华人流散社群的探讨，包括第 6—8 章。在第 6 章中，克里斯·亚历山大松（Kris Alexanderson）考察了两次世界大战之间时期，把中国与印度尼西亚联系起来的反殖民抵制和流散社群行动主义（diasporic activism）。1930 年，两名荷兰军官在“爪哇—中国—日本航线的 SS 芝巴德”（Java-China-Japan Lijn's SS Tjibadak）轮船上，对中国女乘客萧信庵进行了性侵犯。“萧案”迅速传播，引起了中国、印度尼西亚、新加坡等地华人强烈的反荷兰情绪，使得“爪哇—中国—日本航线”的经营受到严重影响。随后，由两百余人组成的“萧案支持委员会”谴责了 1863 年的《中荷天津条约》，对荷兰提出了五项要求，要求保障在中国以及殖民地的华人的权利，并对受害者进行赔偿。随着事态愈演愈烈，航线总部对抵制活动进行反击。他们对其中的积极分子进行人格攻击，将亚洲人塑造成一种软弱的女性。抵制运动在 1931 年初夏自行消失了，但这一事件反映了中国和殖民地印尼之间的跨国政治潮流，以及两次世界大战之间时期亚洲海域如何成为经济、政治和文化竞争谈判的舞台。

第7章是由伯纳德·乔（Bernard Z. Keo）撰写的“帝国与国家之间：1890—1948年海峡殖民地的土生华人（Peranakan Chinese）”。文中提出，在英国海峡殖民地，土生华人社群是一个横跨英国、中国以及马来世界的社群，一直在寻找着自己真正的归属和身份认同。这些土生华人对英国王权的忠诚和在战争中的贡献，为他们赢得了“国王的华人”（King's Chinese）称号。这些英国殖民地的土生华人将自己作为英国臣民的身份理解为类似于帝国的公民，这种理解是建立在大英帝国真正代表着进步这一信念之上。然而在二战后，随着马来国家的建立，具有跨区域性的马来华人社群遇到了身份认同的艰难选择。面对走向衰落的大英帝国、新兴的马来国家和祖籍地中国，他们必须选择。土生华人希望建设一个多种族的马来国家，在这个国家中，不论种族、阶级或宗教，所有居民都享有平等的权利。但这种多元性帝国的憧憬与马来国家之间出现了冲突，最后使土生华人建设多元化国家的努力化为泡影，从而导致土生华人社群走向衰落。

在第8章中，保罗·麦格雷戈（Paul Macgregor）以澳大利亚华人刘光明为个案，考察了19世纪澳大利亚华人的成功之道。刘光明是一名在澳大拉西亚地区享有盛誉的墨尔本华商。19世纪60年代初期，墨尔本报界把他誉为有着庞大资产的全球贸易商。刘光明出生在作为英国殖民地的槟城，并在现代英国的教育制度和商业模式的熏陶下成长起来。自1857年起，他成为墨尔本进口货物的海关代理人之一，大部分香港船只都只为他的公司运送货物。另外他也是面向亚洲的主要黄金出口商。刘光明不仅在商业领域与维多利亚当局接触，也参与到了殖民地社会的高层，并迎娶了一位英裔澳大利亚姑娘。随着他在华人社群中影响力的扩大，他成为第一个被清朝皇帝授予官衔的澳大利亚华人。1878年，刘光明领导了一场倡导中英两国的公民平等的公众运动，希望保证彼此之间的自由通行并促进中国人移民澳大利亚。但好景不长，北美与澳大利亚同时掀起了排华的种族主义浪潮，刘光明也因病死于这场风波之中。

第9—12章构成该书的第三部分“他异性模式”（Modes of alterity），主要考察西方国家对中国及中国人的“他者性”建构。

第9章“为德国青年构建中国人的他异性（1897—1902）”，考察了自1897年德国强占胶州湾到1901年《辛丑条约》签订这一时期德国以中国为背景的小说，这些小说对中国人他者形象的描绘，成为当时德国青年的文学消费的对象。从18世纪后期开始，德国人像其他欧洲人一样开始对中国表现出优越感。中国被描述为一种永久单调的植物人状态，只有西方社会是进步的。西方国家用中国社会长期停滞的想象来说明其侵略中国的正当性，因此这种“停滞话语”（discourse of stagnation）在整个19世纪成为最具影响力的描述中国的模式，它一直主导着德国人关于中国的写作。这些小说充满了殖民主义的意识形态，通常都有一个事先设定好的结局，主人公通过在中国的旅行得到成长，积累丰富的经验来帮助他们成为一个成熟自律且自信的德国人。他们有能力区分和帮助“好”的中国人，以及公平有效地制裁“坏”的中国人，在德意志帝国行使“文明使命”中扮演着重要角色。

第10章是由刘文明撰写的“谁是野蛮人?：文明话语中的中日甲午战争”，从19世纪西方“文明”话语、日本对这一话语的使用和操纵、旅顺大屠杀三个方面，对中日甲午战争中的“文明”话语及其实践进行了考察和反思。文中认为，中日甲午战争发生于19世纪下半叶西方“文明”话语盛行之时，尽管日军犯下的旅顺大屠杀让一部分西方人看到了日军的暴行及其野蛮性，但这并没有改变西方主流舆论对甲午战争的看法，日本仍然被视为代表了“文明”和“进步”，清朝则是“野蛮”和“落后”的。因此，当“文明”话语依附于西方经济军事实力而在扩张中强行获得普世性时，其强加于中国的潜在规范力便成了一种符号暴力。在这种暴力下，清朝被贴上“野蛮”标签而被污名化，并由此丧失了对日战争的正义性，而入侵中国的日本，在战争中打着“文明”旗号而未受到西方国家舆论的谴责。

塔玛拉·库珀（Tamara Cooper）执笔的第11章考察了19世纪末20世纪初英国传教士作品中所描绘的中国妇女形象——脆弱的受害者。库珀提到，英国到中国的传教士谴责中国社会对妇女和女童的限制，称这些受到中国传统习俗压迫的女性为“习俗的奴隶”（slaves of custom），因此这些传教士认为将中国妇女从这些文化习俗和传统中“拯救”出来是他们的责任。这种“拯救”实际上为西方传教士在中国的存在和活动提供了合法性。

最后一章是彼得·蒙提斯撰写“帝国的边缘：莫理循的《一个澳大利

亚人在中国》”，考察了澳大利亚人乔治·欧内斯特·莫理循（George Ernest Morrison）在中国的经历及其对中国的情感和态度。他从1897年起作为伦敦《泰晤士报》驻中国的记者开始在中国生活，到1912年担任袁世凯的政治顾问，虽然在中国处于权力的中心，但他曾经是一个贫穷的旅行家，非常熟悉那些文化上甚至政治上容易变动的边境地区——帝国之间在这里相互接触和相互交织，因此对生活在帝国边缘的社会各阶层的生活有着深刻的了解。他的《一个澳大利亚人在中国》一书，就是对其旅行所见的清朝边疆地区的描述，为西方读者描述了一个“他者”中国。

综上所述，《殖民主义、中国和华人》一书虽是一部文集，但全部论文由三个主题组成，分别考察了晚清民初这一时期中国向西方帝国的学习、流散到东南亚和澳大利亚的华人的生活处境、西方文学作品和媒体对中国的描述及“他者”建构。从研究视域来说，这些研究涉及晚清民初中国国内的改革和海外华人的生活，以及西方作品对中国的描述，将中国及华人置于帝国主义和殖民主义的广阔背景下来理解，在很大程度上是对中国史研究的一种跨国史书写尝试，具有启迪意义。从研究对象和研究方法来说，一些论文关注普通民众，试图通过对走出国门的华人及其处境的考察，从帝国主义时代的帝国间关系来思考和理解华人流散社群的生活境遇，较好地做到了宏观视野与微观个案研究相结合，也是全球微观史的一种有益尝试。另外，从西方作品及媒体对中国及中国人的描述来进一步理解当时中国的国际地位和处境，也是本书的一个特色。例如，刘文明的文章通过对中日甲午战国际舆论的个案研究，探讨了以美国报刊为代表的国际舆论对这场战争及清朝的看法，从西方主导的“文明”话语来理解当时清朝所处的一种国际境遇。不过，也由于该书是一本文集，因此在结构体系方面还是比较松散的，虽有主编的协调，基本上能够从批评西方的殖民主义和帝国主义出发，力求避免西方中心论的叙事，但各篇文章中贯彻这一思路的程度仍存在差异。

（张瀚林，澳大利亚阿德莱德大学硕士研究生）

评丽贝卡·科布林《比亚韦斯托克的犹太人及其族群离散》*

石　惠

Rebecca Kobrin, *Jewish Bialystok and Its Diaspora*, Bloomington and Indianapolis: Indiana University Press, 2010, xiv + 361 pp.

在美国历史学界，研究犹太人者不在少数。这些历史学家长期以来对离散犹太人历史兴趣浓厚，对东欧地区城市和工业中心的犹太人生活经历抱有持续的兴趣，对圣彼得堡、基辅和敖德萨（Odessa）等地犹太人的生活和文化进行了详细地分析研究。也有一部分历史学家专注于研究犹太人在移入国的适应与同化，以及经济成就与文化贡献。但将这两者相结合的研究却极为鲜见。1990 年代以来，在加速全球化与大规模跨国移民的助推之下，“跨国主义”（transnationalism）成为美国学术研究的热门理念。跨国史与全球史的研究视角与方法全面渗入美国史研究，并有渐成主流之势。美国的移民与族裔史研究领域受其影响尤深，在过去 20 年里出版了大量的跨国移民史成果，将该领域在深度与广度上向前推进了一大步。然而，吊诡的是，作为跨国特征显著的犹太人历史，却一直鲜有基于跨国视野的研究成果问世，少有学者用“跨国主义”来思考东欧犹太人的移民经历。哥伦比亚大学历史系教授丽贝卡·科布林所著的《比亚韦斯托克的犹太人及其族群离散》一书在一定程度上弥补了这一缺憾。该书用五章篇

---

* 本文是国家社会科学基金一般项目“跨国视野中的旧金山大地震后中国城重建及其影响研究（1882—1915）”（18BSS014）的阶段性成果。

幅，讲述了比亚韦斯托克犹太人精彩且多重的跨国经历和身份认同。

要充分理解19、20世纪犹太人跨国移民如何重塑其散居身份，首先必须考虑犹太人在东欧的流散，而这正是以往犹太人移民史研究所忽视的。如对东欧内部的犹太人城市移民缺乏详细考察，则他们在移入国的经历也很难得到相对清晰的理解。在该书的第一章中，丽贝卡对这一问题给予了充分关注。从一般经历来看，东欧犹太人首先从乡村移居到大都市，而后逐渐移居海外。比亚韦斯托克则是东欧内部犹太人聚居的典型代表。19世纪大部分时间里，犹太人主要从波兰西北部的帕莱（Pale）地区涌入比亚韦斯托克及华沙等其他较大的波兰城市。尽管二城在吸纳犹太人移民方面存在颇多相似之处，但比亚韦斯托克的犹太人比例之高，则是波兰等城市所无法企及的。根据俄国1897年的人口普查数据，比亚韦斯托克居住着47783名犹太人，占该城总人口的75%以上；居住在华沙的犹太人虽达210526人，但只占该市总人口的34%。[①]

大批犹太人涌入比亚韦斯托克，对该市的经济、政治和社会发展产生了巨大影响。他们在城市化和工业化的进程中发展出新的政治和福利慈善组织，帮助比亚韦斯托克转变为一个犹太人聚居区，并形成共同体意识。这种共同体意识和相关组织，是比亚韦斯托克的犹太移民在美国以及其他地区所建立的各种类似组织的前身。不管比亚韦斯托克的犹太人在政见上如何相异，移居到世界何处，仍共享着特定的身份认同。

无论移民原因为何，犹太人对离开比亚韦斯托克都怀有一种矛盾的心绪。一方面，他们从比亚韦斯托克的种族、阶级和政治紧张中解脱出来；另一方面，这些犹太人也意识到，如果没有比亚韦斯托克，他们会感到失落，毕竟那是他们唯一可及的故土（p. 68）。虽然他们在比亚韦斯托克的根基不深，但大部分比亚韦斯托克的犹太人，将这座城市视为他们自我形象的中心。因此，当犹太人冒险到其他地方寻找机会时，他们在比亚韦斯托克的经历便成为精神依托和力量来源，并积极建立相关组织向故土提供经济和精神援助。这些组织的行为不仅塑造了世界各地比亚韦斯托克的犹太人自我身份认同，也影响了那些仍在比亚韦斯托克的犹太人认同意识：

---

① Stephen Corrsin, *Warsaw Before the First World War*, Boulder: East European Monographs, 1989, p. 145.

犹太人的比亚韦斯托克，虽然在地理上位于波兰东北部，却是更大的跨国共同体的一部分。

第二章探讨来自比亚韦斯托克的犹太人，通过在世界各地建立新的组织，奠定了散居犹太人认同的基础。纽约的比亚韦斯托克犹太人在这方面发挥了核心作用，成了海外散居的比亚韦斯托克犹太人的中心。不过，《比亚韦斯托克的犹太人及其族群离散》的故事并非美国独有，而是带有跨多个国家的特点。事实上，除纽约外，在布宜诺斯艾利斯、特拉维夫和墨尔本也存在类似的犹太人“中心”。比亚韦斯托克犹太人的特征与文化也随之在这些地区扎根。这一章也兼及在布宜诺斯艾利斯和墨尔本的比亚韦斯托克犹太人组织所发挥的类似作用。丽贝卡指出，四个自称“新比亚韦斯托克”的犹太人跨文化共同体，不仅突出了共同政治、经济和文化结构，也凸显了彼此间的区别，而这些塑造了东欧犹太人与新世界相遇的特征（p. 15）。散居于世界各地的比亚韦斯托克犹太人，通过比亚韦斯托克寻找灵感来表达自我认知。其经历和反应虽各不相同，但对比亚韦斯托克却有着类似的故土认同。

在第三章中，作者着重分析第一次世界大战之后，慈善事业如何成为定义比亚韦斯托克的犹太人共同体，并提供犹太人移民确认自己作为美国、阿根廷、澳大利亚等地犹太人新身份认同的一种途径。比亚韦斯托克的犹太移民在慈善方面颇有建树。这得益于他们在移入地经济领域的相对成功。1919—1939 年间，他们捐款多达 900 多万美元，这些资金大部分用于重建比亚韦斯托克的公共设施。[①] 对散居海外的犹太人来说，慈善捐赠成了维系自我认同与族群认同的有效纽带，也是提升自身在移入社会地位的一种方式。这里的“比亚韦斯托克”不一定非要是某个特定的地方，而是能够维系犹太人认同的“故乡”或“精神家园”。对美国的犹太人来说，慈善事业在定义他们的自我意识方面发挥了重要作用，他们在 1920 年代引领了这些努力。慈善事业要求妇女积极参与，并鼓励不同的领导模式。在丽贝卡看来，慈善事业不仅展示了比亚韦斯托克犹太移民的成功、财富和自力更生的能力，也巩固了把这一分散的移民群体联系在一起的纽带

① Sarah Abrevaya Stein, “Review of *Jewish Bialystok and Its Diaspora*,” *The American Historical Review*, vol. 117, no. 1, February 2012, p. 169.

(p. 175)。慈善事业不仅改变了移民对自身的认识，而且从根本上改变了比亚韦斯托克犹太人对其共同体的看法。

第四章重点探讨新闻界如何强化跨国犹太人的慈善事业所建立的跨国关联。这一章考察了比亚韦斯托克犹太移民跨国出版社对东欧文学的再创造，旨在揭露流亡者的“内心世界”，叙述流亡者的经历与世界观的变化。1921 年，纽约的比亚韦斯托克中心开始出版季刊《比亚韦斯托克人之声》(*Der Bialystoker Stimme*)。这份出版物不仅激发了犹太人移民群体的热情，也促使大西洋两岸的犹太人重新思考自己身份认同的特征。在犹太人移民的情感中，比亚韦斯托克可以是“故土”，是移民作家可以反复使用的“可用过去”（usable past)，并依此构建他们在移入地新的身份认同。因此，很多在纽约的犹太人，视东欧为他们的故土家园，而将移民海外视为一种新的流亡。① 对很多犹太人移民来说，创造性地适应新家园和诚心援助故土的情感通常交织在一起，甚至在某些情况下得到了比亚韦斯托克犹太人移民的帮助。他们通过一种近乎仪式般的讲述共同的过去和流散故事，以巩固分散的族群之间的联系，并通过协商来改善他们与新家园之间不断变化的关系。②

第二次世界大战对东欧的犹太移民来说是一个命运转折性事件，很多移民对东欧的认同随之衰减，甚至消失。随之而来，一个紧要的问题就摆在东欧犹太人面前：由于所谓东欧家园的“远离”，海外犹太人将何以延续他们的族群认同？这正是丽贝卡这部著作最后一章所要回答的问题。二战前，犹太移民同比亚韦斯托克建立的牢固关系，在二战后遭遇严峻考验。当面临故土家园被摧毁，同胞遭受种族灭绝式的大屠杀时，这些散居在世界各处的犹太人无法理解故土究竟发生了什么。尽管如此，比亚韦斯托克的犹太人移民仍无法彻底抛弃他们对故土的认同。在 1945 年到 1949 年之间，比亚韦斯托克仅存的几百名犹太人，得到了来自其他地区犹太人成千上万美元的捐款（p. 17)。但在波兰暴力反犹主义的持续压力下，纽约的“比亚韦斯托克人”慈善组织，将他们的捐款从“临时”家园比亚韦

---

① David Roskies, *The Jewish Search for a Usable Past*, Bloomington: Indiana University Press, 1999, pp. 41 - 66.

② James Clifford, *Routes: Travel and Translation in the Late Twentieth Century*, Cambridge M. A.: Harvard University Press, 1997, pp. 244 - 278.

斯托克转向以色列这一“终极”（ultimate）家园。比亚韦斯托克的犹太人移民通过向以色列捐赠救护车、建筑、工厂和犹太教堂，来继续维持海外犹太人族群认同。他们对以色列的支持与支持比亚韦斯托克一样，其目的并不是返回“家园”生活。正是这种对族群认同的维系及其行为模式，在某种程度上塑造了散居犹太人及其后裔与以色列的关系。

《比亚韦斯托克的犹太人及其族群离散》一书之所以能够得到学术界的高度认可，除了其丰富内容和具有原创性研究之外，还包括同类著作所难以同时具备的诸多学术创见。首先，丽贝卡的《比亚韦斯托克的犹太人及其族群离散》是真正意义上的跨国史研究。以往美国移民与族裔史研究专注于世界各地去往美国的移民，而鲜将美国的犹太移民群体追溯到其来源地，将其置于更大的全球背景下（p. 2）。这就导致我们对纽约或布宜诺斯艾利斯的东欧犹太人移民了解甚多，而对其移民活动的跨国性质及彼此的关联知之甚少。[①] 即使是那些将犹太人的经历与其他民族的经历进行比较的学者，也几乎只关注他们在某个国家的融合，且这个国家通常是美国。[②] 但20世纪初的东欧犹太移民的跨国金融、文学、政治和文化纠葛与认同却几乎未被探究，对移民来源地的关注太少。以往研究犹太人的历史学家没有充分利用跨国方法，对于相对成熟的犹太人历史研究来说，这种缺失是难以理解的。丽贝卡的《比亚韦斯托克的犹太人及其族群离散》一书填补了这一空白。

丽贝卡对传统东欧犹太人研究的热点问题并不排斥，如与犹太人相关的东欧劳工史、东欧犹太人的政治化、犹太人对1905年革命及反犹太人暴力的反应等问题都有涉及。然而，其研究又是超越这些内容的。她将比亚韦斯托克散居在外的约10万犹太人，理解为一种跨国的共同体。19世纪末20世纪初，这些犹太人移民到美国、澳大利亚、阿根廷、巴勒斯坦，并

---

① 这方面研究的代表性著作有：Lloyd Gartner, *The Jewish Immigrant in England*, 1870 - 1914, Portland: Vallentine Mitchell & Co Ltd, 2001; Nancy Green, *The Pletzl of Paris: Jewish Immigrant Workers in the Belle Epoque*, New York: Holmes & Meier Publisher, 1986; Suzanne Rutland, *Edge of the Diaspora: Two Centuries of Jewish Settlements in Australia*, New York: Holmes & Meier Publisher, 2001。

② 关于这方面的研究参见 Olivier Zunz, *The Changing Face of Inequality: Urbanization, Industrial Development and Immigrants in Detroit*, 1880 - 1920, Chicago: University of Chicago Press, 2000; Stanley Lieberson, *A Piece of the Pie: Blacks and White Immigrants Since* 1880, Berkeley: University of California Press, 1981。

通过慈善事业、共有记忆和文化想象的纽带，以维系一种跨国的社会空间。因此，尽管丽贝卡在书中对比亚韦斯托克和纽约进行了较大篇幅的论述，但它并不是单纯的城市史或传统的移民史。[①] 丽贝卡也明确指出，“如果仅仅把犹太人放在民族国家框架之下，人们就无法完全理解移民对20世纪犹太人的生活所造成的影响”（p. 8）。

同时丽贝卡也介入了围绕“族群离散”（diaspora）的激烈学术讨论。“族群离散”这一跨国特征显著的概念，正在移民史研究领域得到日益频繁的运用。散居无疑是分析移民跨越边界，在新土地发展次国家或超国家族群认同的有效工具。《比亚韦斯托克的犹太人及其族群离散》一书娴熟地运用英语、俄语、波兰语、意第绪语、西班牙语和希伯来语的原始资料，将散居视为一种跨历史的概念或条件，其关注的焦点是犹太人移民为保持与真实和想象中的“故土”的联系而采取的策略。东欧犹太人的突出特征在于，他们移民的速度是其他任何东欧族群所无法比拟的。因此，他们通过印刷出版、组织机构和慈善事业，塑造新的凝聚力与族群认同。

其次，跨国史方法与传统民族国家历史研究路径的巧妙结合。尽管跨国视角是该著的显著特征，但丽贝卡并未完全抛却传统民族国家史学的研究路径。该书研究对象所涉及的地域横跨五大洲。由于犹太人散居的显著特点，使得它成为跨国研究的绝佳题材。丽贝卡的研究也表明，研究犹太人流散，对丰富跨国史研究大有助益。但是作者也坦承，她在撰写这部东欧犹太人移民“跨国史”的同时，“并不打算忽视民族国家在历史分析中的启发性意义”（p. 8）。事实上，比亚韦斯托克犹太人在美国、阿根廷、澳大利亚和巴勒斯坦的经历之间的根本差异，是同这些国家的文化特质与相关政策休戚相关的。对那些试图融入移入国的犹太人移民来说，民族国家的影响尤其巨大。《比亚韦斯托克的犹太人及其族群离散》同时在民族国家和跨国领域的框架内关注犹太移民。对于包括犹太人在内的任何移民与族裔史研究，离开民族国家所提供的框架则是难以理解的。塑造东欧犹太人日常生活与身份认同的底色，既在他们所牵涉的民族国家之上，也在其中。

再次，该书的一个突出特点是以比亚韦斯托克为中心的双重离散。长期

① Sarah Abrevaya Stein, “Review of *Jewish Bialystok and Its Diaspora*,” p. 169.

以来，学界关注宗教和政治对散居在外的犹太人身份认同中所扮演的角色。①很少有人去讨论地域对犹太移民身份认同的影响，也鲜有学者能正确理解，散居究竟在何种程度上影响了20世纪犹太人的归属和自我认同。许多犹太人并没有视以色列这一“圣地”为其故土，而是把东欧视为他们的家园。散居迫使他们重新思考多次流散的犹太人身份认同，这种认同与他们的世俗和神圣家园联系在一起。丽贝卡既叙述了犹太人在比亚韦斯托克的历史，也分析了散居侨民如何动员起来，支持仍居住在该城的犹太人。从19世纪的比亚韦斯托克的例子可以清楚生动地看到，在俄罗斯帝国的西部地区，剧烈的犹太人运动引发了新型政治、宗教和公共机构的发展，这些机构旨在帮助犹太移民适应城市生活。作者提出了一个有趣的论点，即在20世纪上半叶，离散在外的犹太人身份认同是通过原籍地和几个移民地点之间持续、动态的相互作用过程确定的。丽贝卡对犹太人在东欧内部迁徙的关注，是她的这部著作有别于其他美国犹太移民历史研究的重要特征之一。

又次，对比亚韦斯托克流散犹太人多层次认同的分析。丽贝卡的主要目标之一是让她的读者对“现代犹太人生活的多重流散性质”有一个更深刻的认识（p. 249）。第一次世界大战前、两次世界大战之间以及二战之后，大批犹太人从比亚韦斯托克移民到北美、西欧、澳大利亚和以色列。丽贝卡告诉读者，犹太人对他们存在的物理空间思考了很多。当他们从一个地方搬到另一个地方时，仍然眷恋着故土（p. 176）。通过丽贝卡的研究，犹太人认同的并不是某一单一的地方，比如以色列。从比亚韦斯托克散居到世界各地的犹太人，对比亚韦斯托克有着特殊的认同。对于托莱多、阿姆斯特丹以及格拉纳达的犹太人而言，也存在类似认同的情形。比亚韦斯托克的犹太社会是高度分层的，这也反映在犹太复国主义者与东正教教徒之间的深刻政治分歧上。此外，丽贝卡还讨论了“美国比亚韦斯托克的犹太人来到美国后对家乡的影响，并对以色列、阿根廷和澳大利亚的比亚韦斯托克犹太人的移民经历进行了比较研究”②。这种对不同地区比亚韦斯托克犹太移民的比较研究，不仅在以往的研究中少见，如丽贝卡这样

① John McGreevy, *Parish Boundaries: The Catholic Encounter with Race in Twentieth-Century America*, Chicago: University of Chicago Press, 1998.

② Shaul Stampfer, “Review of Jewish Bialystok and Its Diaspora,” p. 233.

出色完成研究目标者更是寥寥。

犹太人在经历二战期间的大屠杀后，流散在外的犹太人的心灵归属与认同也发生了巨变。即使在二战结束后，比亚韦斯托克也没有简单地缩进一个纯粹想象的空间。正如丽贝卡所描述的，比亚韦斯托克作为一个犹太人城市经历了短暂的复兴（p. 221）。1946 年，几起暴力反犹主义事件夺去了该地区犹太人的生命，比亚韦斯托克迅速走向衰退，东欧犹太人移民将对东欧的认同逐渐转向以色列。然而，这种认同的转变也并非一帆风顺，而是经过一番痛苦挣扎与浮萍无依般的漂泊状态。

最后，该著也是历史研究与现实关照结合的典范。有现实关照的历史著作并不鲜见，然而很少有著作能如该书一样结合得巧妙而紧密。丽贝卡明确指出，对 19 世纪末 20 世纪初犹太人离散的研究，对认识当代南亚、墨西哥和多米尼加共和国等国的跨国移民具有启发意义（p. 252）。

总体而言，丽贝卡所著的《比亚韦斯托克的犹太人及其族群离散》是一本出色的学术著作。该书经过论证充分且细致的叙述与分析，提供了一个丰富的犹太人共同体画面，在许多方面都有新的突破，对当代有关犹太移民的学术研究作出了开创性的贡献。刷新了关于犹太人在新旧世界互动的认知。其清晰的写作风格也值得称道。丽贝卡是讲故事的高手，知道如何从行文伊始抓住读者的好奇心。此外，该著是一项具有实证田野考察意义的研究，它跨越了犹太人历史研究、流散与移民研究、跨国交流以及记忆与身份研究等诸多领域边界。丽贝卡研究犹太人历史的新方法，不仅对于致力于理解 20 世纪早期犹太人世界错综复杂关联的学者具有重要意义，对研究其他散居移民群体如华人、南亚人等相关的学者也有启发意义。牛津大学教授玛格丽特·弗伦茨（Margret Frenz）关于果阿人的离散研究，就深受丽贝卡这一著作的影响。①

（石惠，东北师范大学美国研究所博士研究生）

① Margret Frenz, *Community, Memory, and Migration in a Globalizing World: The Goan Experience, 1890 - 1980*, Oxford: Oxford University Press, 2014. 关于其评介见伍斌《评玛格丽特·弗伦茨〈全球化世界中的社群、记忆与移民：果阿人的经历（1890—1980 年）〉》，《全球史评论》第 12 辑，中国社会科学出版社 2017 年版，第 287—294 页。

评大卫·阿米蒂奇《现代国际思想的基础》*

高照晶

David Armitage, *Foundations of Modern International Thought*, New York: Cambridge University Press, 2013, xii + 300pp.

近十多年来，受到历史学“全球转向”态势的影响，思想史领域同样发生了“全球转向”或“国际转向”，“国际思想史”“全球思想史”等新术语应运而生。而大卫·阿米蒂奇正是推动国际思想史发展的重要旗手，他从出版《英帝国的意识形态起源》（2000）一书以来，可谓政治思想史学家“剑桥学派”中对地理与空间最敏感的学者。①《现代国际思想的基础》是他国际思想史三部曲的第三部，② 是2000—2013年间发表的论文集，论文集的书名与他的老师昆廷·斯金纳的经典著作《现代政治思想的基础》（原书1978年出版）类似，但是限定词及其所蕴含的空间概念迥异。前者关注“国际”思想，而后者的书名省略了1970年代不言自明的空间限定“民族国家”。该书反映了近十多年国际思想史发展的状况。笔者将从该书的主要观点及其体现的学术价值两个方面进行评述。

---

* 本文系2018年贵州民族大学人文社科基金科研项目青年项目课题“一战期间美国妇女和平党的和平思想及实践（1915—1919年）”的阶段性成果。

① Robert J. Mayhew, “Reviews,” *Journal of Historical Geography*, vol. 42, 2013, p. 225.

② 阿米蒂奇国际思想史著作的三部曲分别是《英帝国的意识形态起源》（2000）、《独立宣言：一部全球史》（2007）、《现代国际思想的基础》（2013），这是他自己的说法。

一　该书的主要观点

阿米蒂奇指出，过去500年人类政治意识最重要的转变，是人类集体的想象从以民族国家为单位转向超越民族国家。之前，民族国家叙事主导的政治思想史学家关注“我们——无论‘我们’是谁——是如何获得‘国家’的概念的”，当下国际思想史学家则关注“我们——世界上所有的我们——是如何想象我们生活在一个由诸多国家所主导的世界的?”（p. 13）理解这一转变是国际思想史最主要的研究课题。本书正是从国际视野出发，用长时段的眼光来探究这一课题。

该书共分3篇14章。第一篇“史学基础”是该书的方法论，探究思想史的国际转向、全球化的萌芽问题、帝国史与海洋史三个主题。三个研究主题看似各自为政，其实是阿米蒂奇例证思想史发生空间转向的趋势，用他的话说，“空间或许是思想史最终的边疆”（p. 21）。空间是动态而非静态的，由此，思想史的空间维度可跨越民族国家界限，扩展至全球；其时间维度可纵贯整个人类历史。鉴于此，他主张，思想史应将空间转向与历史情境结合起来，将国际和全球空间历史化，将思想史空间化。基于这一认知，全球化的历史、帝国史、海洋史被重新阐释。阿米蒂奇认为，当下全球依存度的提高是毋庸置疑的，然而，全球化的历史不是单一普世的事业，而是分散、多元、非连续性的，各种全球化的进程以不同的速度跨越空间，随时间推移，时断时续。由此，全球化的历史起源也是多元的，“我们或许只是生活在全球化多元且无关联的最近的萌芽时期”（p. 45）。而去全球化是随全球化同步出现的，因此对全球化的历史起源与探究全球化的地方性是同步的。从长时段的眼光来看，民族国家只是近200年的产物，在民族国家出现之前，世界由帝国组成，国别史往往忽略或者有意压制国家与帝国之间的延续性。实际上，帝国和海洋都是研究人类历史的重要单位，帝国是含有政治空间隐喻的地理空间，海洋是人类活动的流动性地理空间，不同群体在这两个广阔的地理空间上的争夺、竞争、合作、交流推动了人类历史的发展（pp. 47 –48）。

该书第二、三、四篇的全部九章是书写更有空间意识的国际思想史的尝试。他探究了政治思想史经典谱系上的托马斯・霍布斯、约翰・洛克、爱德蒙·伯克、边沁如何奠定了17、18世纪国际思想的基础，以及在此基础上的成就——北美独立战争所开启的民族国家构成的世界。通过寻找霍布斯关于国际法、关于国家行为和国家之间关系论述的蛛丝马迹，阿米蒂奇将霍布斯塑造为国际思想的奠基人之一。他用了三章篇幅来论述洛克的国际思想，大概是他看到下述现象，即从历史维度思考国际理论的专家对洛克在国际思想领域的贡献也是沉默不提的（p. 77）。由于洛克具有在大西洋世界从事商业、外交与行政经验，并参与殖民活动，阿米蒂奇赞誉他是同时代实践型的世界主义者，且鲜有匹敌者（p. 76）。洛克肯定欧洲人的勤勉与理性，但是没有说土著居民缺乏理性，他反而认为非欧洲民族可以是一个国际行为体，能够与其他国家建立外交关系，签订可生效的国际协定。因此，阿米蒂奇认为，洛克不能被称之为“帝国理论家”，后来的殖民者也难以援引洛克的观点来论证帝国的合法性。阿米蒂奇指出，18世纪中后期，即边沁所生活的时代，“欧洲史首次呈现全球视野”（p. 174）。他是这一代人中最主要的发言人，创造了“国际法”（international law）一词，坚定区分国内法与国际法的二分，反对将自然法传统置于国际法之上，而支持实证法。阿米蒂奇将美国独立战争及1776年《独立宣言》视为18世纪晚期和19世纪早期大西洋世界建立的以国家为基础的国际秩序的开端。他将《独立宣言》放置于国际法、国际关系的宏观背景考察，并指出，《独立宣言》不仅向世界宣布独立的事实，而且是行独立国家之事；《独立宣言》产生于18世纪法学折衷主义的时代，这一时期是国际法领域从自然主义向实证主义转型、两者并存的时期。美国《独立宣言》的成功发表引起了1776—2012年世界各地一系列独立宣言的发表。虽然当今国际法更偏实证法，独立宣言的发表不足以使一个国家完全获得国家地位，但是1776年《独立宣言》以来的国际法、国家地位等概念嵌入政治意识与词典中，被后人继承下来了。

二　该书的学术价值

《现代国际思想的基础》一书是以阿米蒂奇为代表的思想史学家自觉应对全球化的现实及历史学诸多领域的全球转向而在思想史研究领域探索的产物。它试图超越民族国家框架，书写全球思想史，学术价值是多方面的。

第一，该书开辟了思想史新的研究领域“国际思想史”。

1960—1970 年代以来，历史书写已出现国际转向与全球转向。作为新兴史学观念与历史学分支学科的全球史于 1960 年代从美国发展起来，扩展至世界各国。入江昭等一批学者提倡的国际史、跨国史自 1990 年代以美国为重镇发展起来。但是思想史的国际转向较为迟缓。据阿米蒂奇观察，2000 年《英帝国意识形态的起源》出版之时，尚无“国际思想史”这一术语，更遑论独立的学术研究领域。2007 年《独立宣言：一部全球史》出版之际，国际思想史成为一种有国际取向的思想史学家及有思想与文化史取向的国际史学家自觉参与的研究领域，它又经历 10 年才发展为学术界公认的研究领域（p. 1）。当然，这离不开阿米蒂奇 20 年来对该研究领域的推动。

那么，为何思想史出现国际转向较为迟缓？为何思想史要进行国际转向？这是阿米蒂奇意欲开辟国际思想史这一新的研究领域必须回答的两个问题。针对第一个问题，他认为是思想史对民族主义固有的抵制导致其在方法论上的国际转向准备不足。这要从思想史诞生开始谈起，在史学作为民族国家侍女之前的那个时代，思想史带有世界主义特征，即使民族主义兴起之后，思想史没有完全服膺民族国家，所以思想史对民族主义固有的抵制使学者既无须明确拒绝民族范畴，也无须表明支持世界主义研究路径（pp. 18 – 20）。针对第二个问题，阿米蒂奇指出，思想史国际转向是应对全球化现实对史学家发起新的挑战，即在全球时代如何书写全球历史。但是传统现代思想政治史学家关注作为内在、自足的政治体意义的国家，忽视国际维度，而没有把国家本身、国家的权力或权利视为一个国际行为体。阿米蒂奇反而认为，恰是这点构成了现代国际思想的基础。

在阿米蒂奇看来，国际思想史由两个研究主体构成。第一个是国际思想的历史（international intellectual history），更狭隘地说，是关注国际政治理论的历史。他把“国际思想”定义为对独特的政治领域的理论反思，关注国际法，关注个人与种族、帝国与民族国家、教会与贸易公司、国际机构与跨国组织等多元行为体之间在国际领域的关系。第二个是国际化的思想史（an internationalised intellectual history），即追溯文本、思想和思想家的全球流动、传播和接纳（p. 7）。由此，国际被作为一个社会空间存在，甚至成为思想传播的载体。这一国际空间、全球空间意识推动了国际思想史学家重新思考超越民族或国家边界的思想问题，由此，国际思想史的研究主题大大扩展，比如，国际思想的媒介研究，国际领域的非国家行为体研究，国家与主权概念、经济与文化思想、战争与和平思想、公共健康与科学史等在国际领域的重构等。

第二，历史语境的空间转向、国际空间的时间化是该书的主要研究路径。

学者对空间概念的兴趣得益于国际转向、全球转向，他们突破民族国家的空间界限，关注更大范围的区域。如，全球史领军人物杰里·H. 本特利列出跨文化贸易、物种传播与交流、文化碰撞与交流、帝国主义与殖民主义、移民和离散社群五个研究主题，[①] 它们无不指涉更大范围的空间。阿米蒂奇发出感慨，“空间或许是思想史的最后边疆”，思想史研究领域充斥着空间隐喻（p. 21）。从整个世界历史来看，人类逐渐从松散的原始网络发展为唯一的世界性网络，今日，“每个人都已处于一个巨大的全球性网络之中”。[②] 基于这一事实，国际思想史研究的一个基本课题产生了，即思想的国际化传播与本土化历程。在阿米蒂奇看来，论证现代国际思想的形成本身是一项跨国的，甚至是全球的事业（p. 8），是国际思想研究的重要任务。这正是这本书问世的目的所在。他认为，现代国际思想的基础奠定于17、18世纪，正好处于麦克尼尔父子所说的“世界性网络的编织”时代，世界上以往各个分隔的网络及网络以外的地区融为一体。[③] 阿米蒂奇便是在这一跨国的、全球的历史语境下探究这一问题。

大卫·阿米蒂奇是思想史研究领域“剑桥学派”代表人物昆廷·斯金纳的学生，深受斯金纳历史语境论的影响。斯金纳从1970年代以来主张打破思想史的文本中心主义研究方法，将思想家个体置于“具体而微的由语言、思想、政治等因素交织而成的历史语境中加以勾连和定位”[④]。但是与

① 杰里·H. 本特利：《新世界史》，周诚慧译，夏继果、杰里·H. 本特利主编：《全球史读本》，北京大学出版社2010年版，第44—65页。

② 约翰·R. 麦克尼尔、威廉·H. 麦克尼尔：《麦克尼尔全球史：从史前到21世纪的人类网络》，王晋新等译，北京大学出版社2017年版，第3—4页。

③ 同上书，第287页。

④ 邓京力：《语境与历史之间——作为解释模式与方法论前提的历史语境理论》，《天津社会科学》2013年第2期。

斯金纳不同，阿米蒂奇跳出对政治思想经典文本在“国家范围”的阐释模式，将历史语境扩展至国际、全球，重构有意义的空间语境，他称之为“弹性的”语境，即语境不仅包括政治的、语言的，还可以是经济的、制度的、宗教的、文化的，也可以是物理的或空间的。在他看来，“跨大陆的交流、多种语言的社群、或世界体系的扩张”（p. 32）等全球空间语境，对现代国际思想的形成至关重要。同时，他力倡将国家、国际、跨国和全球等空间概念历史化，关注历时的和长时段的论述背景，这与剑桥学派关注共时的和短时段的论述背景相反。① 正因如此，我们能够理解阿米蒂奇从时间的历时性与空间的共时性语境对全球化历程、帝国史、海洋史的新阐释。

阿米蒂奇将现代国际思想形成的地理空间放置在早期现代的大西洋世界，该地区是欧洲主导的早期全球化、殖民扩张的舞台。政治思想家的个人生命轨迹及对国际事务的思考、位于大西洋东岸的美洲从被沦为殖民地转变为独立的民族国家，不仅是与这个宏大时代交织及其回应，还推动了这一宏大时代的全球性趋向。正是从这一宏大的历史语境出发，在政治思想史系谱上的经典人物、大事件、经典文本在现代国际思想图景中被重新定位。如，阿米蒂奇发掘洛克丰富的国际经历：他在北美，从纽约到卡罗莱纳，在加勒比、爱尔兰和非洲积极参与英国的殖民与商业活动。正是持久的殖民经历塑造了他的国际法思想、殖民思想、帝国理论，他反过来积极地将理论运用到殖民实践，这典型地体现在他的成名作《政府论》一书中。阿米蒂奇提醒我们，洛克的帝国理论、殖民思想来自大西洋世界，带有局限性，但洛克著述在印度、南亚的海外传播，其帝国理论被挪用、转译以适应新的殖民语境，因此，帝国概念、殖民主义、自由主义等海外传播过程中产生不同类型，应抱有历史的敏感性，分辨差异化的、历史化的空间语境。

第三，阿米蒂奇在探究现代国际思想形成的过程中，解构了“现代性”一元论历史叙事下的不少“历史神话”，强调历史的多元发展，试图建构一种思想史的宏大叙事。比如，他解构了全球化历史的线性发展，而

① 大卫·阿米蒂奇、乔·古尔第：《长时段的回归》，王晗译，载于《全球史评论》第6辑，中国社会科学出版社2013年版，第103—117页。

认为全球化的轨迹是多元的，多样的反全球化运动也同步出现。他解构了洛克作为单一帝国“自由主义”鼻祖的“历史神话”，强调洛克式帝国理论、自由主义在世界各地尤其是殖民地的多元类型。他解构了国内与国际、道德与政治、自然法与实证法、陆地与海洋之间的二元论，论证其对立与融合、竞争与交织。独具匠心的是，他看到“英国议会在一个帝国竞争、全球战争和共和革命的世纪里越来越关注国际法标准”（p. 153），因此主张在国际史轨道重新定位传统国别史范畴的英国议会史。

此外，《现代国际思想的基础》一书关涉历史学、政治思想、国际关系、国际法等多个学科，该书或许有利于开启上述学科之间的对话。

综上所述，《现代国际思想的基础》一书是阿米蒂奇十几年来推动国际思想史发展的结晶。然而，该书并非无可指摘，最显在的问题在于，阿米蒂奇以盎格鲁—撒克逊文明为中心，以早期现代的大西洋世界为指涉空间来阐述现代国际思想的基础，这难免陷入西方中心论。历史语境的空间转换，洛克等人的国际思想得以发掘，但是不容忽视的是，以洛克为代表的思想家群体的思想部分来源于他们作为帝国扩张者或者殖民者对新拓海域、疆域，或殖民地社会的观察、参与，甚至是按照帝国理念的创建，因此，他们的思想难免打上帝国主义、殖民主义的烙印，因此，不能以西方社会的发展理路为参照系而掩盖这点，更重要的后果是，国际思想史何以体现真正的“国际转向”或“全球转向”？这或许正如他自己所说，国际思想史目前仍处于探索阶段。这提醒了非欧洲思想史学者，国际思想史的书写不仅要实现国际、全球空间转换，而且要注意空间转向过程中的国家意志、意识形态及价值取向问题。

（高照晶，贵州民族大学民族学与历史学学院副教授）

评科里·罗斯《帝国时代的生态和权力：欧洲和热带世界的变化》

王林亚

Corey Ross, *Ecology and Power in the Age of Empire*: *Europe and the Transformation of the Tropical World*, Oxford: Oxford University Press, 2017, ix + 477 pp.

欧洲经过两次工业革命的洗礼，社会生产力发展迅速。欧洲国家伴随着国内这一进程，似乎已从“大自然”中解脱出来，对外殖民扩张进入了帝国主义阶段。到19世纪末20世纪初，欧洲殖民帝国占领了世界上超过2300万公里的土地。他们在竞争与联合中在广阔的地域上把不同的民族联系在一起，在全球范围内重新绘制政治版图，并精心设计世界贸易的大部分架构。在这一过程中，由于欧洲工业大都市对原材料的需求空前扩大，殖民帝国在热带殖民地加快了对自然资源的掠夺，通过大规模建立种植园、成立采矿企业公司、发展新型农业和制定土地管理系统等方式开发自然资源。从农田、森林到矿藏能源，欧洲帝国主义的核心是将森林、草原、河流、沿海平原和沙漠改造成可供生产和可辨认的空间，所有这些都带来了严重的环境后果：森林减少、土壤侵蚀、淤积、河流污染、疾病流行和生物栖息地的破坏。可以说，在这个欧洲主导全球霸权的时期，各种生态问题的交织成为帝国主义历史上不可回避的特征，准确来说，帝国主义重塑了全球大部分地区的经济、政治和生态关系。

在关于现代帝国的大量文献中，除关于特定主题和地域的环境史研究（如印度的林业）外，人们对热带世界生态环境的深远变化，以及它是如何被帝国主义塑造的仍然知之甚少。到目前为止，几乎没有人试图将不同地域和主题的专题研究联系起来，把它们放在全球环境变化的广泛背景中来考察（pp. 5 –6）。为推动环境史研究向前发展，伯明翰大学全球环境史教授科里·罗斯（Corey Ross）历经25年时间完成了《帝国时代的生态和权力：欧洲和热带世界的变化》这部鸿篇巨制。他从全球史的视角出发，聚焦于从1880年到殖民主义末期再到当代欧洲帝国主义全盛时期，关注热带商品的爆炸式增长、全球贸易和现代资源管理的生态维度，指出这些变革仍然显著地塑造了我们今天的世界，进而分析它们是如何与欧洲殖民地更广泛的社会、文化和政治发展主题相关联的。作者通过双向镜头寻找环境史和帝国史研究之间的重叠，进一步整合西方帝国主义、全球化、“第三世界”发展和全球环境衰退等领域之间的关系。一方面研究欧洲帝国（包括英国、法国、德国、荷兰和比利时）如何在全球范围内重塑了生态系统；另一方面强调生态环境因素如何影响了这些帝国的发展。

该书包含的地理范围很广，“热带”一词是指19世纪末20世纪初被欧洲控制的地区，主要包括撒哈拉以南非洲和亚洲东南部，不过由于跨境贸易网络普遍存在，文章还涉及“亚热带”纬度的地区，如印度北部、中东和南非等。全书内容广泛，逻辑性强，主要围绕三个基本命题展开：现代帝国主义标志着殖民世界生态系统的开创性时期，殖民时代生态的转变通常建立在不断升级的人类干预自然的历史中，被改变后即使看起来最“自然”的景观也已经打破了自然界最初的平衡状态（p. 10）。

该书涵盖的问题和空间范围很广，除前言和结论外，全书分为三个主要部分，共十一章，按时间顺序和主题格式融合在一起进行探讨。

全书以“一个商品世界：殖民生态盘剥”为始，关注帝国贸易网络特别是殖民时代商品生产的繁荣作为环境变化的推动力。在研究过程中，作者指出殖民帝国在基础设施投资、行政系统化、生态科学研究和私人倡议等相结合的基础上，意在开发热带自然资源以扩大出口，还揭示了不同的生产区域之间以及它们与世界其他地区的联系。本部分的六章分别探讨了六种不同的商品，即三种植物、三种矿物，具体主题为“棉花生态：环境、劳工和帝国”“苦乐参半的收获：殖民地的可可繁荣和森林边疆”“殖民主义、橡胶和森林”“地下边疆：东南亚的锡矿开采、帝国和环境”“外围—中心：中非的铜矿开采和殖民环境”以及“石油、帝国和环境”。这些大宗商品极大地满足了欧洲工业社会的需求，但随着非洲埃及棉花运动、西非“黄金海岸”的可可繁荣和东南亚橡胶狂热而来的是尼罗河三角洲的萎缩，西非土壤枯竭和土地废弃，以及东南亚森林的减少和动物栖息地的破坏，而水力采矿、石油开采技术带来的河床增高、植被破坏和污染等问题都不可逆转。这些商品共同展示了由贸易和消费迅速发展所带来的广泛社会—环境转型，展示出帝国环境史研究中引人注目的主题：小农与种植园、劳工制度和生态系统的相互渗透、种族和技术之间的种种关联、土著和殖民地官僚机构之间的关系等。如在关于东南亚锡矿开采的一章中，马来亚人被视作缺乏野心、没有礼貌的民族，他们既没有充分利用脚下资产的冲动，也没有充分利用这些资源的技能，如此看来，帝国环境史研究的典型特征是殖民权威、科学技术与种族和环境观念的交织。第六章讨论了欧洲石油帝国在东南亚、中东和加勒比地区的运转，罗斯认为这个故事可被视作更广泛的国际体系的一部分，它跨越了边界，通过能源、资本和技术的流动将遥远的地方联系在一起（pp. 201 – 202）。

该书的第二部分“殖民地的保护、进步和环境管理”，详细讨论了欧洲殖民当局在热带自然资源保护中起到的“先锋作用”，这是对殖民地环境的一种“理性”管理制度。这一行为是基于以下因素考虑的结果：欧洲对原本固有的热带天堂的迷恋、帝国征服和贸易网络对亚洲、大洋洲和非洲等地环境的破坏初露端倪，以及殖民政权为了更长远的统治和开发。虽然保护“热带荒野”（tropical wilderness）被认为是所有文明民族的道德义务，但确是一个超越殖民权力机构的不容置疑的目标，到 19 世纪中叶，这些想法在南亚和北非殖民地演变成系统的资源保护模式。在此新思维方式指导下，第七章首先集中讨论了保护热带自然尤其是野生动物的努力，如 1887 年印度地区的《尼尔吉里狩猎和鱼类保护法》获得通过，1912 年颁布的《野生鸟类和动物保护法》试图使地区立法标准化。1909 年荷兰在东印度群岛通过《野生动物保护条例》，这一时期建立的保护组织有德国殖民地自然保护协会、大英帝国野生动物保护协会、法国殖民地植物保护常设委员会等。最值得一提的是，帝国主义各国在 1900 年通过《1900 年公约》（*1900 Convention*）被公认为有史以来第一次具有国际性特征的环境会议，这是一项狩猎条约，意在通过跨帝国合作对狩猎活动尤其是象牙贸易进行可持续管理，不过最终因为法国和比利时政府担心对自身不利造成该条约未得到正式批准。接着，作者在第八章“热带殖民地的森林、生态和权力”勾勒出殖民地森林保护的过程，从追溯南亚和东南亚国家林业制度的兴起、调查它们产生的社会和生态后果，并论述了这些林业制度在非洲的传播概况。尽管英法殖民当局一再重申整个热带地区殖民国家林业制度的长期目标：永久性耕地、合理划界、定期施肥，但从长期来看，只要农业边界不断扩大，森林生态系统的退化就仍旧不可阻挡。第九章的内容是欧洲殖民统治历史的核心主题之一，即热带殖民地的“发展问题”，作者的论题为“殖民地培育：农业、发展和环境”。正如 1895 年英国殖民大臣约瑟夫·张伯伦（Joseph Chamberlain）所指出的那样，“我认为我们的许多殖民地仍出于未开发的状态，这些原始资产必须被开发出来。造福于它的人民以及更多的外部人口”（p. 307）。欧洲殖民者运用他们引以为傲的资本、技术和科学知识，开发不发达地区丰富的自然财富，殖民地设立的农业部门、植物园和试验站等都为这项事业服务，值得一提的是，非洲殖民农学的演变与欧洲在亚洲殖民地的模式基本相同。

在所有这些领域中，所谓的环境管理政策是在不考虑当地人民的需要和利益的情况下制定的，他们不断被边缘化，固有的土地被盘剥。这些政策带来的效果有限，亚洲殖民地农业用地仍在肆无忌惮地扩张，据统计 1880—1950 年间导致了 6200 万公顷的草地、沙漠、森林和沼泽的消失（p. 316）。旁遮普西部、湄公河三角洲和伊洛瓦底江等地的灌溉工程对当地的生态产生了严重破坏。因而，我们应对殖民当局的环境管理和资源保护政策持审慎的态度。

欧洲殖民统治时期诞生的所谓“科学的”资源管理政策在各殖民地独立后保留了下来，由民族独立国家的科学、政治和工业精英所掌握。发展中国家在战后的经济发展中遵循着殖民时代的思路，生态环境恶化的趋势在加速，整个热带地区进入前所未有的社会经济和生态转型的时代，这也是作者在第三部分“加速、衰退和后果”阐释的重点内容。作者在第十章“进步与傲慢：后殖民发展的政治生态”中指出，二战后的十年间，帝国的撤退和强化相结合，具体来说，一方面政治主权上帝国主义国家从海外殖民地撤退；另一方面面对国内经济复苏的瓶颈和严峻的金融压力，他们以“现代化”和“发展”的时代话语对殖民地继续进行经济控制。再者，获得独立的民族国家经济混乱不堪，债务庞大，许多政治领导人都寄希望于原来的殖民帝国拯救自己，因而他们越来越受到精心策划的、技术官僚主义式的帝国主义发展计划的控制，以实现自身的经济现代化和都市重建工作。1940 年代末，英国、法国和比利时政府都制订了详细的殖民发展计划，通过金融资本、技术和知识发展农业生产力，大宗商品、矿产资源出口迅速增加。从森林、原木到河流、牧场，以“发展”的名义进行的环境控制管理空前高涨，其背后是国家对农村人民的生活、土地使用权及其所居住环境干预的空前升级，这被罗斯称为是欧洲帝国主义通过科学专家、综合规划和宏大项目对民族独立国家的“第二次殖民占领”（p. 352）。它是对当地生态环境的再次侵犯，实质上欧洲并非为了当地的经济发展，而是为了掠夺更多的自然资源，试图在曾经的热带帝国建立一个新的“驯化高潮”（climax of domestication）。

第十一章既是第三部分也是全文的最后内容。如题目“超越殖民主义：热带环境和帝国遗产”所阐释的那样，它主要揭露了殖民统治的长期遗产，考虑正式非殖民化后的几十年中，曾在殖民主义时期诞生的制度安排、资源管理实践和贸易模式如何继续塑造人类社会与热带环境之间的关系。1960 年代，塑造全球秩序的主动权已经移交给新的超级大国，在这之后“发展的几十年”中，世界银行、粮农组织和关贸总协定等国际机构主导解决第三世界新独立国家的贫穷、不平等和政治动乱等棘手问题。首先，“向饥饿宣战”的结果是绿色革命的到来，这是专门针对热带地区研发的高产但最终被证明是不可持续的农业系统，虽然大大推动了第三世界农业现代化的进程，但化肥的大量使用和单一性的高产品种造成环境恶化，减少了农业种植系统的生物多样性。其次，1980 年代以来，各发展中国虽然对资源利用和保护作出了努力，仍然不能摆脱自身原料生产者的从属地位，他们持续为欧洲帝国消费者提供消费需求，结果是采矿、伐木和经济作物种植规模的扩大，导致热带森林、土壤、气候等生态环境的加速恶化。因而，作者在结论中指出，在人类世的新阶段，全球环境破坏进入了“大加速”阶段，如温室气体、水资源减少、物种灭绝等，帝国主义给人类社会留下的印迹依然存在。

科里·罗斯是一位研究现代德国的历史学家，最初以研究 20 世纪欧洲社会文化史见长，但他对非洲史和全球环境史的把握同样让人印象深刻。

他在本书中同时考虑了英国、法国、德国和荷兰几个主要的帝国主义国家，采用了大量英语、法语、德语和荷兰语的原始文献，同时辅以大量的专著资料，对蓬勃发展的环境史领域作出了无可争议的贡献。正如文莱达鲁萨兰大学历史系教授伊夫特哈尔·伊克巴尔（Iftekhar Iqbal）所评价的那样，“这是一部综合了主要环境史文献的巨著，是在空间尺度上对高度帝国主义和后殖民主义时期广阔热带世界环境变化的宏大捕捉”①。

罗斯对帝国主义和环境史的整合研究是对全球环境史研究的一种拓宽。最早研究帝国主义对环境影响的是阿尔弗雷德·克罗斯比（Alfred Crosby）所著的《生态帝国主义：欧洲的生物扩张，900—1900》，克罗斯比从生态和地理的视角探索欧洲的全球扩张，认为欧洲将旧大陆的动物、植物和疾病带到了南北美洲、澳大利亚等地，后者的生态环境出现欧洲化的迹象从而为欧洲的长期殖民奠定了基础。克罗斯比论证的是环境因素在欧洲征服过程中起着核心作用，与他不同的是，罗斯将世界环境变化背后的深层原因引向帝国主义，并将19世纪末至20世纪中叶帝国主义全盛时期作为时间轴，这大大拓宽了克罗斯比的论点，并为全球财富差距和全球生态足迹的差异提供了深刻的历史解释。《生态帝国主义》出版之后，帝国主义与环境之间关系的各类主题不断被挖掘，理查德·格罗夫在《绿色帝国主义：殖民扩张、热带岛屿和环境主义的起源，1600—1860》中，将欧洲现代生态思想和环境史的起源追溯到18世纪至19世纪末荷兰、法国和英国的海外热带殖民地，认为那些医学家、生物学家等专业人士正是在热带岛屿自然资源的开发中诞生了现代环境保护思想。而汤姆·格里菲斯和利比·罗宾则合编了一本《生态与帝国：移民社会的环境史》，探讨了英国海外帝国内部移民定居者与当地生态环境之间的种种关联。② 显然，罗斯将各式各样的帝国与环境史主题整合在一起，从宏观的视野去探究帝国主义与热带生态环境变迁之间的关联。

另外，这本著作也是1980年代以来西方学术界兴起的商品研究主题的体现，如《甜与权力：糖在近代历史上的地位》《棉花帝国：一部全球史》

① Christopher F. Jones, New Roundtable, “ Ross, Ecology and Power in the Age of Empire”, *H-Environmental Roundtable Reviews*, vol. 8, no. 5, 2018, p. 4.

② Tom Grffiths and Libby Robin (eds.), *Ecology and Empire: Environmental History of Settler Societies*, Edinburgh: Keele University Press, 1997.

《鸟粪与太平洋世界的开放：一部全球生态史》。这些都是特定区域特定商品主题的研究，而罗斯在第一部分中介绍的六种商品研究都打破了地域界限，从全球视角探究贸易、生态、社会、经济与政治之间的复杂关系，而且东南亚锡矿、中非铜矿、西非可可还填补了以往研究中被人忽略的空白。

将环境写进帝国的历史有助于人们从“地方化”的视角重新思考欧洲的发展里程，并提供理解人类经验的一个认识论框架。欧洲征服过程中杂糅了军事、政治、环境、知识、技术和种族之间错综复杂的关系，从更广阔的意义上来说，这是人类与自然环境之间关系的一段历史，征服和驯化热带自然是这段历史中的主题。不过，必须要指出的是，该书的宏观视角必然会遗漏一些重要的问题。首先，第二部分详细讨论了欧洲帝国在热带自然资源保护工作中起到的作用，如果能向读者展现土著对当地环境有无破坏、是否产生了生态思想及保护实践，进而探究他们在殖民时代的命运，而不只是按照“欧洲殖民—现代遗产”这一逻辑来叙述，在某些章节中将土著对殖民者资源政策的反应作为故事的出发点，或许更加完整和具有说服力。其次，20 世纪的热带环境变化是否都可以全部归咎于帝国？罗斯对这个问题的解读具有模糊性，一方面，帝国对热带生态环境的重塑是支撑全书的论点；另一方面，他的解答似乎又是否定的，在文中明确提出并不能将主要责任归于殖民时代（p. 381），反而强调土著劳动者和民族国家独立后的精英在本国生态环境破坏中负有不可推卸的责任，不过这给读者遗留下了继续思考的空间。

无论如何，该书是在这样一个战略时刻出版的：2018 年，哈佛大学威瑟海德国际事务中心与来自全球的学者、研究团队和非政府组织联合发起了一个雄心勃勃的项目——商品前言倡议（Commodity Frontiers Initiative），意在勾勒大宗商品向全球农村推进的过程中如何导致农村的转型，如何巩固了资本主义的发展，并重塑世界生态环境的故事。帝国时代的生态和权力无疑是这个项目的核心，而且可以说帝国经济在本质上就是一部环境史，相信在不久的将来关于帝国和环境史的主题研究会更加深入。

（王林亚，南开大学历史学院博士研究生）

评基斯·杰弗里《1916：全球史》*

肖文超

Keith Jeffery, 1916: *A Global History*, New York: Bloomsbury Publishing, 2015, 448pp.（基斯·杰弗里：《1916：全球史》，徐添译，海南出版社 2017 年版。）

战争是文明冲突与碰撞的一种手段。1914 年爆发的第一次世界大战不仅是欧洲历史的转折点，也被认为是影响世界现代历史进程的重要转折点。有人甚至称其“奠定了战后百年政治的新格局”。对于这样一场重大国际冲突的研究，尤其是 2014 年欧洲学术界纪念一战爆发 100 周年活动开展以来，西方学者有大量的新研究成果问世。① 其中，一战史研究的全球转向是一个非常值得关注的新动向，英国军事史家基斯·杰弗里（Keith Jeffery）的《1916：全球史》② 就是这种转向的一部代表性著作。与其他作

* 国家社科基金青年项目“南库尔德斯坦问题与英国的中东政策研究”（项目编号：16CSS032）阶段性成果；信阳师范学院“南湖学者高层次人才奖励计划”青年项目暨优秀博士科研启动课题阶段性成果。

① 2014 年以来，西方学术界关于一战的研究成果层出不穷，根据国家图书馆的收藏来看，每年至少有 20 本的新书出版，一些主要的代表性著作有：William Mulligan, *The Origins of the First World War*, Cambridge: Cambridge University Press, 2016; Ashley Jackson, *The British Empire and the First World War*, Abingdon: Routledge, 2016; T. G. Fraser, *The First World War and its Aftermath: The Shaping of the Middle East*, London: Gingko Library, 2015; Edmund James Yorke, *Britain, Northern Rhodesia and the First World War: Forgotten Colonial Crisis*, New York: Palgrave Macmillan, 2015; Michael G. Carew, *The Impact of the First World War on U. S. Policymakers: American Strategic and Foreign Policy Formulation*, 1938 – 1942, Lanham: Lexington Books, 2014; Elizabeth Greenhalgh, *The French Army and the First World War*, Cambridge: Cambridge University Press, 2014。

② 基斯·杰弗里：《1916：全球史》，徐添译，海南出版社 2017 年版。

品不同的是，该书摆脱了西方学者对一战研究的传统史学叙事范式，除了对战争本身进行书写之外，他还从全球史的角度对这场国际冲突的全球性影响进行了多向度的考察，此书的出版为我们加深对一战的理解开辟了一个新的视角。

一战史研究的全球转向

长期以来，国内外学术界对第一次世界大战的研究成果相当一部分还是遵循传统的研究模式。欧洲学术界研究的重心依然停留在欧洲战场，坚守欧洲中心论，尤其关注于一战的起源、影响、大国决策与战场研究。“在英国、美国和法国，正如被人们所熟知的那样，对第一次世界大战的历史的解读，可以说是完全陷于西线的泥潭之中。”（第2页）进入21世纪之后，有一部分历史学家试图打破欧洲中心论的束缚，开始注重运用一种新的研究视野和研究方法——全球史的研究方法来考察一战产生的全球性影响。例如，休·斯特罗恩（Hew Strachan）的《第一次世界大战》（2001）[①] 以及迈克尔·S. 耐伯格（Michael S. Neiberg）的《为一战而战：一部全球史》（2005）[②] 等。这些作品不但极大地拓展了第一次世界大战研究的广度与深度，而且为一战研究的全球史转向奠定了基础。

全球史是自20世纪后期以来欧美学术界逐渐兴起的一种史学研究方法，主要特点是突破了民族国家的限制，以跨文化、跨民族和跨地区间的联系和互动为研究对象，主要关注那些超越国家和民族体系之外的、以往被忽视或较少被重视的、在全球化历史进程中产生或在全球化时代人类生活所面临的各种问题。在研究实践中，由于突破了以民族国家为核心的旧的历史架构的局限，“以整个国际体系或者文化背景作为研究的参照系；研究的范围涵盖跨国或多国的政治、军事、外交、经济、文化、物质、消费、情感等方面；强调利用多国档案和多元资料，以自下而上的方法，以文化因素、弱势群体等作为研究的突破口”[③]。全球史研究更关注人类历史

① Hew Strachan, *The First World War*, *Vol.* 1: *To Arms*, Oxford: Oxford University Press, 2001.

② Michael S. Neiberg, *Fighting the Great War*: *A Global History*, MA: Harvard University Press, 2005.

③ 徐蓝：《国际史视野下的第一次世界大战研究》，《光明日报》2014年7月9日第15版。

进程中与世界整体化进程有关联或重大影响的事物，更多地关注历史的整体发展、横向的联系与长时段的历史变迁。[①] 将全球史引入对第一次世界大战的研究，要求研究者能够从一个跨国家、跨地区的角度来讨论某一国家或某一地区与一战之间的密切关系，并重点考察该国家或该地区与一战作为一个整体发展之间的关系。[②]

20 世纪下半叶，美国历史学家斯塔夫里阿诺斯就在《全球通史》中从全球史视角对第一次世界大战的全球影响进行了初步研究。[③] 他将这场战争分为欧洲阶段和全球阶段，并将其置于世界历史的发展进程中进行考察。斯塔夫里阿诺斯认为："从全球的观点来看，第一次世界大战的主要意义恰恰在于它开始了欧洲霸权的削弱……对殖民地世界的影响不可避免的带来了深刻的政治后果。"[④] 2015 年，基斯·杰弗里的《1916：全球史》出版，无疑是用全球史视角来研究第一次世界大战的一部佳作。基斯·杰弗里是英国贝尔法斯特女王大学著名的军事历史学家，爱尔兰皇家科学院成员，主要从事英国现代史、英帝国史和爱尔兰史研究。1978 年从剑桥圣约翰学院获得博士学位，主要著作有《英国军队与帝国危机，1918—1922》（1984）、《1968 年以来的北爱尔兰》（1988）、《男人、女人与战争》（1993）、《爱尔兰军事史》（1996）、《爱尔兰与一战》（2000）、《军情六处》（2010）以及《1916：全球史》（2015 年）等。作为一位军事历史学家，杰弗里对一战的理解与认识与传统历史学家有所不同。为何杰弗里选择 1916 年的一战作为对研究对象呢？杰弗里将之归结为两个层面：第一，1916 年是全球政治新格局的起点；第二，1916 年发生了太多撼动历史的转折性大事件，让人产生了一种"战争永远不会结束"的错觉，导致各交战国政治团体开始分化，更加剧了战争的紧张程度（第 7 页）。

诚如作者所言："对于 1914 年到 1918 年的战争研究来说，将注意力只集中于西欧是有着相当的局限的。我们只有将法国和弗兰德斯的战役放在

① 梁占军：《"全球史"与"世界史"异同刍议》，《首都师范大学学报》（社会科学版）2006 年第 3 期。

② 徐蓝：《国际史视野下的第一次世界大战研究》。

③ 斯塔夫里阿诺斯：《全球通史：从史前史到 21 世纪》（第 7 版修订版），北京大学出版社 2006 年版，第 643—663 页。

④ 同上书，第 661—662 页。

全球环境中，才能对第一次世界大战有更恰当的理解。我写作这本书的目的是要将1916年各月发生的标志性时间作为一系列线索交织起来；通过这些线索，将战争经历惊人的范围性、多样性与相关性一起表现出来。”（第3页）

“会移动的战争”

《1916：全球史》一书除去序言与结语部分，一共12章。该书的主要内容涉及面较广，研究范围从欧洲扩展到亚非拉地区，从陆地战场延伸到海洋战场。该书中不仅仅有重大战役的考察，例如加里波利、凡尔登和索姆河，乃至日德兰大海战，也有政治局势的分析，尤其是第一次世界大战对美国与俄国政局的影响。作者以时间（1—12月）顺序来安排全书的章节，动态地展示了第一次世界大战影响力的全球扩散过程，让读者充分体会1916年时，第一次世界大战是一场“会移动的战争”。

杰弗里从1916年1月（第1章）协约国士兵撤离加里波利开始写起，结束于12月（第12章）格里高利·拉斯普京被沉于彼得格勒涅瓦河。在1月份的加里波利战役中，作者直接跳过了战场战斗的叙述转而书写撤离行动。作者认为结束于1916年的加里波利战役对第一次世界大战的历史有着非同寻常的影响。这是协约国打破业已形成的西线僵局的一次尝试，也是第一次完全的英法联合行动。尽管无人伤亡，但是这次撤退仍是英国和协约国战争中的可耻败笔（第13页）。

2月，对于法国人来说，第一次世界大战的两次标志性战役——马恩河战役与凡尔登战役开始打响。其中，凡尔登会战被称为“一件法国人的杰作”（第43页）。在这一章中，作者注重考察德国人的最后一次攻击行动。因为在德国人看来，凡尔登战役将决定着这场战争的最终胜败结局。从一定程度上来说，它是可怕的现代工业战争的一场缩影。

3月，法国请求盟国采取行动以便减轻德国人在凡尔登施加的压力，这迫使卡尔多纳发起了第5次伊松佐河战役，这是意大利军队与同盟国军队在1915年6月至1917年11月十二次系列会战中的其中一场。尽管意大利军队伤亡惨重，但是收获却微不足道。4月，都柏林发起了一场复活节起义。5月爆发了日德兰海战。6月，东线战场协约国开始了布鲁西洛夫攻势。从7月（第7章）开始，杰弗里的历史视野扩展到了亚洲（印度、中国和东南亚）和非洲，尤其是东非和南非。然后，又将战争的视角回归到欧洲的比利时，再次书写第一次世界大战中最具代表性的战役——索姆河战役。

最后三章，杰弗里考察了一战影响的全球扩散，尤其是在中东和巴尔干地区。在谈及中东问题时，杰弗里认为对于中东来说，一战中形成的《赛克斯—皮科协定》直接造就了现代中东百年冲突的根源。

帝国危机与边缘化群体

尽管作者在全书中以书写第一次世界大战的战场及其全球扩散为主线，但是主线之外，杰弗里事实上还隐蔽地考察了三个不能忽视的主题——帝国危机、被忽视的边缘化群体以及战争的记忆问题。

随着战争的持续与蔓延，各大帝国自身深深陷入了合法性危机。无论是大英帝国、德意志帝国、哈布斯堡帝国、俄罗斯帝国还是奥斯曼帝国，这些帝国自身都存在着内在的统治危机。帝国危机的来源，除了战争导致的直接消耗之外，帝国境内的武装起义更是加剧了危机的程度。以大英帝国为例，1916年的复活节起义打响了分裂主义摧毁大英帝国的第一枪，并导致英国丧失了超过20%的国土。同样，这场战争也让民众对统治者的“忠诚”产生重大压力。在多民族国家中，这种情况表现得更为明显。1916—1917年，哈布斯堡帝国面临的合法性危机就是最好的证明。受战争的影响，一些帝国境内爆发了民众的起义，例如都柏林、特兰托、贝鲁特和大马士革的起义。无论对协约国还是对同盟国阵营来说，第一次世界大战深深动摇了欧洲各大帝国的统治根基。杰弗里也认为，“复活节起义和索姆河战役……不是普通的地方冲突，而是波及全球、无法避免的全球危机”（第2页）。

在传统的一战研究成果中，很少关注战争中出现的一些边缘化参战群体，有的甚至被彻底遗忘。例如，非欧洲主战场的妇女、士兵以及医护人员等。杰弗里则力图以这些被边缘化的群体为研究对象，深入阐释一战对他们的影响。以妇女为例，在《1916：全球史》中杰弗里认为妇女对这场战争意义重大，是值得充分肯定的。“1916年主要交战国都加快调动本国人力资源，动员所有社会资源来支持作战。妇女们无论在家中还是在阵地上都比以前发挥了更大的作用。这是一个全球性的现象”（第 8 页）。在全书的章节中，作者列举了大量的事例来论证妇女在一战中的重大作用。例如，阿塞拜疆妇女企图阻止军队的火车带走她们的男人；法国妇女卸下马赛码头商店里的货物。美国妇女为和平发起运动。无畏而技巧熟练的英国护士和救护车司机也纷纷出现在意大利、罗马尼亚和塞尔维亚的阵地上。杰弗里之所以关注这些被边缘化的群体，主要原因在于他认为“没有这些人，军队就无法发挥作用。这些男男女女中的许多人都是被迫卷入一战的参与者……这些人当中有大量从印度、非洲和东亚跋涉千里，被带到如西线等作战区域的人，他们应当有自己的历史”（第 9 页）。另外，该书中作者在描述这些边缘化群体之时，始终伴随着深深的人性关怀。

结　语

作为一本反思战争、解剖人性的历史学著作，杰弗里的书出版后受到诸多媒体的赞誉。《华尔街日报》认为这是“一部了不起的全景式历史著作……写得极其生动，杰弗里自己独到的见解和历史缝隙中的小插曲比比皆是”。《图书馆杂志》评论道：“杰弗里提出了一个崭新的、优秀的历史研究方法，他以一腔热情去钻研那些被遗忘的历史细节，向历史学家、历史爱好者描绘了一幅充满人性的画卷。”《文学评论》认为，“这本书涵盖了所有一战参战国的历史细节。更重要的是，它是一份全球史研究，其目的是通过这个关键的年份里发生的事件告诉我们，第一次世界大战是一场真正的全球战争”。

杰弗里的书之所有会受到媒体及读者的普遍欢迎，可以说主要有三点原因：第一，他采用全球史的叙事与写作手法，研究了一些非主流叙事中的人和事，关注下层人物或者小人物的命运，充满了人性的关怀，对战争的反思，这些都可以吸引读者的注意力，引起他们极大的兴趣；此外，摒弃了西方中心论，从全球层面来书写这场重大的国际冲突及其带来的全球性影响。第二，由于杰弗里是一个军事历史学家，善于对战争的描写与把控，尤其是一些战争细节的刻画，对于一些军事迷们来说，都会有很强的吸引力。第三，史料来源的丰富性与多元性。在《1916：全球史》中，作者采用大量的一手档案、一些研究专著，甚至参考了一些纪实性的文学作品，向全球读者展示了一幅与众不同的全球画卷。

当然，该书也并非毫无瑕疵。尽管杰弗里非常努力细致地在书写每一个案例，但是，对于一些读者平时关注较少的日德兰大海战是如何融入这场全球冲突的过程缺少深度分析。作者并没有将 1916 年发生的这些重大事件进行很好地衔接，仅仅是一系列事件的罗列与拼凑，就给读者一种孤立的感觉。再次，作者在结语“1916 年里潜在的和平”中，主要的立足点依然是集中于欧洲战场，这似乎违背于其最初设定的从全球史角度的写作理念，存在自相矛盾之处。最后，由于作者是爱尔兰人，所以书中过多描述了英国与爱尔兰的关系，有抬高爱尔兰在一战中的地位之嫌。此外，由于书中涉及诸多国家，仅仅占有了大量的英文史料，对于法国、德国、俄国和意大利等国的史料，也似乎被忽视，或者较少引起作者的注意与使用，这些会导致作者的研究视角单一化，这可能是最大的不足之处。

该书尽管存在一些不足，但是作为杰弗里教授生前的最后一本著作，与其他已有的出版物相比，无论是给学术界还是普通的读者去理解这样一场重大的国际冲突仍然具有新意，具有较强的可读性。通过读这本书，更让我们觉得该书中所描写的第一次世界大战不仅仅是一场战争史，更是一部全球冲突史。

（肖文超，信阳师范学院历史系副教授，郑州大学历史学院博士后）

评埃文·兰普《早期美国太平洋边陲的劳动、阶级和权力：帝国的劳工》

张小敏

Evan Lampe, *Work, Class, and Power in the Borderlands of the Early American Pacific: The Labors of Empire*, New York: Lexington Books, 2014, ix + 211pp.

《早期美国太平洋边陲的劳动、阶级和权力：帝国的劳工》（以下简称《帝国的劳工》）一书的作者是美国学者埃文·兰普（Evan Lampe），他在纽约州立大学奥尔巴尼分校获得历史学博士学位，曾任教于恩迪科特学院、圣托马斯大学和台北医科大学。并于 2013 年在台湾历史研究所访学，期间完成这一项目。他对历史、小说和文化颇感兴趣，目前的研究是关于菲利普·K. 迪克（Philip K. Dick）、劳工史以及美国与中国台湾地区的早期海上联系。除了《帝国的劳工》外，他还著有《菲利普·K. 迪克和我们生活的世界》（*Philip K. Dick and the World We Live In*, 2015）。

《帝国的劳工》一书是兰普从纽约州立大学奥尔巴尼分校完成的一篇论文开始的，包括引言和结语在内，共六章。主要探究从美国革命后到鸦片战争结束这一时期，美国太平洋边陲的劳动、阶级和权力的相互交织。兰普试图通过考察太平洋世界的商船、美洲西北沿海、夏威夷檀香山、中国广州这几个贸易网络节点中的劳动、权力和阶级关系，勾画出美国帝国主义在太平洋的早期经验，以此说明早期太平洋世界的互动网络和国际劳工的劳动为美利坚帝国的形成奠定了基础。

第一章对该书将要探讨的问题做了概括性说明。兰普以广州的晚宴为引子，揭示了中美贸易中广州商人精英阶层的生活。但他认为美国在太平洋的根源不仅在于“商人和传教士”的开拓，还在于劳动人民、统治阶级忠诚、劳动制度，以及生产、权力和开发的网络（p. 8）。工人阶级也是全球贸易的一部分，是将全球资本主义和欧洲帝国主义带到太平洋的推动力。在此基础上兰普解释了在太平洋世界体系形成过程中，跨国统治阶级和太平洋工人阶级的权力构成和矛盾冲突。

第二章研究19世纪早期美国商船的工作、权力、阶级和文化。兰普认为船只不仅仅是通过复杂的分工集体组织起来的生产劳动的地点，也是阶级形成和权力实施的地点（p. 9）。本章强调商船和全球资本主义空间的创造，关注雇主、官员和商人的权力以及船员对这些权力的回应。具体而言，兰普通过考查1780年代后“哥伦比亚号”探险队的起源，论述美国权力从大西洋到太平洋的转移。兰普以“哥伦比亚号”为例论述了19世纪美国商船社会的运行机制、等级差异和严明的纪律。船上的人员按照地位高低依次为：船长、大副、二副、水手。船长掌控航行并下达工作命令，但并不直接下达任务给水手，而是经由大副来办理这些事务。水手之间地位也有不同，经验丰富且技术娴熟的水手最受尊重，他们可以代表水手发声。大多数船只都会有一定数量的专业工人，包括乘务员、厨师、木匠和制帆工。为了节省开支，船长通常都不会招满员工。因为在航程中，他会在外国港口补充廉价的新船员，这就使得船员中的国际劳动力较为普遍。

具体到船员，细分为能干的船员、普通海员和新船员。能干的船员会掌舵和依据需要升降船帆，并修补船只。而没有技术的普通船员只能出卖体力，干一些洗甲板的工作。船长为了树立权威和保障船上工作的正常运转，会惩罚不服从命令的船员。而船员为了摆脱繁重的工作压力和缓解情绪，通过训练新船员、唱诗、讲故事甚至阅读等，丰富自己的文化生活，从而形成了船员之间的兄弟情谊。当然，兰普指出商船的目的是向广州地区出售海獭皮并从中获利。但是行船的过程中时刻面临疾病、事故和内外冲突的种种危机。总之，兰普通过船员的工作、阶级构成和权力划分旨在从较广泛的观点出发，呈现太平洋工人阶级的面貌，并最终将太平洋的美中贸易纳入全球资本主义体系中。

第三章论述美国西北海岸的海獭皮贸易、工作和权力之间的关系。美洲印第安人和西方贸易者的冲突在海獭皮贸易期间是特有的。为了不使美洲印第安人插手海獭皮贸易，船长会使用武力保障西北海岸与美国的贸易合作。本章试图解释这种关系的动力并理解为什么暴力和紧张在这种接触中与热诚共存（p. 65）。北太平洋在18世纪末19世纪初包含两种等级体系：商船和西北海岸的本土社会。一方面，北太平洋西北海岸以及太平洋岛屿的海獭皮贸易往来加强，导致社会、政治和环境变迁；另一方面，每个工人都面临对抗、接受和机会主义的变化（p. 65）。

兰普从美国西北海岸社会和毛皮贸易两个方面展开论述。其一，美国的太平洋西北海岸经常被视为美国历史的一部分。虽然它是一个完整的奴隶制集体社会，但是地区多样性也使其形成了许多语言群落和政治组织。兰普分析了阿留申的奴隶制社会和权力，指出西北海岸印第安人的经济基础是捕鱼业。努特卡人（Nootka）拥有多样化的渔业经济，掌握一定的捕鱼和航海技能。努特卡人尤为擅长捕鲸，并认为捕鲸技术及其文化是成功获得社会权力的表现。另外，这一地区的权力等级还体现在性别差异中。男女分工明确，男人外出捕鱼，女人负责家内事务，女人地位很低。所以印第安人的权力等级与海洋经济和社会的发展密切相关。

其二，相对于捕鲸，捕获海獭却没有那么受人尊敬，而且获得社会或政治权力的机会不大（p. 72）。因为收集海獭皮是一个漫长和艰难的过程，交易中时常有美洲印第安人内部及其与商船贸易者之间的冲突。通过毛皮贸易，印第安人可以获得社会生活中所需的用具和武器，并借此减轻对欧美的依赖。而美国则建立了阿斯托里亚聚居地、太平洋毛皮公司等，以此确立对毛皮贸易的直接控制。此外，双方的互动还包括疾病的传播和加利福尼亚海岸的牛皮贸易。

兰普认为虽然西北海岸的贸易促使社会、环境和经济发生变化，但没有导致领土征服（p. 89）。太平洋的全球资本主义在很大程度上是由商人阶级和参加社团的精英界定的。工人阶级则是理解太平洋世界形成的一个重要窗口。

第四章主要以斯蒂芬·雷诺兹（Stephen Reynolds）及其日志的个案为例，探讨火奴鲁鲁精英的形成，进而阐释资本主义是如何影响社会分工的。到19世纪，太平洋岛民作为欧美航船的水手，逐渐融入太平洋世界体系的各个方面。但是，欧美资本主义与太平洋群岛的相遇并不总是和谐的

（p. 99）。比如美国人与夏威夷人的初期相遇就是矛盾重重，但因为夏威夷岛屿作为长途跨太平洋航行中的补给站，优势显著。因此吸引了像雷诺兹这样的船员。雷诺兹从 1823 年起定居夏威夷，积极参加节日聚会，与火奴鲁鲁上层广泛接触。并通过两次婚姻巩固了他作为夏威夷跨国商人阶级的地位，最终成为火奴鲁鲁最成功的檀香木商人。

兰普介绍了当地工人阶级的情况。妇女通过卖淫的方式与欧洲水手沟通并参与到海獭皮的买卖中。底层的财产犯罪增加，偷盗行为盛行。夏威夷还一度成为海员逃兵的归属地。面对这些挑战，火奴鲁鲁设立“监狱”来约束劳工阶级以实现稳定贸易的目标。这是在新兴的太平世界体系边缘爆发的阶级战争中，出现的对劳工生活进行有力管制的尝试（p. 109）。实际上，船员与当地人的交流只限于夏威夷港口，而长期定居在火奴鲁鲁的船员并不像栖身于上层的西方人那样崇尚西方生活，大部分人是虚度和闲散的生活着。因此不足以形成一个工人阶级团体。

总之，兰普揭示了夏威夷政治和经济精英以及像雷诺兹这样的商人在文化和经济上结成联盟的性质。社会和文化接触通常看起来平凡而肤浅，但它们也常常是将构成阶级意识的不同实体黏合在一起的黏合剂（p. 113）。然而，夏威夷的工人阶级则缺乏统治阶级的组织和共同议程，他们很难建立起相关的政治认同。

第五章论述广州封闭社会中的工人、精英和中国贸易，考察广州在 18 世纪晚期和 19 世纪早期的阶级划分，并从下向上看广州贸易。兰普认为中国的朝贡制度是广州对外贸易中各种规定的根深蒂固的背景，这是中国政府和其他政权交流的主要方式（p. 123）。这些规定和限制条件包括：外国商人的行动受到管制；外国人只能与行会商人进行贸易，以此限制海盗和走私；禁止外国人借钱给中国商人，不允许他们雇佣中国仆人；采取措施杜绝外国人在广州期间享受完全的社会生活；外国人不享有与政治相关的各种权利等。兰普认为上述强加给商人的限制条件导致了一些冲突和不满，但这些规定是有灵活性的。因此，兰普指出史学家不应过分强调清朝政府强加于外国商人的官方限制条件（p. 127）。

兰普介绍了广州商行的发展历史、内部组织及其职能。商行商人成为南中国海和全球资本主义的贸易连接，并为广州体制带来广泛的社会交往，包括语言交流、西方医术的使用、艺术品的交流以及中外商人参加的各种晚宴等。直到鸦片战争期间，商行和外国商人的社会和经济合作才发展为一种真正的联盟。

兰普还介绍了广州到处可见的渔民、船民、洗衣妇女等劳工阶级。他们在广州与西方的贸易中发挥了重要作用。由于广州体制的束缚，广州不能容纳的外国人，在黄埔锚地却较为容易居留。大量船员、工人阶级聚集在黄埔，使黄埔成为国际劳工阶级的聚居地。此外，19 世纪中国南方的走私、盗窃和海盗猖獗。非法贸易困扰着清政府和官员，是中国下层社会最常见的犯罪（p. 154）。然而，兰普以尼古拉（Nicol）为例，揭示了暴力的航海世界中也有同阶级间的友谊，这超越了国家认同。广州体制在各个层面上都非常不稳定，这是由于其结构中隐含的不平等、中国绅士地位的模棱两可以及自由贸易倡导者的挑战。不平等从外部给封闭社会带来了威胁（p. 165）。最终导致广州体制的结束。

第六章，兰普从太平洋世界体系的转变和理查德·亨利·德纳（Richard Henry Dana）的太平洋经历两方面对该书做了总结。他认为贸易带来的转变巨大，不可忽视中国劳工在太平洋世界中的重要性。因此，鸦片战争前后，随着太平洋世界体系的变化，对劳工阶级的控制成为保持太平洋世界体系运转的关键。他以德纳在太平洋的生活为例，直观地反映了太平洋世界体系的转变。

总体而言，《帝国的劳工》对太平洋地区的劳动、阶级和权力的分析属于新海洋史研究的一个典型案例。兰普以太平洋地区为考察视角，旨在从底层和边缘研究新兴的太平洋世界（p. 177）。一方面，受 20 世纪后期兴起的全球史思潮的影响，海洋史再次成为历史研究的重要课题，而且其研究亦发生了全球转向；另一方面，全球史重视人类历史进程中的交流与互动，而海洋在这一过程中的媒介作用被重新审视。因戈·海德布林克（Iugo Heidbrink）认为全球史以全球视野考察和研究世界，注重不同文化群体的发展模式，主要考察世界历史进程的综合性和差异性。而这些理念对于海洋史影响深远，他提出未来全球史研究的核心学科就是海洋史。过去以陆地本位为核心的传统史学范式受到了冲击。正如马库斯·雷迪克（Marcus Rediker）指出："我们之前接受了一种根深蒂固且无意识地'以陆地为中心（terracentric）'的历史偏见。这种历史以地球上的陆地和民族国家为基础。我的研究试图表明这种历史发生在海上，以海洋空间诸如码头和船只为背景。”① 兰普与雷迪克的观点一致，他并没有局限于海洋，而是将北太平洋周边地区结合起来论述太平洋世界的贸易往来，探讨阶级和全球资本主义对构建新兴太平洋体系的重要性。这是对陆地史观的挑战。

在研究内容上，《帝国的劳工》体现了新文化史的重要思路。兰普在前言开篇就表明了从底层的声音和经验分析问题的宗旨，他注重从底层看太平洋世界的贸易和权力关系。这些来自下层的声音包括船员、码头工人、小偷、娼妓、在广州的洗衣妇，以及存在于新兴的太平洋世界体系边缘的成千上万的人们（p. 2），他们在精英建立的太平洋体系下，推动了全球资本主义向太平洋的转移。像雷诺兹这样的水手是通过建立联系、运输商品和建立社会关系来帮助创建美国太平洋体系的工人（p. 63）。而且兰普专门从新文化史的角度分析了工人阶级的文化生活。另外，在一个新兴的历史空间中，随着资本主义的全球化，兰普构建了适应太平洋新空间的概念体系。比如他用“漂浮都市”（p. 3）形象地表示停泊在珠江港口的船只。在全球资本主义的影响下，他试图证明在太平洋世界体系中形成了“跨国统治阶级”（p. 7），以此诠释他对太平洋资本主义体系的认识。

另外，该书在材料运用方面，不仅注重相关档案资料的记载，包括官方档案和航海日志，而且还利用了《广州记录报》和《广州周报》等材料。尤其是对海员的日志给予了足够重视。比如，雷诺兹的日记记录了他在火奴鲁鲁的生活、贸易和社交，以及火奴鲁鲁的工人阶级的情况。

综上所述，兰普以劳工阶级为主要讨论对象，从太平洋视角出发探讨全球资本主义的尝试，对于海洋史研究有借鉴意义。正如丹尼尔·菲纳莫雷（Daniel Finamore）认为：“人类与海洋的互动是世界历史的根本性成因之一。”② 然而，《帝国的劳工》一书仍有些地方值得商榷，在18世纪末19世纪初，美国商船是连接太平洋多元社会和大西洋海洋世界的桥梁。但实际上，兰普只是将重心放在与港口商人进行交易的船员和为贸易服务的劳工阶级方面，对于航程中船舶社会的论述并不充分。因此，这也说明海

① 魏涛：《大西洋视野下的美国早期史——马库斯·雷迪克访谈录》，《史学理论研究》2017年第3期。

② Daniel Finamore, “Introduction. (Maritime) History: Salting the Discourse,” in Daniel Finamore (ed.), *Maritime History as World History: New Perspectives on Maritime History and Nautical Archaeology*, Salem: The Peabody Essex Museum, p. 1.

洋史的研究需要兼顾与陆地因素的互动，避免陷入中心论的藩篱，但是仍然欠缺对海洋因素的考量。另外，作者以“早期美国太平洋的边陲”来指称书中所考察的地点，尽管是为了说明这些地方的贸易和劳动为后来的美帝国形成奠定了基础，但也在一定程度上反映了作者作为一个美国学者的霸权心态。

（张小敏，中山大学历史学系博士后）

评南希·比莎哈《制造东方和西方：文艺复兴时期的人文主义者和奥斯曼土耳其人》

陈昊天

Nancy Bisaha, *Creating East and West: Renaissance Humanists and the Ottoman Turks*, Philadelphia: University of Pennsylvania Press, 2004, V + 309 pp.

15 世纪，奥斯曼帝国的迅速崛起和扩张让基督教世界惶恐不已。1453 年君士坦丁堡的陷落，更是给欧洲带来了巨大震动。几乎与此同时，欧洲内部正出现了以意大利地区为中心的文化复古运动，希腊、罗马时代的文化遗产重新得到珍视和发扬，这一过程被称为“文艺复兴”。也就是在这一时期，即 14 世纪末到 16 世纪初，以在意大利地区为主的从事文艺复兴活动的人文主义者们，利用古典时代和中世纪的形象、概念和记忆，创作了大量文学、宗教、艺术作品，这些作品能够反映那一时期人文主义者对土耳其人、穆斯林、拜占庭人以及基督教世界的认知和看法，南希·比莎哈的《制造东方和西方：文艺复兴时期的人文主义者和奥斯曼土耳其人》（以下简称《制造东方和西方》）一书试图使用跨文化研究视角、东方学理论和比较研究的方法，从时间和地理空间两个维度，考察文艺复兴时期人文主义者如何使用来自过去的文化遗产认识自我与他者及如何建构西方与东方，探究“西方”观念及其背后的文化优越性如何因土耳其人的崛起而得到确立。

该书共四章。第一章“来自中世纪的影响：十字军活动和查理曼”分析了人文主义者们是如何探索、发现和重新使用中世纪的过去以实现当代的目的。作者认为，虽然古典时期对于人文主义者认识穆斯林有更深远的影响，但不可否认的是，中世纪也发挥了重要的作用（p. 13）。人文主义者在文学创作中借用中世纪的十字军活动、与穆斯林的圣战（holy war）以及如查理曼那样有名的欧洲领袖，塑造出虔诚勇敢的十字军战士和敌对的穆斯林形象，给查理曼赋予作为基督教国度（Christendom）伟大君主的溢美之词，以此呼吁展开当代的十字军活动、呼吁当时的欧洲君主继承查理曼的衣钵。尽管有个别的人文主义者以朝圣者、商人、旅行者的身份与穆斯林有过实质的接触，但在创作时都无法摆脱对伊斯兰世界的刻板印象，进入到宗教对立的话语制造当中，而这正是中世纪的过去为文艺复兴时期的人文主义者带来的影响。在基于中世纪的遗产进行创作时，人文主义者没有辨别其中对穆斯林的错误认知，反而通过再次创作加深了这种刻板印象并使其看起来更加合理。人文主义者们通过考察中世纪的过去，让十字军活动的观念与自己的时代产生了更紧密的联系，但也把土耳其人的形象与中世纪的基督教世界眼中的穆斯林错误地等同起来（p. 14）。

第二章“新的野蛮人：用古典时期的术语重新定义土耳其人”是该书的核心，篇幅也最长，分析古代希腊、罗马的文学和思想如何影响人文主义者们创造新的蛮族话语（discourse of barbarism），并且探讨这种话语起到了何种作用。相比较于与中世纪的联系，与古典时期的联系让人文主义者们形成了对土耳其人，乃至穆斯林整体一种更有可塑性、更有深远影响的世俗话语。通过将土耳其人塑造为蛮族，人文主义者能够灵活地在“无知的敌人”和“可敬的对手”之间定义土耳其人以及广泛的穆斯林群体。蛮族的概念及其流变如何在人文主义者手中被利用是作者论述的重点，作者在本章以 1453 年为节点进行论述。

1453 年之前，人文主义者创造的有关土耳其人的话语中没有明显的敌意。典型的例子有彼特拉克（Francesco Petrarch）重述恺撒·奥古斯都的强大领导力和罗马的伟大，又代表意大利人，自比罗马的继承者，体现了一种文化优越感；佛罗伦萨执政官萨卢塔蒂（Coluccio Salutati）则表现得像当世的塔西佗，论证土耳其人是特洛伊人的后代，赞赏其高效的国家组织和令人钦佩的勇猛精神，认为土耳其人虽是蛮族，却更有罗马的特质，实际上在批评基督教世界的不思进取和分裂状况。这一时期人文主义者这种对文明和野蛮话语的解释看似彼此矛盾但实际上并非如此，罗马依旧是人文主义者眼中文明的顶峰，而蛮族作为一种身份并没有与文明割裂开，土耳其人是罗马和意大利的敌人但不是文明的敌人，反而蛮族话语有时作为一面镜子，被人文主义者创造出来反省“文明的自我”。

1453年后，土耳其人真正被视为文明的敌人、破坏文明的蛮族，大量有关土耳其人劫掠、杀戮、奸淫的形象通过人文主义者的创作流传开来并且被普遍接受。另外，以奎利尼（Lauro Quirini）为首的西方人文主义者逐渐接受拜占庭文明属于欧洲的一部分，并且也是古典文明的重要继承者之一（p. 70）。君士坦丁堡遭受的浩劫、文献的损毁、建筑的破坏令人文主义者们扼腕叹息（p. 65）。针对土耳其人的品质和道德也有了更多的负面评价，他们被认为是懒散、暴力、不尊重文化、难以教化的民族，尽管其中的很多评价并无实在的根据。人文主义者们由此创新了古典时期的蛮族话语，它逐渐发展为使文明和非文明、西方与东方对立起来的世俗话语，土耳其人被人文主义者视为新的蛮族（new barbarians）。

这种新的话语为西方世界敌视土耳其人和伊斯兰国家提供了世俗化的理由。首先，因为土耳其人建立了暴君的国度，是野蛮的民族，所以是文明的西方的敌人。并且这种话语随后在基督教世界和伊斯兰世界都得到扩展，例如1492年，西班牙的人文主义者乌戈利诺·贝利诺（Ugolino Verino）也将摩尔人看成蛮族，西库罗（Marineo Siculo）声称阿拉伯语没得到广泛的研究，要归结于它是野蛮人的语言（barbaric language）（p. 78）。但在敌视土耳其人的同时，这种新的蛮族话语也给一些人文主义者吹捧、向重要的土耳其领袖献媚提供了机会，比如教皇庇护二世（Pius Ⅱ）在写给穆罕默德二世（Mehmed Ⅱ）的信中称土耳其人是特洛伊人的后裔，且鼓吹穆罕默德二世是伟大的领袖，因此“合理”化了对宿敌希腊的复仇行为。但这看起来只是教皇的权宜之策，他更是一位积极支持当代十字军活动的激进领袖。可以说，这样做的人文主义者各有目的，并且总体上保持着对土耳其人的敌视态度，但这也说明新的蛮族话语带有足够的可塑性和世俗性，符合人文主义者建构他者的各种需要，使得西方世界与土耳其人乃至整个伊斯兰世界已经不仅是宗教层面的，还涉及文化和政治（p. 93）。

第三章“跨越西方和东方的群体：拜占庭和希腊难民”以移居到意大利的拜占庭、希腊学者和难民为关注对象，探讨拉丁人文主义者对拜占庭和希腊人的看法，以及这种看法如何影响了对土耳其人的看法。从1054年基督教会分裂到 1204 年，拉丁人的十字军占领了君士坦丁堡并建立国家，天主教的西方与希腊人的拜占庭帝国之间有着深刻的隔阂和矛盾，在宗教和政治上相互视为敌人，这一状况持续到了 14 世纪。随着文艺复兴的到来，拉丁世界的人文主义者们越发重视希腊文记录的古典知识，对拜占庭的希腊学者表示敬畏，也为希腊文明遭受的劫难表示痛心，但在宗教和政治上的异己态度却从未改变，他们自视是罗马的直接继承者，但不承认希腊人是继承者。即便如此，知识上的交流还是让拉丁世界的人文主义者加强了对希腊人亲近的态度。

15 世纪以来，由于奥斯曼帝国的扩张，来自拜占庭的希腊学者大量逃往意大利，进一步促进了文艺复兴时期拉丁文化与希腊文化的交流和相互了解。许多希腊的人文主义者为了抵抗土耳其人，向拉丁基督教会请求援助，从拜占庭皇帝曼努埃尔二世（Manuel Ⅱ）到枢机主教贝萨里翁（Basilios Bessarion）都是如此。他们一方面支持向拉丁教会妥协、联合；另一方面热情地宣传土耳其人对希腊文明造成的毁坏和对希腊人施加的暴行。大量拉丁学者和希腊学者彼此通信，控诉土耳其人的残忍、叹息文化遭到的劫难。作者据此论证指出，1453 年前后希腊学者的流散、拉丁世界和拜占庭帝国的文化和政治交流，减轻了拉丁世界对希腊世界的误解和敌意，他们通过希腊人想象土耳其人是文明的敌人，加深了对土耳其人的敌意，这一过程促进了第二章提及的蛮族话语的形成。

第四章“宗教的影响及其解释”专门讨论了人文主义者们如何受基督教思想和反伊斯兰教思想的启发，而采取的宗教方式来应对土耳其人的威胁。如作者在第三章所指出的，人文主义者最大的创新在于为西方和东方对立的话语增加了世俗性的基础，但并不代表他们就放弃了宗教层面的尝试，或者说他们也无法摆脱宗教层面的影响。在 16 世纪以前，这种在宗教方面建构对立话语具体通过三个途径：（1）对伊斯兰教的传统进行创造性批判；（2）使用有预言性质的宗教概念并做再解读；（3）呼吁让土耳其人皈依或与他们和平相处（p. 10）。

第一种途径鼓励对伊斯兰教的传统进行了解，尽管这种了解事实上是有限的，这一传统开始于克吕尼修道院院长“可敬的彼得”（Peter the Venerable），经过两三百年的传承，期间还有托马斯·阿奎那（Thomas Aquinas）等经院学者的参与，形成了一套将先知穆罕默德及其追随者污化为偶像崇拜者、低级欲望（carnal pleasure）的追逐者的成熟话语，尽管实际上他们依靠的《古兰经》翻译质量十分糟糕。人文主义者在第二种路径上的努力包括解读和重新使用基督教的末世论（Eschatology），声称为了实现一个统一的基督教王国的理想，所有虔诚的信徒应当支持十字军活动，并为此购买赎罪券、缴纳教会税等，教皇庇护二世、枢机主教贝萨里翁、佛罗伦萨的乔瓦尼·维拉尼（Giovanni Villani）都是这一路径的支持者。第三种途径带有更多的宽容性和和平主义，有些支持者是在了解一些伊斯兰教的传统后提出这一动议的，比如塞戈维亚的胡安（Juan de Segovia）和库萨的尼古拉（Nicholas of Cusa），他们坚信两种宗教有共同的信仰基础，伊斯兰教通过交流能够得到同化。特拉布宗的乔治（George of Trebizond）甚至借用天启论思想（apocalyptic thought）来说明土耳其人是上帝派来的救世者，而不应被视为基督教世界的威胁。

以上三种路径并非相互排斥，而是相互影响的，例如特拉布宗的乔治同样借用基督教的观念，但其根本路线却是和平主义的而非对抗性的。作者认为，三种路径在一定程度上都延续了中世纪以来的宗教论战框架，以对立的态度对伊斯兰教及其传统进行解读，最终结果是丰富了宗教话语中进攻伊斯兰教的武器。前两种路径占据主流，在大众之间有更强的影响力。第三种路径体现了新时期知识交流、融合的结果，但影响有限，以塞戈维亚的胡安和库萨的尼古拉为代表的新柏拉图主义者（neoplatonists）开始重视其他宗教传统及其知识，但仍局限于时代，受到了基督教中心主义的影响，例如特拉布宗的乔治将土耳其人视为救世者，实际上也没有脱离基督教传统的解释框架。

历史上的东方和西方从何时产生、经过了怎样的变化、对我们的生活的当下有怎样的影响，一直以来都是一个庞杂却十分重要的问题。该书作者主要关注点是人文主义者在文艺复兴时期的西方和东方概念形成所起到的作用。她在前言中提到，文艺复兴时期的东方形象还没有得到细致的研究，至少在人文主义者知识创作方面的影响没有得到重视。作者在该书的论证中没有仅仅局限于宗教的维度，而是发现了古典文化遗产中的蛮族概念、伟大的罗马等观念所起的作用，并且很好地与宗教对立所起的作用进行了综合论述。

在材料的使用与编排上，作者引用了大量文艺复兴时期人文主义者的作品片段，同时还原必要的语境，进行实证的分析。作者在前言中对此解释道，人文主义者常常会在同一作品中使用不同时期和语境的修辞，进行形象再造和重新解读（p. 10），有一些言论和观点更是看起来十分矛盾，有时同一片段则会反复出现、反复解读，其表现的形式可能完全不同。可想而知将这些内容有条理地整理、编排起来是十分困难的事情。这是阅读该书的一大难点，但简明地得出结论与旁征博引式地进行细致又令人信服的论述本来就是一对难以调和的矛盾，该书在这一方面至少做好了后一点。

该书的观点几乎全部是在作者分析人文主义者作品的过程中得到的，作者似乎忽略了必要的历史背景，没有提及意大利地区与拜占庭和奥斯曼帝国活跃的商贸联系、日渐发展的印刷业和出版活动，以及东地中海共享的艺术品位和学术氛围，这些历史背景显然对人文主义者观点的传播和扩散起到了积极作用，也为东、西之间的交流提供了必要的联系机制，因此是不应该被忽略不提的。

作者在结语部分力图阐释文艺复兴时期的人文主义者对东方和西方概念形成产生的深远影响，这种影响体现在起源于文艺复兴时期的这套话语此后被反复借用，用以建构西方与非西方。比如作者提到，西方人声称给美洲土著人带来文明和救赎（p. 182），并将印第安人视为未开化民族（savages）；20 世纪塞尔维亚民族主义者使用 1389 年科索沃战争的记忆表达对波斯尼亚穆族的仇恨。不可否认，这些借用的行为和作者在该书一直分析的问题可说是别无二致，但是语境是否已经发生了变化？经历了多少改变？文艺复兴时西方的自我认同到底经历了怎样的成长？这种对立是否起源于更早的时期？也许需要我们用更长时段的眼光来审视，转换以西方为本位的视角。自该书出版以来，已经出现了像美国学者安东尼·帕戈登《两个世界的战争：2500 年来东方与西方的竞逐》这样的作品，以东方与西方的交流、联系和竞争为主题，为我们解答东方和西方意识的形成显然提供了更宏观的视角。无论如何，这一问题仍有很大的研究空间，而且一定会继续吸引中外学者们的关注。

（陈昊天，首都师范大学历史学院硕士研究生）

评罗伯特·戴维斯《基督徒奴隶、穆斯林主人：1500—1800年地中海的白人奴隶制、巴巴里海岸和意大利》

李跟林

Robert C. Davis, *Christian Slaves*, *Muslim Masters*: *White Slavery in the Mediterranean*, *the Barbary Coast*, *and Italy*, 1500 – 1800, New York: Palgrave Macmillan, 2003, xxx + 246pp.

奴隶制在早期近代穆斯林—基督教关系史上有着重要作用，也是近代早期地中海史的有机组成部分，近年来研究地中海奴隶制的学术著作不断涌现。在这样的学术背景下，戴维斯出版了他的《基督徒奴隶、穆斯林主人：1500—1800年地中海的白人奴隶制、巴巴里海岸和意大利》。作者罗伯特·戴维斯（Robert C. Davis），是美国俄亥俄州立大学历史学教授，主要研究“意大利文艺复兴史”和“前现代地中海史”。在北非白人奴隶制研究领域内，戴维斯是当今英语世界最具权威的历史学家之一。除了本书，他的另一本学术专著《圣战和人的奴役：早期近代地中海基督徒—穆斯林间的奴役故事》（*Holy War and Human Bondage*: *Tales of Christian-Muslim Slavery in the Early-Modern Mediterranean*）也致力于研究早期近代地中海世界奴隶制。

在地中海奴隶制史上，北非的白人奴隶制几乎是一段被人遗忘的历史。戴维斯另辟蹊径，着眼于这段鲜有人关注的历史，研究白人是如何被北非海盗偷袭并俘获到巴巴里海岸，在那里过着奴隶般的生活，直到他们被救赎、改宗或者死亡。该书篇幅不长，由三部分组成，每一部分（两章）都涉及一个重要主题。第一部分标题为“白人奴隶制”，描述了巴巴里海岸欧洲白人奴隶的总数量和北非海盗偷袭、俘获意大利半岛人的手段。

作者在第一章介绍了欧洲白人奴隶的总数，作者最终的估算是，1530—1780 年巴巴里海岸奴隶总数在 100 万—125 万之间。（p. 24）。第二章讲述了巴巴里海盗偷袭、抢劫和俘获南欧（主要是意大利地区）人民的各种手段。海盗主要采取海上抢劫过往商船、沿岸渔船和陆上偷袭沿岸村庄、城镇两种手段。在海上，海盗提前埋伏在各种隐秘的小岛屿、伺机等待前来的基督徒商船。由于海盗船一般使用靠奴隶划桨的轻型桨帆船（galley），航速较快，因此，较容易捕获航行于地中海上的小型商船。但对于装备精良的大型商船，海盗们往往不敢轻举妄动，因为抢劫大船要冒很大的风险，一旦搏斗失败，海盗们就有可能沦为基督徒的奴隶（p. 32）。戴维斯认为，相比于抢劫商船，海上掠夺更常见的是对南欧海岸捕鱼的渔船的抢劫。渔船大多三三两两出海，船上人员少而且分散，海盗往往假扮成渔民混入其中，伺机偷袭这些渔船。相比于大规模的海上抢劫商船，这种小规模的抢劫往往更成功、也更常见。陆上偷袭指海盗们登上陆地、到海岸上的村庄和小型城镇抢走当地人及其财物的活动。海盗通常在凌晨时分划船而来，然后在叛教者的带领下登上陆地进行抢劫，为了造成惊恐的气氛，海盗们通常放火烧毁教堂和附近的建筑物，村民们往往在梦中和惊悸所引起的慌乱和哭喊声中遭捕。遭捕的大多是儿童和妇女，强壮的成年男性逃跑到附近的山沟和城镇中去了。海盗抢劫的地方往往是叛教者所熟知的，因而他们不费任何困难就可以偷袭村民们。海盗临走时，还会烧掉粮仓和村庄沿岸的瞭望塔。

作者认为这种凌晨时分的突袭不但使意大利沿岸地区人口减少（例如，那不勒斯的一些地区人口甚至减少了 40%—80%）（p. 36），而且给沿岸人民心理上造成的伤害甚至比偷袭本身更可怕，长期的恐惧心理使他们身心俱疲。海盗对意大利的抢劫之所以如此猖狂，也是意大利政治分裂、防御能力差造成的。

第二部分作者介绍了巴巴里奴隶的劳动（第三章）及其日常生活（第四章）。海盗将抢来的人带到北非后，按照当时的习俗，当局首先会挑选一部分身强体壮的成年男性奴隶。这些奴隶就是所谓的“公共奴隶”或“国家奴隶”。他们被迫从事海上划船的工作。戴维斯认为，如同美洲种植园是黑人奴隶的象征，那么海盗船上划桨的白奴就是这种白人奴隶制的象征（p. 73）。除了划船，他们还被迫打扫船上的卫生、搬运船上的货物和押送船上的俘虏。当不出海时，他们被迫从事艰辛的建筑和其他搬运建筑材料的工作，并且时常受到主人暴力的威胁。他们经常在采石场挖掘、打制巨石，在山上砍伐树木。由于阿尔及尔道路狭窄、附近的山路崎岖，奴隶们只有用肩膀扛着或抬着从山上砍伐的木料和采石场打磨的巨石。1580—1680 年阿尔及尔建造的大型建筑物、防洪堤和贵族住宅都是这些奴隶艰辛劳作的结果。除这些人数众多的国家奴隶，还有为数不少的私人奴隶。他们有的被迫在主人的小块农田上劳作，有的在主人家里或做工或服侍主人，而更多的则被利欲熏心的主人当作商品转卖于他人。相对于国家奴隶，他们的生活较好，死亡率也没那么高。

戴维斯还集中介绍了公共奴隶的工作环境和生活环境。他们划桨的船底脏乱不堪、恶臭难闻，而且工作时被用锁链或三四个人并排绑在一起，因而彼此间异常拥挤，也无法行动，只能就座排便。他们每天只靠少量的黑面包和水维持生存，有时连续几天几夜都在划桨，饥饿和缺乏睡眠使他们“眼花缭乱”（p. 78）。繁重的工作、海上炎热的夏季以及缺乏食物和水所造成的长期营养不良使他们的死亡率在所有奴隶中最高。随后，戴维斯重点介绍了他们的生活环境——奴隶营（巴格诺）。在晚上或休息期间，他们被关押在类似于浴场的监狱中，这种监狱被意大利奴隶称为 Bagnos（浴场），因为当时关押奴隶的地方是以前残破的大型浴场。戴维斯描述了巴格诺严酷、独特的生活。巴格诺里面至少关押着 60000 人（p. 116），卫生环境十分差，处处散发着一股“令人作呕”的怪味。它不但是关押和监制奴隶的场所，还拥有欧洲天主教开设的医院、小教堂以及自发形成的市场和富裕奴隶经营的小酒馆。由于医院经费困难，几乎形同虚设；小教堂中挤满了前来“赎罪”的基督徒奴隶；独具特色的小酒馆里满是不遵守伊斯兰法的穆斯林酒鬼和叛教者。巴格诺里面的奴隶有自己独特的文化、等级制度和宗教冲突，奴隶们分为新教徒和天主教徒两个敌对阵营。由于严酷的生活环境，巴格诺几乎成了巴巴里海岸欧洲白人奴隶制的代名词。

第三部分“意大利”是该书的最后一部分，戴维斯介绍了 1530—1780 年赎回俘虏对意大利社会的影响。第五章“家庭前线”介绍了被俘者的家庭和社区为了赎回他们的亲人而做的各种努力，以及这些努力对他们的家庭所造成的影响。意大利的俘虏家庭为了赎回他们的亲人不惜变卖和抵押田产、地产等一切财物，从而沦为赤贫境地，遭受着心理和经济上的双重打击。这也导致意大利沿岸社会出现财产转移和人们社会经济地位不断变化的现象。此外，意大利社会出现了各种各样的救赎机构，作者重点介绍了“仁慈圣母会”（Mercedarians）和“圣三会”（Trinitarians）这两个发挥了极大作用的宗教慈善救助团体。它们通过布道和接受施舍筹集救赎资金。由于意大利沿岸社会的贫困和这些救赎机构筹资的困难，再加上北非奴隶主对赎金的刻意提高（他们得知有要被赎回的奴隶时就提高赎价），都使得真正赎回来的奴隶仅占总数的 2%。最后一章（第六章）介绍了宗教团体通过举办各种宗教游行仪式，让这些被赎回来的奴隶重新融入基督教社会的复杂过程。这些耗费巨大的欢庆游行仪式象征着基督徒的奴隶身份的终结和被家乡的重新接纳，因而受到各个阶层公众的热烈欢迎，是 18 世纪意大利最具特色的景观之一。最后，作者认为，宗教团体不惜巨资举办这种盛大的游行活动，其主要目的是激发群众的宗教热忱，从而获得更多的救赎捐赠（p. 180）。

该书的写作依赖当时的旅行记录、救赎机构教士的报告、叙述和获救俘虏的自述。这些资料大多出版于 16—18 世纪。它们的使用，不仅使得本书的故事性很强，读起来生动有趣，而且可信度较高。书中所用的二手资料来自 18 世纪英国著名的阿尔及尔史专家约瑟夫·摩根（Joseph Morgan）和 1960 年代以来开始研究北非海盗和奴隶的意大利学者萨尔瓦多·博诺（Salvatore Bono）等人的学术成果。

该书是作者“重新思考早期近代地中海世界欧洲人遭受奴役的故事”的产物，戴维斯将北非白人奴隶制与美洲黑人奴隶制进行了比较，并将其尽可能地“放在全球奴隶制研究的大背景下”去理解（p. xxiv）。作者创造性地提出“信仰奴隶”和“种族奴隶”的概念，认为地中海的奴隶制主要与宗教信仰有关，在很大程度上是由基督徒和穆斯林之间的“圣战”造就的；而大西洋奴隶制是以“种族”差异为标志的，黑人天生就被贴上“奴隶”的标签。作者表明，地中海奴隶制和大西洋奴隶制只有信仰和种族上的差异，在残酷特征和对所在地区产生的深刻而持久的影响方面，两者都有很多共同点。因此，作者反对只将非洲黑人视为奴隶、而将巴巴里海岸的白人视为俘虏的既有学术研究，认为不能以纯粹的“肤色意识”来界定奴隶（p. 191）。就这样，作者从奴隶制的角度研究北非的白人俘虏，将北非白人奴隶制纳入全球奴隶制研究的范围内。

该书的研究也有值得商榷之处。戴维斯描述了白人奴隶是如何在奥斯曼帝国统治下的北非生活的，但他使用的资料完全源于意大利，几乎没有参考奥斯曼帝国等伊斯兰社会的资料，也完全忽视了近20年来出版的奥斯曼方面的奴隶制学术著作。该书完全没有站在非欧洲人的立场上审视非洲和地中海的历史，只是一部白人眼中的地中海奴隶制史。因而，作者误认为北非海盗奴役欧洲人是为了报复西班牙再征服运动中对摩尔人的驱逐，这只能说明当时的欧洲人是这样解释穆斯林的动机的。实际上，北非的穆斯林海盗奴役欧洲白人至少从10世纪就开始了，并不是始于1492年西班牙的再征服运动。在没有奥斯曼和北非资料佐证的情况下，作者的这一结论很难成立。

（李跟林，首都师范大学历史学院硕士研究生）

评侯赛因·范西《雇佣兵的地中海：中世纪阿拉贡王国的王权、宗教和暴力》

弗兰克

Hussein Fancy, *The Mercenary Mediterranean*: *Sovereignty*, *Religion*, *and Violence in the Medieval Crown of Aragon*, Chicago: University of Chicago Press, 2016, xviii + 310 pp.

侯赛因·范西是美国密歇根大学研究欧洲中世纪晚期的副教授。他在阿拉贡皇室档案馆里耗时三年，查阅拉丁语、罗曼语和阿拉伯语文献，在此基础上，采用比较史的研究方法撰写了《雇佣兵的地中海：中世纪阿拉贡王国的王权、宗教和暴力》，并于2016年出版。这本书探讨了来自非洲北部的穆斯林骑兵的历史，这些骑兵在13—14世纪之间为阿拉贡王室的基督教国王服务。这些被阿拉贡人称为“杰尼特人”（Jenet）的穆斯林骑兵，出现在许多不同种类的文件中，比如信件、法庭案件、宗教协议等。范西通过研究这些原始材料，试图阐明杰尼特人和基督教国王之间的关系，进而理解中世纪伊比利亚不同宗教群体之间的关系，并“从更广泛的角度重新思考宗教的研究”（p. 4）。具体说来，范西试图从一个更接近中世纪伊比利亚社会的角度来理解群体之间的关系，远离他所谓的“世俗主义”（secularism）观点，而这种观点就是将宗教和政治认作两种“不同的、独立的、相互竞争的力量”（p. 5）。该书提出了两个核心论点。第一个论点是，阿拉贡国王招募穆斯林士兵属于一种在中世纪的地中海既古老又广泛的传统，即雇佣“不同宗教的他者”（religious other）作为奴隶士兵或作为雇佣兵。另一个论点是，不应该将这些杰尼特骑兵简单地当作只是寻求物质利益的雇佣军，而还得考虑到他们认为自己是真正且虔诚的穆斯林信徒，为基督教国王服务属于他们的圣战（jihad）传统。

在第一章中，作者首先对“杰尼特”（jenet）这个词的起源进行了词源学研究。通过对拉丁语、罗曼语和阿拉伯语的第一手史料进行仔细的比较研究，范西将这个词的起源追溯到了13世纪。当时它指的是拥有一种特殊的骑行风格的骑兵——他们使用短马镫并身穿轻甲，这使他们在对抗普遍使用重骑兵的欧洲军队时具有优势。这种骑马、作战的方式在北非穆斯林中有着悠久的传统，也非常普遍。这种骑兵在13世纪中叶第一次来到伊比利亚半岛，目的是在穆尔西亚和瓦伦西亚发生起义时保卫阿拉贡王朝内的穆斯林人口。在这些起义发生之后的几十年里，杰尼特骑兵开始频繁地出现在历史记录中，他们不仅在阿拉贡国王的基督教军队中服役，而且在朝廷中充当国王的私人保护者。

在第二章中，范西试图回答为什么阿拉贡王朝开始系统化地在他们的军队和朝廷内使用穆斯林士兵，即杰尼特骑兵。本章中他介绍了13世纪末的政治背景，当时的阿拉贡国王面临着外来的威胁，他们与法国安茹家族在地中海地区发生了权力斗争，与教皇之间也发生了冲突。档案文献明确提到了国王在与外来安茹法国军队战斗中使用杰尼特骑兵。与此同时，阿拉贡国王也面临着内部的动荡，他们与本国的贵族之间有权力斗争。

在第三章中，范西深入地分析了在迫使阿拉贡国王使用杰尼特骑兵的威胁结束之后，他们为什么仍然继续雇佣这些穆斯林士兵。为了回答这个问题，范西先对许多学者所持有的“世俗主义的偏见”（secular bias）提出了批评。对于阿拉贡国王雇佣穆斯林士兵以及穆斯林士兵能够在基督教国王的指挥下服役，许多学者认为这证明了这两个群体都为了政治或经济利益而能够放弃他们的宗教信仰并且互相合作。范西认为这种看法是不准确的，因为这两个群体不仅仅是追求满足实际需要而合作的。范西强调在阿拉贡国王和杰尼特骑兵的世界观当中，他们的宗教信仰是其身份的一个非常重要的方面，深刻地影响了他们如何看待自己以及他们如何在世界上行事。阿拉贡国王雇佣杰尼特骑兵，不是“尽管”他们是穆斯林信徒，而“正是因为”他们是穆斯林信徒。范西将这种行为称为“政治表演”（political theatre）（p. 40），他的意思是这种行为的目标是显示权力，因为对那些统治者来说雇佣其他宗教的教徒作为自己的保护者展示着一种特殊的力量。

第四章继续讨论阿拉贡国王雇佣“不同宗教的他者”（religiousother）作为他们的个人保护者和他们的军队成员的政策来自地中海普遍存在的一种悠久传统（p. 96）：神圣罗马帝国皇帝曾使用穆斯林士兵，安德鲁斯和北非穆斯林哈里发也有使用基督教士兵的习俗。范西认为，北非哈里发的这种习俗是阿拉贡国王的政治和宗教的权威模型。在与本国贵族、教皇和法国安茹争夺权力的过程中，阿拉贡国王将这种模型加以实施。与学者们经常忽视或诋毁穆斯林穆瓦希德王朝的做法不同，范西认为，穆瓦希德王朝，即使在它崩溃之后，在13世纪对伊比利亚半岛北部新兴的基督教王国都有着非常强大的影响力。这些伊比利亚基督教国王将穆瓦希德哈里发视为可以效仿的权威典范，而这就显示了地中海边界的易渗透性（pourousness）。

在第五章中，范西把讨论重点放在杰尼特骑兵在阿拉贡王国的日常生活上。他一方面展示了阿拉贡国王给予他们的特权；另一方面展示了杰尼特骑兵与基督教村民和王室官员之间的冲突，这些冲突源于对杰尼特骑兵所获特权的不满。他还讲述了关于杰尼特骑兵与依旧生活在阿拉贡王朝统治下的穆斯林穆德哈尔人（Mudéjares）之间的复杂关系。尽管这两个群体有着共同的信仰和实践，这“并不能单独决定他们之间的关系，同样的宗教信仰不能简单地理解为统一群体”（p. 116）。本章展示了中世纪伊比利亚社会中不同群体之间以及群体内部存在的复杂关系和紧张关系。

在第六章中，范西总结了他的论点——即使为基督教国王服役，杰尼特骑兵从未为了追求物质利益而抛弃或忽视他们的宗教信仰。相反，在某种程度上，杰尼特骑兵把他们为阿拉贡国王的军事行动视为其圣战的延伸。范西提出，在伊斯兰文献或其他历史文献中，没有任何证据表明杰尼特骑兵视自己为雇佣兵，或在肆无忌惮地背叛自己的信仰，恰恰相反，现存文献表明他们把自己视为秉持自己信仰的虔诚的穆斯林教徒。范西并不否认杰尼特骑兵之间可能存在利益冲突，但正如本章所述，终究有一个他们不愿逾越的明确界限，而这种界限证明了对他们来说拥有宗教信仰的重要性：在所有保存于档案的雇佣合同中都有同样的条款表明，他们在被阿拉贡国王雇佣期间不会与其他穆斯林作战。这一限制在实践中确实得到了保证，基督教阿拉贡国王从未利用杰尼特骑兵对抗其他穆斯林军队。

在结语中，范西把该书所讨论的问题推而广之。他认为大多数关于中世纪，特别是关于中世纪伊比利亚社会的学术辩论都被“世俗主义”所束缚。他指出，这些辩论从开始就假设宗教和政治是分开的领域，甚至是对立的领域。在所有的政治派别当中，从自由主义到保守主义，这种世俗主义的价值观以及它对宗教和政治之间关系的解释，都是非常普遍的。在范西看来，这只能说明我们现代人思考宗教与政治之间关系的方式，或者我们如何期望宗教与政治在现代世界中发挥作用，但它并没有说明中世纪不同群体如何理解自己以及如何理解不同的群体。他认为学者们和历史学家们应该试图回答别的问题。当学者们问“穆斯林怎么会为基督教国王服役”时，在他们回答之前，就已经对宗教和政治之间的关系应该如何运作做出了一系列的假设。而这种假设常常与生活在中世纪的不同群体的世界观无关。在中世纪，政治和宗教不是分离的或对立的领域，而是相互重叠的。关于当今时代宗教与政治之间的关系，在某种程度上也可以提出同样的观点。

该书所利用的资料相当丰富，作者援引多语种资料，注释详细，为读者按图索骥提供方便。另外，作者敢于从新的角度提问，启发读者重新思考中世纪地中海世界中不同群体之间存在的复杂关系，以及历史上和当今世界宗教与政治之间的关系。

（弗兰克，首都师范大学历史学院硕士研究生）

Contents and Abstracts

Articles

Bounded and Boundless: Cases of Ma Guangming and Re-exploration of the Concept of *Tianxia* in Qianlong period Qing Dynasty

Abstract: Based on three cases in which Ma Guangming, the Sulu tributary ambassador, was involved from 8th year (1743) to 13th year of Qianlong Reign, this paper examines the policy of exit and entry administration and writing characteristics of diplomatic documents at the early stage of the Qing dynasty. It shows that there is a contradiction between "bounded" and "boundless" in the concept of territory at that time. "Bounded" refers to different principles governing the sea territory inside and outside. "Highlighting internal governance" and "refusing foreign requests" were the characteristics of the Qing dynasty's rule in the southeast sea territory. "Boundless" refers to the concept of *Tianxia*, featuring "beyond boundary", which Qing's diplomatic documents imply. "Cherishing people from afar" and "*Tianxia Yi Jia*" (All under heaven are of one family) were the political principles that the Qing dynasty mostly emphasized in dealing with diplomatic affairs, and the tributary system was the perfect practice of this principle. This contradictory and complex concept of territory indicates that China is transforming into a "nation-state" in the early Qing dynasty. From this point of view, the reconstruction of social value system since the late Qing dynasty is the result of the armed invasion of western powers, and also the inevitable choice for Chinese people to constantly inquire about their identity and the nature of the country.

Key Words: Cases of Ma Guangming; sea territory; identity; tributary system; state

The Crown-Merchant Relationship from the Perspective of Comparative Taxation: Early Modern China and England

Abstract: This paper examines certain important differences in sociopolitical and taxation structures between early modern China and England through the lens of apparent similarities of the crown-merchant relationship in the two regions. The differences are twofold. First, while in early seventeenth century, over the issue of unparliamentary impositions London City's merchants, who initially rose to the leadership of merchant communities through royal privileges, took steps toward open opposition to the crown, by mid-eighteenth century imperial merchants in China who shared similar trajectories of early successes and once amassed even more wealth than their English counterparts struggled to survive enormous economic extortions from the imperial household and already came to the brink of bankruptcy. Under the despotic political system, imperial merchants of Qing China were vulnerable to political persecution and the orientation of merchants to serve for political needs strictly restricted the scopes of their mercantile activities. Second, unlike European crowns who were chronologically indebted, Chinese monarchs had established centralized control of landed taxes as early as 221 BCE. Instead of financing wars out of the monarch's own coffer, war expenditures were paid by the state's purse, making merchants' role in royal finances only supplementary, rather than indispensable. In short, despite remarkable similarities with in roughly contemporaneous England, the crown-merchant relationship of the Qing was rooted in a fundamentally different political and taxation system. This paper thus challenges the prevailing research method of searching "early modernities" in Chinese history simply because they resembled those in western Europe.

Key Words: Early Modern; China; England; Imperial Household; Merchant

Slaves, Migrants, Exiles: "Russian Slaves" in Three Keys in the Asia Inland Interactive Network, 1767 – 1780

Hui Nan (42)

Abstract: During 1767 – 1780, the Qing Xinjiang's official captured some Russian slaves who fled from Central Asia, all of whom were victims of the slavery of the Central Asian and escaped to the Qing border for a happiness life. However, the Qing court finally exiled all of these Russian slaves to Guangzhou and Fuzhou. Some of them became the soldiers of the local garrison of the Eight Banners, receiving salaries as the normal Manchu soldiers, while others became Manchu soldiers' slaves. This article studies the experience of these Russians to show their different identities as the commodity and labor force in the global economy, the immigrants of Central Asia, and the exiles of the Qing Dynasty, which could reveal another side of the globalization in 18th century.

Key Words: Global History; Central Asia; Slavery; Slave Trade; Garrisons of the Eight Banners

West Wind Sways Guangdong: George Anson's Circumnavigation and Experience in China under the View of Modern Sino-Western Communication

Xu Sangyi (64)

Abstract: At the end of 1742, George Anson and his *Centurion* marched into the mouth of Pearl River, starting his one-year stay in China. During the period, Anson had various types of connections between the officials and common people in Macao and Canton, which he then wrote down in his *A Voyage Round the World*. Meanwhile, some Chinese literature also did the records. But when compared, they show different understandings from each other, reflecting the divergence on their international views and way of dealing with foreign affairs. From a higher dimension, Anson's visiting China shows the two countries' attitude toward the world's development, implying some historical hints of the future.

Key Words: Sino-Western Interaction; George Anson; Voyage Around the World; China

Exceptions to the "Yellow Peril": Chinese and Japanese Students in American Newspapers in the Late 19th and Early 20th Centuries

Abstract: Asian students who received their education in foreign countries in the late-nineteenth century have always since been a focus of historical writing of their nation-states since they were viewed as pioneers of modernization in their own countries. Yet while studying abroad, they were also immigrants. In the late-nineteenth and early-twentieth century, Asian students were exempted from America's restrictive policies to Asian immigration. This paper will investigate the public discourse in newspapers regarding the extent to which this statement of students as exemption is true and how Americans viewed students compared to laborers of the same nationalities, as well as students' influence to American society. This will be achieved by examining "students" as a category in American newspapers (c. 1860 to 1909), focusing on a general comparison between Chinese and Japanese students. While demonstrating the public image of these students, the goal of this paper is to explicate the tangled relationships between the identities of Asian laborers and students, as well as those of race and nationality from an American perspective at the turn of the twentieth century.

Key Words: Chinese students in the United States; Japanese students in the United States; American newspapers

Coca-Cola and Franchise: Change of Business Mode under the Impact of Economic Globalization

Abstract: The Sino-American Treaty of 1946 caused National Products Movements, which called for "using Chinese products and boycotting American commodities." In 1948, Coca-Cola, the symbol of American products—was furiously resisted by the Chinese business community in Shanghai, particularly by the Chinese soft drinks companies. However, the archival materials of Coca-Cola's Shanghai bottler—Watson's Mineral Water Company—show that Watson's had been a Chinese company since 1919. It was owned, managed, and run by Chinese businessmen. In the early twentieth century, the company had deeply integrated into the global economy through a new business mode called franchise. Different from the nationalist perspective in the colonial discourse, this article contextualizes Chinese businesses into globalization and development of science and technology, illustrating how the Chinese company changed its business mode under the impact of globalization in the early twentieth century. It analyzes the role of franchise in the process of economic globalization and its impact on the society of modern China.

Key Words: Coca-Cola; Watson's Mineral Water Company; Franchise; Globalization

The Spread of European Urban Planning Thoughts and the Urbanization of the Macau Peninsula in the Second Half of the 19th Century

Abstract: In the mid-16th century, Macau was incorporated into the global trade network of the Portuguese Empire, and begun its early process of urbanization. Like most port cities of the same era, global trade has brought Western-style architecture, diverse urban cultures and different immigrant communities to Macau. When the trade of the Portuguese Empire began to decline, Macau's port advantage ceased to exist, and it began to transform into an industrial and commercial city. The Authorities of Macau sought to expand land space to the hinterland to realize the management of the Chinese villages outside the city wall of Macau by means of urban transformation. Through the application of western urban planning concepts, Macau's urban plan took into account the needs of standardizing streets, architectural design and urban administration, and promoted the formation of multiple urban landscapes. At the same time, the differences of urban governance philosophies between China and the West in modern times are also reflected in the process of urban development in Macau.

Key Words: Macau history, Urban planning, Colonial trade, Globalization, Communication between China and the West

Chinese Football Team in the Eyes of Australians in 1920s

Chen Qiang (132)

Abstract: In 1923 and 1927, Chinese football team visited Australia twice. The Australian newspapers paid attention to it and made comprehensive reports. These reports included praise to the Chinese football team, objective introduction to the game situation, observation of the Chinese outside the stadium, vigilance and criticism of the Chinese football team's visit, and self-reflection through the competition. The Chinese image in these news reports is basically positive which seems to be an exception in the context of the prevalence of Australia's "White Australia Policy" and "Yellow Peril" theory. The main reason is that the Chinese football players visiting Australia had a high quality and were in stark contrast to the Chinese who were acting as "coolies" in Australia. Moreover, the Australian media's resentment against the "association football" that represented British culture had somewhat reduced the racial discrimination against the Chinese football team. But in general, the image of the Chinese in the eyes of Australians has not changed as a whole because of these two football tours.

Key Words: 1920s, Chinese football team, Australia

Review Articles

The Study of Wang Anshi in the Process of Modernization of Japan: from Kaiho Seiryo to Kyoto School

Zhang Chengzhong (145)

Abstract: There was a new trend of thought in the late Edo period of Japan. The New Legalist Kaiho Seiryo first gave a high evaluation of Wang Anshi. Until the late Meiji era, making a new interpretation by using western theories had become a new trend. Naito Konan, a historian of Kyoto School studied in Oriental History, regarded Wang Anshi as the embodiment of modern culture, and this argument occupied an important position in the hypothesis on the Tang-Song transition. Miyazaki and Saeki inherited and developed Naito's theory. This theory created by historians of Kyoto School, had a close relationship with the modernization process of Japan.

Key Words: The Study of Wang Anshi; Kaiho Seiryo; Kyoto School; Meiji Restoration

Exploring the Connection Between the Ming China and the World in the 15th – 17th Century: The Study of Global History by Timothy Brook

Yang Hua (160)

Abstract: The 15th – 17th century Ming China had various connections and interactions with the world, and at that time Ming China was an indispensable member of the early global network. The main research area of Canadian Timothy Brook is to study the history of Ming China, who is one of the most active and influential scholars on Chinese study abroad. Timothy Brook's three books including "Vermeer's Hat: The Seventeenth Century and the Dawn of the Global World", "Mr. Selden's map of China: The Spice Trade, A Lost Chart, and the South China Sea" and "The Troubled Empire: China in the Yuan and Ming Dynasties" explored the relationship between Ming China and the world from the perspective of global history. Timothy Brook combines macro-vision with micro-narration in his research on global history, and he is also good at narration and detail description and image verification of history, which embodies a new writing of global history.

Key Words: Timothy Brook; Ming China; Global History

Max Weber's Comparison of Civilizations and "Eurocentrism" in the Opposite Cognitive Model

Zeng Jinhua (171)

Abstract: The opposite cognition of eastern and western civilizations runs through the whole historical development process of "Eurocentrism" . Max weber's historical research, which features comparison of civilizations, also has the color of

"Eurocentrism" to a large extent, which is closely related to his research purpose, comparison and ideal-type and other research methods, as well as the characteristics of materials. From the perspective of opposite cognitive model, opposing "Eurocentrism" is actually how to correctly understand the uniqueness of different civilizations. To respect the differences between civilizations, recognize the significance and rationality of differences, and understand the particularity of different civilizations is of great significance not only for anti-Eurocentric theory, but also for the research of world history and global history, and can provide beneficial help for the communication and exchange of different cultures. The limitation of weber's historical research objective gives us the idea of changing research perspectives and innovating theoretical frameworks.

Key Words: Opposite cognitive model; Comparison of civilizations; Max weber; Eurocentrism

Book Reviews

《全球史评论》稿约

1.《全球史评论》是由首都师范大学全球史研究中心主办的连续性学术辑刊，刘新成教授担任主编，2008 年创刊。

2.《全球史评论》致力于在中国历史学界推进全球史的研究视野与方法，提倡有关跨文化、跨国家历史现象的研究，注重揭示全球视野中的文明互动与交往，探寻政治、经济、文化诸方面的全球化进程与地方特性的相互影响。

3.《全球史评论》下设“论文”“评论”“书评”三个主要栏目。（1）“论文”为原创性的问题研讨，字数一般在两万以内；（2）“评论”或为某一论题的综合性的学术史考察，或为重要论著的深度评论，一万字左右为宜；（3）“书评”为国内外近期出版全球史新著评介，所评书目原则上由编辑部选定，投稿请预先联络。此外，有“学术信息”一栏，报道本领域重要学术活动的相关资讯。

4.《全球史评论》对来稿一视同仁，执行双向匿名评审制度，以追求公正和严肃性。编辑部接到学者赐稿，将在最迟三个月之内给予采用与否的答复。如遇评审、修改，则时间相应延后。

5.《全球史评论》为中文刊物。来稿可以是中文或外文，外文稿件如确定发表则由编辑部邀请专人译为中文。

6. 稿件所涉文献引注格式，同《中国社会科学》及《历史研究》杂志的体例。

7. 来稿请寄《全球史评论》编辑部。

电子信箱：cnuglobalhistory@163. com

通信地址：北京市海淀区西三环北路 83 号首都师范大学历史学院（邮编：100089）

8.《全球史评论》为 CSSCI 来源集刊（2017—2018），由中国社会科学出版社出版发行，从第八辑起，出刊进度为每年两辑。

《全球史评论》编辑部